ग़ालिब, बाँदा और दीवान मो. अली

ग़ालिब, बाँदा और दीवान मो. अली

प्रो. सग़ीर अफराहीम

अनुवाद

डॉ. प्रदीप जैन

वाणी प्रकाशन

प्रकाशन के उत्कृष्टतम 62 वर्ष

पेपरबैक पहला संस्करण : 2025

vaniprakashan.com

वाणी प्रकाशन

4695, 21-ए, दरियागंज, नयी दिल्ली-110 002

फ़ोन : + 91 11 23273167, 23275710

शाखाएँ

अशोक राजपथ, पटना-800 004, बिहार

कॉफ़ी हाउस कैम्पस, महात्मा गांधी मार्ग, प्रयागराज-211 001, उत्तर प्रदेश

महात्मा गांधी अन्तरराष्ट्रीय हिन्दी विश्वविद्यालय, वर्धा-442 001, महाराष्ट्र

sales@vaniprakashan.in
vaniprakashan@gmail.com

GHALIB, BANDA AUR DIWAN MOHD. ALI
by Prof. Saghir Afraheim
Translated by Dr. Pradeep Jain

ISBN : 978-93-7112-550-5
History/Criticism

मूल्य : ₹ 225

सिटी प्रेस, दिल्ली-110 095 में मुद्रित

वाणी प्रकाशन का लोगो मक़बूल फ़िदा हुसैन की कूची से

अनुक्रम

अपनी बात

मिर्जा ग़ालिब भारतीय काव्य-जगत् के समुन्नत शीश पर विराजमान स्वर्णकिरीट में जटित वह अनुपमेय कोहनूर हीरा है जिसकी दैवी आभा सदियों से साहित्य-संसार को आलोकित कर रही है और आगामी सदियों तक निरन्तर आलोकित करती रहेगी। ग़ालिब मूल रूप से फारसी एवं उर्दू के शायर थे परन्तु आश्चर्यजनक रूप से हिन्दी साहित्य-जगत् में उनकी लोकप्रियता लेशमात्र भी कम नहीं है। यदि साहित्य-जगत् की परिधि से बाहर निकलकर देखा जाय तो ज्ञात होता है कि हिन्दी भाषाभाषी जनसामान्य ने भी ग़ालिब को अपना कण्ठहार बनाया है जिसका प्रत्यक्ष प्रमाण ग़ालिब पर बनने वाली अनेक फिल्मों तथा टेलीविजन धारावाहिकों की असाधारण सफलता से सहज ही प्राप्त हो जाता है। इसके अतिरिक्त जब ग़ालिब के एक शेर–

जी ढूँढ़ता है फिर वही फुर्सत के रात दिन।
बैठे रहें तसव्वुरे जानाँ किए हुए॥

में मात्र एक शब्द का परिवर्तन करके गुलजार ने अपने एक फिल्मी गीत का मुखड़ा कुछ इस प्रकार कहा–

दिल ढूँढ़ता है फिर वही फुर्सत के रात दिन।
बैठे रहें तसव्वुरे जानाँ किए हुए॥

तब यह गीत जनसामान्य के अधरों पर थिरकता हुआ इतना लोकप्रिय हुआ कि इसने सफलता के समस्त कीर्तिमान ध्वस्त कर दिए।

जब 1969 में मिर्जा ग़ालिब के देहावसान की शताब्दी समूचे देश में समारोहपूर्वक मनाई गई तब भारत के डाक विभाग ने उनकी स्मृति में विशेष डाक टिकट जारी किया था। यही नहीं, समूचे देश के हिन्दी भाषाभाषी क्षेत्र के घर-घर में गहरी पैठ बनाने वाली गैर-सरकारी 'हिन्द पाकेट बुक्स' ने ग़ालिब की चयनित

रचनाओं के छोटे-छोटे अनेक संकलन देवनागरी लिपि में पूरे-पूरे रंगीन प्रकाशित करके पूरे देश को निःशुल्क भेंट किए थे, यहाँ तक कि किसी से डाक-व्यय के नाम पर एक पैसा भी नहीं माँगा गया।

जो मिर्जा ग़ालिब भाषा की समस्त सीमाओं का अतिक्रमण करके जनता के हृदय में अपना विशिष्ट एवं स्थायी स्थान बना सके, जिनके एक-एक शेर की व्याख्या करने में न जाने कितने विद्वानों ने अपना जीवन न्यस्त कर दिया, स्वाभाविक ही है कि वे मिर्जा ग़ालिब शोधकर्त्ताओं की पहली प्राथमिकता बने और असंख्य छात्रों ने ग़ालिब के व्यक्तित्व एवं कृतित्व को अपने शोध का विषय बनाकर देश के समस्त विश्वविद्यालयों से पी-एच.डी. एवं डी.लिट. की उपाधियाँ प्राप्त करने में सफलता प्राप्त की है और यह क्रम निरन्तरता में बना हुआ है। छात्रों से पृथक् रहकर देखा जाय तो अनेक सुस्थापित विद्वानों ने भी ग़ालिब के व्यक्तित्व एवं कृतित्व को अपने गहन-गम्भीर अन्वेषण का केन्द्रबिन्दु ही नहीं बनाया वरन् अपनी सम्पूर्ण क्षमता एवं योग्यता को ग़ालिब-अध्ययन की दिशा में समर्पित कर दिया है। ऐसे अनेक सर्वात्ममना समर्पित अन्वेषकों को साहित्य-संसार ग़ालिब-विशेषज्ञ के रूप में जानता-पहचानता है, जिनमें प्रमुख रूप से मौलाना इम्तियाज अली खाँ अर्शी, काजी अब्दुल वदूद, मालिक राम, प्रो. हनीफ नकवी, कालिदास गुप्ता रिंजा, मुशिफक ख्वाजा, डॉ. मुख्तारुद्दीन अहमद आरजू, डॉ. खलीक अंजुम, काजिम अली खाँ, डॉ. शम्स बदायुँनी आदि के नाम अत्यन्त आदर-सम्मान के साथ लिए जाते हैं।

विगत एक शताब्दी में मिर्जा ग़ालिब पर जो विपुल शोध प्रकाश में आया है, उनकी जो जीवनियाँ लिखी गई हैं, उन पर जो हजारों पुस्तकें प्रकाशित हुई हैं उनका विहंगावलोकन किया जाय तो ज्ञात होता है कि इतने दीर्घ काल में भी हम अन्तिम शब्द की सीमा को छू पाने में सफल नहीं हो सके हैं। जहाँ एक ओर उनके शेरों के विभिन्न नूतन अर्थ एवं व्याख्याएँ निरन्तरता में उद्‌घाटित होती रहती हैं, वहीं दूसरी ओर उनके जीवन का भी कोई न कोई अछूता-अचीन्हा पक्ष सामने आकर आगामी शोध के लिये नवीन द्वार खोल देता है। ग़ालिब जैसे सर्वोच्च प्रतिष्ठित शायर के सम्बन्ध में यह कुछ आश्चर्यजनक नहीं कहा जा सकता कि जहाँ उनके व्यक्तित्व एवं कृतित्व को गवेषणा का विषय बनाया गया वहीं उनके पत्रों के प्राप्तकर्त्ता, पत्रों में उल्लिखित व्यक्ति एवं स्थान आदि तो गवेषणा का विषय बने ही हैं, साथ ही अपने जीवन में ग़ालिब जिस-जिस स्थान पर स्थायी-अस्थायी रूप से रहे, जहाँ-जहाँ की यात्रा की, जिस-जिस

व्यक्ति के सम्पर्क में आए उन पर भी गहन-गम्भीर अन्वेषण करके अनेक महत्त्वपूर्ण अध्ययन प्रकाश में आ चुके हैं। इस सम्बन्ध में प्रो. हकीम सैयद जिल्लुर्रहमान ने सटीक रूप से लिखा है–

> "जिन व्यक्तियों तथा नगरों से ग़ालिब का सम्बन्ध रहा है उन पर उर्दू अन्वेषकों ने गहन खोज एवं गवेषणा से पर्याप्त सामग्री उपलब्ध की है। नगरों में जहाँ कलकत्ता, मुर्शिदाबाद, बनारस, इलाहाबाद, बाँदा, आगरा, भोपाल, हैदराबाद, बदायूँ, रामपुर, अलवर, राजस्थान और हरियाणा के सन्दर्भ से पुस्तकें प्रकाशित हुई हैं, वहाँ सम्बन्धित व्यक्तियों में बेदिल, कतील, मियाँदाद खाँ सय्याह, सुरूर, वहशत, आगा मो. हुसैन नाखुदा, गमगीन, तेफ्ता, सग़ीर बिलग्रामी जैसे ग़ालिब के परिचित महानुभाव अन्वेषण का विषय रहे हैं। ...ग़ालिब और कलकत्ता, ग़ालिब और बनारस, ग़ालिब और इलाहाबाद जैसी पुस्तकें भी इन नगरों की कथा प्रस्तुत करती हैं।"

ग़ालिब ने अपने जीवन में अनेक यात्राएँ कीं परन्तु उनके जीवन की सर्वाधिक महत्त्वपूर्ण तथा सर्वाधिक लम्बी यात्रा कलकत्ता की यात्रा है। यद्यपि यह यात्रा ग़ालिब ने अपनी पेंशन का बलात् अपहरण कर लिए जाने के विरोध में अंग्रेज कम्पनी बहादुर के समक्ष अपना पक्ष प्रस्तुत करने की विवशता में की थी तथापि अन्यान्य कारणों से इस यात्रा का महत्त्व असंदिग्ध है। इस यात्रा के कारणों तथा ग़ालिब के जीवन पर इसके प्रभावों की चर्चा करते हुए प्रो. हकीम सैयद जिल्लुर्रहमान संक्षेपत: लिखते हैं–

> "जीवन भर जो समस्या ग़ालिब की जान को लगी रही और जिससे वे कभी पीछा नहीं छुड़ा सके तथा निरन्तर दुखी एवं उद्विग्न रहे वह पेंशन का विवाद है परन्तु इस अनसुलझे विवाद से उभरने वाले कुछ विषय ऐसे भी हैं जिन्होंने उनकी पहुँच न होने पर भी उनके व्यक्तित्व में आकर्षण एवं गम्भीरता और उनके चिन्तन एवं कला में प्रकाश तथा आभा उत्पन्न की है। इस विवाद की वे रोचक दुर्घटनाएँ एवं साहित्यिक पक्ष जो उसके कारण कलकत्ता की यात्रा में, विभिन्न नगरों में सामने

आए और उस मध्य अस्वस्थता, आशा-निराशा, आर्थिक कष्ट, ईर्ष्याएँ, विरोध, रुचिकर-अरुचिकर परिस्थितियाँ जिस प्रकार उनके सम्मुख आईं, आरम्भ से ही अन्वेषकों के लिये शोध का विषय रही हैं।

"कलकत्ता का साहित्यिक द्वन्द्व स्वयं उनके जीवन का एक प्रमुख विषय है। यदि यह यात्रा न करनी पड़ती तो उनको अनेक नगरों में जाने का संयोग प्राप्त नहीं होता, विशेषकर कलकत्ता, जहाँ उनको एक नये संसार और विज्ञान के आधुनिक विकास एवं आविष्कारों के निरीक्षण का अवसर प्राप्त हो सका। इसके अतिरिक्त अन्य नगरों के श्रेष्ठ व्यक्तियों से भेंटों, अनुभवों और उन नगरों के सौन्दर्य ने ग़ालिब की संवेदनाओं तथा विचारों में जो नवीनता एवं छटा उत्पन्न की वह दिल्ली और आसपास की बस्तियों में प्रवास करने से उनके मन-मस्तिष्क में उत्पन्न नहीं हो सकती थी।"

उपर्युक्त उद्धरण से स्पष्ट है कि ग़ालिब की जीवनी तथा उनके व्यक्तित्व एवं कृतित्व के वस्तुनिष्ठ अध्ययन के लिये उनकी कलकत्ता यात्रा की किसी प्रकार भी उपेक्षा नहीं की जा सकती। यही कारण है कि अनेक विद्वानों ने ग़ालिब की कलकत्ता यात्रा के सम्बन्ध में पर्याप्त विस्तार में जाते हुए पुस्तकें प्रकाशित कराई हैं। सुप्रसिद्ध ग़ालिब-विशेषज्ञ डॉ. शम्स बदायुँनी ने अपने लेख 'ग़ालिब का सफरे कलकत्ता' में इस प्रकृति की निम्नांकित महत्त्वपूर्ण पुस्तकों की सूचना उपलब्ध कराई है—

1. ग़ालिब और बंगाल—डॉ. शान्ति रतन भट्टाचार्य (1977)
2. ग़ालिब: अहवालो आसार—प्रो. हनीफ नकवी (1990)
3. ग़ालिब का सफर कलकत्ता और कलकत्ते का अदबी मार्का—डॉ. खलीक अंजुम (2005)
4. बंगाल में ग़ालिबशनासी—डॉ. कलीम सहसरामी (1990)
5. ग़ालिब कलकत्ता में—शकील अफरोज (2009)
6. ग़ालिब और कलकत्ता—शाहिद माहुली (2010)

उपर्युक्त पुस्तकों में से डॉ. शान्ति रतन भट्टाचार्य (23 सितम्बर 1930-15 सितम्बर 1933) की पुस्तक 'ग़ालिब और बंगाल' का महत्त्व एवं उपादेयता स्पष्ट

करते हुए डॉ. शम्स बदायुँनी लिखते हैं—

"दृष्टिगत पुस्तक में लेखक ने विशेष रूप से शोध नहीं किया है वरन् इस यात्रा के सम्बन्ध में उनसे पूर्व जीवनी-लेखक एवं अन्वेषक जो कुछ लिख चुके थे, उसके आधार पर ही लेखक ने इस यात्रा की कथा को व्यवस्थित रूप से काल-क्रमानुसार लिखने का प्रयास किया है। इस क्रम में उसने यात्रा की तिथियों (उनके मतभेद), पड़ाव, यात्रा की अवधि, प्रवास की अवधि, यात्रा के माध्यम सबको उस कथा का भाग बनाया है। इस यात्रा में उनके साथ जो सेवक थे उनकी चर्चा भी की है। यात्रा के कारण और मिर्जा की आर्थिक दशा एवं स्वभावगत दशा पर भी पत्रों की सहायता से प्रकाश डाला है। क्योंकि 1969 के पश्चात् प्राप्त होने वाले स्रोत उनके समक्ष नहीं थे इसलिये पूर्ववर्तियों के कतिपय स्खलन एवं अशुद्ध परिणाम इस पुस्तक में प्रवेश पा गए हैं। उन्होंने स्वयं भी कतिपय त्रुटियाँ की हैं और उनकी कतिपय परिकल्पनाएँ भी सन्देहास्पद हैं। परन्तु इस यात्रा की कथा से पृथक् इस पुस्तक का सर्वाधिक महत्त्वपूर्ण भाग वह है जिसमें लेखक ने ग़ालिब-युग के कलकत्ता के ऐतिहासिक भवन, कॉलेज, चर्च, तालाब, सड़कें, बन्दरगाह, घाट, सरकारी कार्यालय, क्लब, बैंक, मदरसे, मस्जिद और महान् व्यक्तियों से परिचित कराया है। क्योंकि बंगाल के इतिहास एवं साहित्य पर लेखक का विशेष अध्ययन है इसलिये उनके द्वारा प्रस्तुत सूचनाओं पर विश्वास किया जा सकता है। जहाँ तक ग़ालिब के बंगाली शिष्यों का सम्बन्ध है, उनमें से तीन के सम्बन्ध में चर्चा की जा सकती है। मालिक राम ने उन्हें ग़ालिब-शिष्यों में परिगणित नहीं किया है।

"आश्चर्य है कि कलकत्ता यात्रा के सन्दर्भ से इस प्रथम विस्तृत पुस्तक की चर्चा न तो प्रो. हनीफ नकवी ने अपने आलेख 'ग़ालिब का सफर-ए-कलकत्ता' (ग़ालिब: अहवालो आसार में सम्मिलित) में की और न ही डॉ. खलीक अंजुम ने

> अपनी प्रामाणिक पुस्तक 'ग़ालिब का सफर-ए-कलकत्ता और कलकत्ते का अदबी मार्का' में। यह ठीक है कि ज्ञात अर्थों में यह अन्वेषणात्मक पुस्तक नहीं है, परन्तु इसे न्यून स्तर की पुस्तक समझकर उपेक्षित भी नहीं किया जा सकता। प्रत्यक्षतः कलकत्ता यात्रा पर एक विशिष्ट सुघड़ता एवं कौशल से लिखी गई यह प्राथमिक पुस्तक है। इसके अध्यायों के शीर्षक भी उपर्युक्त विषय से भरपूर सादृश्य रखते हैं। पुस्तक की पद-टिप्पणियों में दस प्रकीर्ण और पन्द्रह ग़ालिब एवं गलिब-अध्ययन से सम्बन्धित श्रेष्ठ शोध-ग्रन्थ और इसके अतिरिक्त दस आलेखों का भी सन्दर्भ के रूप में उल्लेख प्राप्त होता है। इन 35 विश्वसनीय एवं प्रामाणिक स्रोतों की सहायता से लिखी गई पुस्तक को तृतीय श्रेणी की पुस्तक समझना मेरे विचार से उचित नहीं है। मेरा विचार है कि या तो ये दोनों वरिष्ठ जन इस पुस्तक के अस्तित्व से ही अपरिचित थे, अथवा वे इसे अप्रामाणिक समझते थे, अथवा उन्हें उपर्युक्त लेखक को प्राथमिकता का मुकुट पहनाना रुचिकर नहीं था।"
>
> (ग़ालिब का सफरे कलकत्ता-डॉ. शम्स बदायुँनी, आजकल, उर्दू मासिक, नई दिल्ली, दिसम्बर 2022, पृ. 6-7)

स्पष्ट है कि 'ग़ालिब और बंगाल' जैसी अत्यन्त महत्त्वपूर्ण पुस्तक का प्रो. हनीफ नकवी और डॉ. खलीक अंजुम के स्तर के अन्वेषकों की दृष्टि से ओझल रहना मात्र संयोग नहीं हो सकता। परन्तु साथ ही यह देखना भी कम आश्चर्यजनक नहीं है कि यह महत्त्वपूर्ण पुस्तक प्रो. सग़ीर अफराहीम की दृष्टि-परिधि से भी बाहर ही रही। और बात केवल पुस्तकों तक की ही नहीं है। डॉ. शम्स बदायुँनी ने अपने उपर्युक्त सन्दर्भित लेख में ग़ालिब की कलकत्ता यात्रा के सम्बन्ध में सम्प्रति प्रकाशित हो चुके 15 अत्यन्त महत्त्वपूर्ण आलेखों को भी सूचीबद्ध किया है, जिनका विवरण निम्नांकित है—

1. ग़ालिब का सफर-ए-कलकत्ता-गुलाम रसूल मेहर, त्रैमासिक 'उर्दू', कराची, अप्रैल 1936

2. ग़ालिब का कलकत्ता–हमीद अदमद खाँ, मासिक 'माहे नौ', कराची, फरवरी 1950; मासिक 'मखजन', लाहौर, अप्रैल 1950
3. ग़ालिब का सफर–ए–कलकत्ता–डॉ. महमूद इलाही, मासिक 'किताब', लखनऊ, अक्टूबर 1965
4. ग़ालिब और बंगाल–वफा राशिदी, मासिक 'माहे नौ', कराची, फरवरी 1969
5. ग़ालिब के चन्द शागिर्द बंगाल में–वफा राशिदी, 'नुकूश', लाहौर, ग़ालिब नम्बर, फरवरी 1969
6. ग़ालिब और सफर–ए–कलकत्ता–शेख मो. इस्माईल पानीपती, 'नुकूश', लाहौर, ग़ालिब नम्बर, फरवरी 1969
7. ग़ालिब का सफर–ए–कलकत्ता–डॉ. सआदत अली सिद्दीकी, मासिक 'फरोग–ए–उर्दू', लखनऊ, ग़ालिब नम्बर, फरवरी 1969
8. ग़ालिब और बंगाल–कलीम सहसरामी, त्रैमासिक 'ग़ालिब', कराची, जनवरी–मार्च 1976
9. ग़ालिब का सफर–ए–कलकत्ता–हनीफ नकवी, अर्द्धवार्षिक 'ग़ालिबनामा', देहली, जनवरी 1981; 'इस्तिदराक', जुलाई 1981 ('ग़ालिब अहवालो आसार' में सम्मिलित जो पहली बार लखनऊ से 1990 में और फिर देहली से 2007 में प्रकाशित हुई)
10. ग़ालिब का सफर–ए–कलकत्ता–डॉ. काजिम अली खाँ, 'तौकीत–ए–ग़ालिब' में सम्मिलित, अंजुमन तरक्की उर्दू हिन्द, देहली, 1999
11. ग़ालिब और मआरिजा–ए–कलकत्ता–प्रो. हनीफ नकवी, अर्द्धवार्षिक 'ग़ालिब', कराची, अंक 9, 2000; 'नया दौर', लखनऊ, जून 2003 ('ग़ालिब: अहवालो आसार', द्वितीय संस्करण 2007 में सम्मिलित)
12. ग़ालिब का एक फारसी खत और सफर–ए–फिरोजपुर–प्रो. हनीफ नकवी, अर्द्धवार्षिक 'ग़ालिबनामा', देहली, जुलाई 2003 ('ग़ालिब की मकतूब–निगारी', देहली, 2003 में सम्मिलित)
13. ग़ालिब का कयाम–ए–लखनऊ तहकीक की रोशनी में—डॉ. काजिम अली खाँ, साप्ताहिक 'हमारी जबान', देहली, 1 मार्च 1980
14. मार्का–ए–ग़ालिब व हामियान–ए–कतील–ख्वाजा अहमद फारूकी, 'चिराग–ए–रहगुजर' में सम्मिलित, देहली, 1974

15. ग़ालिब के सफर-ए-कलकत्ता की तौकीत-कालिदास गुप्ता रिजा, मासिक 'स्पूतनिक', लाहौर, मई 2001

(आजकल, उर्दू मासिक, नई दिल्ली, दिसम्बर 2022, पृ. 9)

उपर्युक्त सूची से स्पष्ट है कि ग़ालिब की कलकत्ता यात्रा के सम्बन्ध में अनेक विद्वानों ने विस्तृत फलक पर अन्वेषण किया है और इस यात्रा अथवा इस यात्रा के प्रसंग में किसी भी आगामी अध्ययन के लिये पूर्ववर्ती शोध को दृष्टिपथ में रखा जाना आवश्यक ही नहीं अपितु अपरिहार्य है।

पूर्व पंक्तियों में उल्लेख किया जा चुका है कि ग़ालिब की कलकत्ता यात्रा अनेक दृष्टियों से अत्यन्त महत्त्वपूर्ण है। परन्तु ग़ालिब की इस यात्रा के महत्त्व में अतिरिक्त एवं विशेष वृद्धि करते हुए डॉ. शम्स बदायुँनी अपने उपर्युक्त सन्दर्भित लेख में लिखते हैं—

> "शीर्षक से आरम्भ होकर विषय बन जाने वाला यह क्रम अभी रुका नहीं है। कलकत्ता यात्रा के वे अवान्तर पड़ाव जहाँ ग़ालिब ने कुछ घंटे, कुछ दिनों, कुछ महीनों अथवा कुछ वर्षों प्रवास किया, उसे भी शीर्षक बनाकर पुस्तकें लिखी गईं और सेमीनार आयोजित किए गए। इस शृंखला की निम्नांकित पुस्तकें मेरे संज्ञान में हैं—
>
> 1. बाँदा और ग़ालिब-सालिहा बेगम कुरेशी, बर्ग एकेडमी, बाँदा (1994)
> 2. ग़ालिब, बाँदा और दीवान मो. अली-सग़ीर अफराहीम, ब्राउन बुक पब्लिकेशंस, देहली (2021)
> 3. ग़ालिब और बनारस-सं. शाहिद माहुली, ग़ालिब इंस्ट्टीयूट, देहली (2010) (बनारस में 17-18 नवम्बर 2006 में आयोजित सेमीनार में पढ़े गए 13 आलेख)
> 4. ग़ालिब और इलाहाबाद-सं. प्रो. अली अहमद फातमी, ग़ालिब इंस्टीट्यूट, देहली (2012) (इलाहाबाद में 15-16 अक्टूबर 2008 में आयोजित सेमीनार में पढ़े गए 18 आलेख)
> 5. अहद-ए-ग़ालिब का लखनऊ-सं. सैयद रजा हैदर,

ग़ालिब इंस्टीट्यूट, देहली (2019) (लखनऊ में 5-6 मार्च 2016 में आयोजित सेमीनार में पढ़े गए 21 आलेख)
(आजकल, उर्दू मासिक , नई दिल्ली, दिसम्बर 2022, पृ.8-9 से अनुवाद)

डॉ. शम्स बदायुँनी द्वारा सन्दर्भित उपर्युक्त पाँच पुस्तकों में से प्रो. सग़ीर अफराहीम की पुस्तक 'ग़ालिब, बाँदा और दीवान मो. अली' एक ओर तो इस दृष्टि से अपेक्षाकृत अधिक महत्त्वपूर्ण है क्योंकि इस पुस्तक में विद्वान् लेखक ने कलकत्ता यात्रा के मध्य ग़ालिब के केवल मित्र ही नहीं वरन् अत्यधिक आत्मीय बन सके उन दीवान मो. अली को अपने अध्ययन का केन्द्रबिन्दु बनाया है जिनकी प्रायः ग़ालिब-अध्येताओं तथा ग़ालिब-विशेषज्ञों ने घोर उपेक्षा की है। दूसरी बात यह कि इन पंक्तियों का लेखक इस उर्दू पुस्तक का हिन्दी अनुवादक है और अपने दायित्वों का सम्यक् निर्वहन करते हुए प्रस्तुत पंक्तियाँ लिख रहा है। फलतः आगामी पंक्तियों में इस पुस्तक (ग़ालिब, बाँदा और दीवान मो. अली) पर संक्षिप्त परन्तु युक्तियुक्त चर्चा प्रस्तुत है।

प्रो. सग़ीर अफराहीम का लक्ष्य ग़ालिब की कलकत्ता यात्रा के सम्पूर्ण विवरण को शोधपरक प्रमाणों के आधार पर किसी अन्तिम शब्द की सीमा तक पहुँचाना नहीं था, वरन् इसके प्रतिकूल उनकी दृष्टि ग़ालिब, बाँदा और दीवान मो. अली की अत्यन्त संकुचित परिधि में सीमित रहते हुए कलकत्ता यात्रा के इस संक्षिप्त परन्तु अतिशय महत्त्वपूर्ण मोड़ पर एकाग्र रही है। यही कारण है कि प्रो. अफराहीम ने डॉ. शम्स बदायुँनी द्वारा सन्दर्भित एवं पूर्व पंक्तियों में उद्धृत ग़ालिब की कलकत्ता यात्रा से सम्बन्धित समस्त पुस्तकों एवं आलेखों का उपयोग अपने अध्ययन में नहीं किया। बाँदा से प्रो. अफराहीम का एक अन्य तथा अत्यन्त सुखद सम्बन्ध भी है जिसने उनको इस दिशा में कार्य करने की प्रबल प्रेरणा दी है। प्रो. सग़ीर अफराहीम की धर्मपत्नी प्रो. सीमा सग़ीर का मायका बाँदा में है, अथवा अन्य शब्दों में कहा जाय तो प्रो. सग़ीर अफराहीम की ससुराल बाँदा में है। इस पर सुखद संयोग यह है कि दीवान मो. अली के परिवार के अत्यन्त निकट सम्बन्ध पुरातन काल से ही प्रो. सीमा के परिवार से बने हुए हैं। अतः स्वाभाविक रूप से बाँदा की प्रत्येक यात्रा, प्रत्येक प्रवास में प्रो. सग़ीर अफराहीम की चर्चा ग़ालिब, बाँदा और दीवान मो. अली के सन्दर्भ से होती रही जिसने उनके मन-मस्तिष्क पर स्थायी रूप से

चि अंकित करते हुए उन्हें अप्रत्यक्ष रूप से इस विषय पर शोध करने की दिशा में चिन्तन-मनन करने का आधार प्रदान कर दिया। यह अप्रत्यक्ष आधार प्रो. सीमा सग़ीर के आकस्मिक बिछोह से सहसा ही प्रत्यक्ष आकार ग्रहण कर लेता है जिसके फलस्वरूप यह पुस्तक 'ग़ालिब, बाँदा और दीवान मो. अली' प्रो. सीमा सग़ीर को सारस्वत श्रृद्धांजलि के रूप में साहित्य-संसार के समक्ष आ जाती है। ध्यातव्य है कि प्रो. सग़ीर अफराहीम ने इस पुस्तक के 'यादों की बारात: बाँदा, ग़ालिब और परिजन' शीर्षक अध्याय में बाँदा से अपने दीर्घकालिक सम्बन्धों का अत्यन्त भावपूर्ण उद्घाटन किया है। यही नहीं, पुस्तक के प्रथम अध्याय में ही प्रो. अफराहीम ने बाँदा के इतिहास एवं भूगोल पर संक्षेप में भरपूर प्रकाश डाला है जिससे पाठक पुस्तक पढ़ना आरम्भ करते ही न केवल बाँदा से पूर्णतया परिचित हो जाता है वरन् स्वयं को बाँदा से सम्बद्ध स्वीकार करने पर विवश हो जाता है।

विगत चौथाई सदी से भी अधिक समय से प्रो. सग़ीर अफराहीम निरन्तरता में ग़ालिब, बाँदा और दीवान मो. अली के पारस्परिक सम्बन्धों के विषय में विभिन्न प्रश्नों का सामना करते रहे हैं जिसके परिणामस्वरूप उनके मऩ पर अनेक प्रश्न स्थायी रूप से अंकित हो पाए। पुस्तक के प्राक्कथन में प्रो. अफराहीम ने ऐसे समस्त प्रश्नों का उल्लेख विस्तार से किया है। संक्षिप्ततः इन प्रश्नों को निम्नांकित रूप में सूचीबद्ध किया जा सकता है ताकि इस पर भी विचार कर पाना सम्भव हो सके कि प्रस्तुत पुस्तक में इन प्रश्नों में से कितने प्रश्नों के युक्तिसंगत उत्तर प्राप्त होते हैं और कौन-कौन सा प्रश्न अनुत्तरित रह गया है।

1. बाँदा से मिर्जा का क्या सम्बन्ध एवं सम्पर्क था?
2. ग़ालिब अपने लक्ष्य से प्रतिकूल मार्ग पर क्यों गए?
3. यात्रा से पूर्वापर बाँदा वालों से ग़ालिब का क्या सम्बन्ध रहा?
4. वहाँ छह मास के प्रवास में ग़ालिब की क्या व्यस्तताएँ रहीं?
5. किस माध्यम से सभाएँ सुसज्जित होतीं, ग़ालिब के रात-दिन कैसे व्यतीत होते?
6. बाँदा की विकासशील गंगा-जमुनी सभ्यता में क्या निखार आया?
7. प्रवास के मध्य उपलब्ध सुविधापूर्ण वातावरण में ग़ालिब ने फारसी एवं उर्दू गद्य-पद्य में क्या सर्जना की? क्या वे समस्त रचनाएँ सुरक्षित हैं? यदि नहीं तो इसके कारण क्या हैं? कितनी रचनाएँ लुप्त हैं और

उनकी खोज-बीन की क्या गति है?

8. ग़ालिब लखनऊ से बाँदा कैसे और किस प्रकार पहुँचे?
9. ग़ालिब ने दीवान मो. अली को 37 और मौलवी सिराजुद्दीन अहमद को 52 अत्यन्त आत्मीयतापूर्ण पत्र लिखे। इस प्रचुर परिमाण में पत्र लिखे जाने पर भी इस महत्त्वपूर्ण बिन्दु पर युक्तियुक्त चर्चा क्यों नहीं हुई?
10. ग़ालिब एवं दीवान मो. अली के अत्यन्त निकट भावनात्मक सम्बन्धों की उपेक्षा क्यों की गई?
11. वर्तमान काल के अन्वेषकों तथा समीक्षकों ने 'नामा हाए फारसी ग़ालिब' की पाण्डुलिपि की प्राप्ति की पृष्ठभूमि की परतें खँगालने का उद्योग क्यों नहीं किया?
12. ग़ालिब और दीवान मो. अली के मध्य निकट सम्पर्क को स्वीकार करने पर भी यह जानने का प्रयास क्यों नहीं किया गया कि मो. अली साहब कौन थे?
13. दीवान मो. अली की अपनी रचनाएँ कहाँ और किस दशा में हैं?
14. बाँदा में विद्यमान ग़ालिब के परिजनों से कहीं आगे बढ़कर दीवान मो. अली ने ग़ालिब की सहायता क्यों की?
15. अपने मित्रों तथा परिजनों से भी दीवान मो. अली ग़ालिब की सहायता करने के लिये निरन्तर निवेदन क्यों करते रहे?
16. दीवान मो. अली जैसे दैवी गुणसम्पन्न व्यक्ति की उपेक्षा क्यों की गई?
17. स्वास्थ्य लाभ हो जाने तथा यात्रा-व्यय हेतु वांछित धनराशि की अनुकूल व्यवस्था हो जाने पर भी ग़ालिब ने बाँदा में तीन-चार माह अतिरिक्त प्रवास क्यों किया?

उपर्युक्त प्रश्न वही प्रश्न हैं जो इस पुस्तक के अस्तित्व में आने का मूल कारण बनते हैं। अतः तनिक विस्तार में जाकर यह देखना भी रोचक होगा कि इन प्रश्नों में से किस-किस प्रश्न का प्रमाणसिद्ध उत्तर प्राप्त होता है इसलिये आगामी पंक्तियों में प्रत्येक प्रश्न पर क्रमशः विचार प्रस्तुत है।

1. *बाँदा से मिर्जा का क्या सम्बन्ध एवं सम्पर्क था?*

प्रो. सग़ीर अफराहीम ने स्पष्ट लिखा है कि पेशवा बाजीराव के पौत्र तथा बाँदा में नवाबी युग के प्रवर्त्तक अली बहादुर प्रथम की द्वितीय पत्नी, जो आगरा के

ईरानी मूल के मुस्लिम घराने से थीं, वे ग़ालिब की मामी की सगी बहन थीं। अली बहादुर प्रथम के देहान्त के पश्चात् उनके पुत्र शमशेर बहादुर द्वितीय बाँदा के नवाब हुए और जिस समय ग़ालिब बाँदा गए उस समय बाँदा के सिंहासन पर शमशेर बहादुर द्वितीय के सौतेले भाई जुल्फिकार अली विराजमान थे। नवाब जुल्फिकार अली ग़ालिब के दूध साझा भाई थे, यह अतिरिक्त सूचना भी प्रो. अफराहीम ने उपलब्ध कराई है। बाँदा में ग़ालिब ने नवाब जुल्फिकार अली की अतिथिशाला में छह माह निवास किया और उनके ही साहूकार अमीकिरण से यात्रा-व्यय हेतु दो हजार रुपये का ऋण लेकर कलकत्ता की यात्रा की। परन्तु आश्चर्यजनक रूप से ग़ालिब के बाँदा पहुँचने का विवरण प्रस्तुत करते हुए प्रो. अफराहीम लिखते हैं–

> "...2 जुलाई (1827) की रात्रि के अन्तिम प्रहर में बाँदा पहुँचते हैं। निर्माणाधीन भवन के निकट कुछ समय व्यतीत करते हैं और सबेरे बाँदा के सदर अमीन दीवान मो. अली अपनी कोठी में उनका स्वागत करते हैं। ...यह भी सम्भव है कि ग़ालिब ने लखनऊ से बाँदा के लिये जिस मार्ग का चयन किया था उसकी चर्चा मीर करम अली से की हो इसलिये मीर करम अली उन्हें सबसे पहले दीवान मो. अली की कोठी पर लेकर आते हैं।"

यहाँ स्वाभाविक रूप से प्रश्न उभरता है कि जब ग़ालिब का निकट सम्बन्ध बाँदा के नवाब से था तो वे सीधे उनके पास न पहुँचकर उनके सेवक और करम अली के पास क्यों तथा किस कारण से पहुँचे। इसके अतिरिक्त मीर करम अली ग़ालिब को नवाब जुल्फिकार अली के स्थान पर दीवान मो. अली के पास क्यों लेकर गए जबकि ग़ालिब का उनसे कोई पूर्व परिचय अथवा पत्राचार तक नहीं था। इन प्रश्नों के उत्तर इस पुस्तक में प्राप्त नहीं होते।

प्रस्तुत पुस्तक से यह भी स्पष्ट नहीं होता कि नवाब जुल्फिकार अली से ग़ालिब का पूर्व परिचय अथवा पत्राचार था या नहीं। साथ ही यह भी ज्ञात नहीं होता कि मीर करम अली से ग़ालिब ने कैसे तथा किस माध्यम से सम्पर्क किया। इसके अतिरिक्त यह भी ज्ञात नहीं हो पाता कि ग़ालिब का कलकत्ता यात्रा के मध्य बाँदा पहुँचने से पूर्व बाँदा से कितना सम्पर्क रहा। मात्र यह संकेत कर देना कि अपने परिजनों की उपेक्षा ने ग़ालिब को बाँदा के नवाब जुल्फिकार अली का स्मरण कराया, ग़ालिब जैसे अहंकार की सीमा रेखा को स्पर्श करते स्वाभिमानी व्यक्ति के

विषय में किसी भी दृष्टि से पर्याप्त नहीं समझा जा सकता।

प्रो. अफराहीम ने यह सूचना भी दी है कि नवाब जुल्फिकार अली के अतिरिक्त ग़ालिब के एक अन्य दूध साझा भाई मिर्जा उजबक खाँ भी बाँदा में विद्यमान थे। सग़ीर साहब ने लिखा है कि ग़ालिब को बाँदा में अपनी मामी के पुत्र उजबक खाँ से अवश्य ही सुविधा प्राप्त हुई होगी, जिसका विस्तृत विवरण पुष्ट प्रमाणों के आलोक में खोजा जाना अपेक्षित है।

2. *ग़ालिब अपने लक्ष्य से प्रतिकूल मार्ग पर क्यों गए?*

ग़ालिब अपने लक्ष्य से प्रतिकूल मार्ग पर दो बार गए। पहली बार तो कलकत्ता जाते हुए उन्होंने जब लखनऊ से प्रस्थान किया तो पुरवा, मौरावाँ, कानपुर, फतेहपुर, बाँदा के स्थान पर न्यूतनी, सफीपुर, कानपुर, फतेहपुर, बाँदा का वह मार्ग ग्रहण किया जो अपेक्षाकृत रूप से लम्बा एवं दुर्गम मार्ग था। इसका कारण क्या था, यह विषय अतिरिक्त शोध की अपेक्षा रखता है।

दूसरी बार कलकत्ता से दिल्ली लौटते हुए ग़ालिब अपने लक्ष्य से प्रतिकूल मार्ग पर यात्रा करते हैं। प्रो. सग़ीर अफराहीम के कथनानुसार, "...कलकत्ता से वापसी की यात्रा में, मार्ग से दूर, प्रतिकूल दिशा में केवल और केवल दीवान मो. अली का धन्यवाद ज्ञापित करने के उद्देश्य से बाँदा पहुँचना है।" यहाँ स्वाभाविक रूप से यह विचार उत्पन्न होता है कि जो मिर्जा ग़ालिब अल्पावधि में ही दीवान मो. अली को प्रचुर मात्रा में पत्र लिखते हैं क्या वे दीवानजी का धन्यवाद किसी पत्र के माध्यम से ज्ञापित नहीं कर सकते थे। इस प्रसंग में यह अतिरिक्त शोध का विषय है कि वे क्या कारण थे जिन्होंने ग़ालिब को पत्र लिखने के स्थान पर प्रतिकूल दिशा में बाँदा जाने पर विवश किया।

3. *यात्रा से पूर्वापर बाँदा वालों से ग़ालिब का क्या सम्बन्ध रहा?*

पूर्व में ही स्पष्ट कर दिया गया है कि बाँदा के नवाब जुल्फिकार अली और मिर्जा उजबक खाँ ग़ालिब के दूर के सम्बन्धी थे। इनके अतिरिक्त बाँदा से ग़ालिब के किसी अन्य पूर्व सम्बन्ध का कोई संकेत प्राप्त नहीं होता।

कलकत्ता यात्रा के पश्चात् ग़ालिब का बाँदा से क्या सम्बन्ध रहा, इस विषय में प्रस्तुत पुस्तक में कोई संकेत तक प्राप्त नहीं होता। इसका कारण यह भी सम्भव है कि यह पुस्तक क्योंकि विशेष रूप से बाँदा में ग़ालिब के प्रवास तथा वहाँ के दीवान मो. अली पर केन्द्रित रहते हुए ही लिखी गई है इसलिये कलकत्ता यात्रा

और इस यात्रा के पश्चात् की समस्त घटनाएँ इसकी परिधि से बाहर हैं। फिर भी यदि प्रो. सग़ीर अफराहीम तनिक अतिरिक्त प्रयास करके कलकत्ता से दिल्ली लौट आने के पश्चात् ग़ालिब और बाँदा के सम्बन्धों का उद्घाटन करते तो निस्सन्देह पुस्तक अधिक उपयोगी हो सकती थी। इस सम्बन्ध में भी अतिरिक्त शोध करके तथ्यों का उद्घाटन किया जाना आवश्यक है।

4. *वहाँ छह मास के प्रवास में ग़ालिब की क्या व्यस्तताएँ रहीं?*

5. *किस माध्यम से सभाएँ सुसज्जित होतीं, ग़ालिब के रात-दिन कैसे व्यतीत होते?*

बाँदा में छह मास के प्रवास में ग़ालिब क्या-क्या करते रहे, इस विषय में स्वतन्त्र रूप से कोई विस्तृत विवरण उपलब्ध नहीं है परन्तु प्रो. सग़ीर अफराहीम ने इस सम्बन्ध में कतिपय स्थलों पर स्फुट संकेत अवश्य दिए हैं। इन संकेतों का निहितार्थ क्या है, इस पर विचार करने से पूर्व यह देखना आवश्यक है कि इस सम्बन्ध में क्या-क्या संकेत उपलब्ध हैं।

प्रो. अफराहीम एक स्थान पर लिखते हैं–

> "वे नवाब साहब के महल में नाममात्र को ही रहते क्योंकि उनका अधिकांश समय दीवान मो. अली के साथ व्यतीत होता। वे कलकत्ता से लौटते समय तो विधिवत रूप से दीवान मो. अली के घर पर ही ठहरे, मात्र सलाम करने के लिये महल में उपस्थित होते थे।"

एक अन्य स्थान पर ग़ालिब की दिनचर्या का उल्लेख करते हुए प्रो. अफराहीम लिखते हैं–

> "लगभग एक माह पश्चात् जब उन्हें शारीरिक कष्टों से मुक्ति मिली तो उनका अधिकांश समय दीवानजी के साथ व्यतीत होता था। वर्षा का आनन्द लेते, भ्रमण के लिये महल से विपरीत दिशा में लगभग पाँच किलोमीटर दूर केन नदी के किनारे जाते और घंटों आनन्द लेते।
>
> "...ग़ालिब नवाब के महल से पहाड़ी की ओर या फिर केन नदी की ओर आते, शान्तिपूर्ण वातावरण में दूर जाने वाले श्रद्धालुओं को देखते जिनका मुँह चित्रकूट की ओर होता।"

प्रो. सग़ीर अफराहीम ने ग़ालिब के एक पत्र का निम्नांकित उद्धरण भी प्रस्तुत किया है जिसमें बाँदा में ग़ालिब के क्रियाकलाप एवं मानसिकता का परिचय प्राप्त होता है–

> "... जब बाँदा पहुँचा तो मैंने नवाब साहब से दो हजार रुपये ऋण माँगा...(अनुमानतः–जो उन्होंने) दे दिया। मन में मैंने सोचा कि ग़ालिब, यह भी सन्तोष की बात है, ले और चल! ...थोड़े बहुत गरम कपड़े क्रय किए और वन–रेगिस्तान पार करता हुआ कलकत्ता पहुँच गया।"

उपर्युक्त उल्लेखों से स्पष्ट है कि बाँदा प्रवास के प्रथम मास में ग़ालिब स्वास्थ्य लाभ करते रहे। इससे अनुमान किया जा सकता है कि वे एक मास तक स्थायी रूप से नवाब बाँदा की अतिथिशाला में ही निवास करते रहे और किसी प्रकार की गतिविधि में संलग्न नहीं रहे। इसके उपरान्त शेष पाँच महीनों में ग़ालिब अधिकांश समय दीवान मो. अली के साथ ही रहते थे। क्योंकि दीवान साहब साहित्यिक अभिरुचि सम्पन्न व्यक्ति होने के साथ–साथ स्वयं भी शायरी करते थे इससे स्वाभाविक था कि वे परस्पर साहित्यिक विषयों पर चर्चा करते, शायरी की बैठकें करते और बाँदा के अन्य शायरों के साथ भी शायरी के आयोजन करते होंगे। परन्तु इस सम्बन्ध में कोई पुष्ट विवरण इस पुस्तक में उपलब्ध नहीं है जिसके लिये अतिरिक्त शोध किया जाना आवश्यक है।

साहित्यिक चर्चा परिचर्चा और आयोजनों के अतिरिक्त प्रो. अफराहीम ने बाँदा में ग़ालिब की दिनचर्या का जो उपर्युक्त उल्लिखित विवरण प्रस्तुत किया है उससे ग़ालिब के प्रकृति–प्रेम का परिचय तो प्राप्त होता ही है, साथ ही चित्रकूट जाने वाले हिन्दू तीर्थयात्रियों को उनके ध्यानपूर्वक देखने से यह भी ज्ञात होता है कि हिन्दू धर्म के सम्बन्ध में अतिरिक्त ज्ञान प्राप्त करने में भी ग़ालिब रुचि रखते थे और देश के विभिन्न क्षेत्रों से उस क्षेत्र में आने वाले तीर्थयात्रियों का अवलोकन करते हुए वे देश की विभिन्न संस्कृतियों से परिचय प्राप्त करने में भी अत्यधिक रुचि रखते थे।

उपर्युक्त विवेचना से यह भी अनुमान किया जा सकता है कि दीवान मो. अली क्योंकि एक साधन–सम्पन्न व्यक्ति थे और शासन में उच्च पद पर प्रतिष्ठित थे अतः यह अनुमान करना कदाचित् असंगत नहीं होगा कि जो भी साहित्यिक/शायरी की सभाएँ सुसज्जित की जाती थीं वे दीवान मो. अली द्वारा ही सुसज्जित की जाती थीं।

दूसरी ओर ग़ालिब के पास तो कलकत्ता यात्रा के व्यय हेतु आवश्यक धनराशि भी उपलब्ध नहीं थी और यात्रा व्यय के लिये उन्होंने नवाब बाँदा के साहूकार अमीकिरण से ऋण लिया था अत: सभाओं की व्यवस्था करने में ग़ालिब के सहयोग करने का कोई प्रश्न ही उत्पन्न नहीं होता।

6. *बाँदा की विकासशील गंगा-जमुनी सभ्यता में क्या निखार आया?*

इस सम्बन्ध में प्रो. सग़ीर अफराहीम ने कोई संकेत तक नहीं किया है। प्रतीत होता है कि अफराहीम साहब इस प्रश्न को पूर्णरूपेण विस्मृत कर गए। परन्तु यह अत्यन्त आवश्यक प्रश्न है जिस पर भावी शोधकर्त्ताओं पर गम्भीर शोध करके प्रमाणपुष्ट सूचनाएँ उपलब्ध कराए जाने का दायित्व है।

7. *प्रवास के मध्य उपलब्ध सुविधापूर्ण वातावरण में ग़ालिब ने फारसी एवं उर्दू गद्य-पद्य में क्या सर्जना की? क्या वे समस्त रचनाएँ सुरक्षित हैं? यदि नहीं तो इसके कारण क्या हैं? कितनी रचनाएँ लुप्त हैं और उनकी खोज-बीन की क्या गति है?*

प्रो. अफराहीम इस पुस्तक में ग़ालिब के गद्य-लेखन में मात्र उनके पत्रों तक ही सीमित रहे हैं और ग़ालिब के पत्र लेखन में भी विशेषकर दीवान मो. अली को सम्बोधित पत्रों को ही अध्ययन का केन्द्रबिन्दु बनाया है। इन पत्रों में जो पत्र सम्प्रति खोजकर साहित्यिक संसार के समक्ष सार्वजनिक किए जा चुके हैं उनका समग्रता में अध्ययन प्रस्तुत किया गया है जो श्लाघनीय है। परन्तु एक स्थान पर प्रो. अफराहीम लिखते हैं—

> "दीवानजी के वंशजों का कथन है कि कुछ और भी पत्र थे जो जर्जर अवस्था में थे और जिन्हें भारत-विभाजन से पूर्व ठीक कराकर जिल्द बाँधने के लिये दफ्तरी को दे दिया गया था। परन्तु अब उनका कुछ पता नहीं मिलता।"

स्पष्ट है कि सम्प्रति उपलब्ध हो सके 37 पत्रों के अतिरिक्त ग़ालिब द्वारा दीवान मो. अली को लिखे गए 'कुछ और' पत्रों का अस्तित्व भी था। ये पत्र संख्या में कितने थे इसका कोई संकेत प्रो. अफराहीम नहीं करते और न ही इस सूचना के स्रोत का कुछ उद्‌घाटन करते हैं। ग़ालिब के इन अप्राप्य पत्रों का महत्त्व निरूपित करते हुए प्रो. सग़ीर अफराहीम आगे लिखते हैं—

> "...इन पत्रों से उस काल का सम्पूर्ण परिदृश्य, सभ्यता, संस्कृति, सामाजिक बातें पाठकों के संज्ञान में आ सकती हैं।"

निश्चयात्मक रूप से ग़ालिब के पत्र महत्त्वपूर्ण हैं और उनको खोजकर सार्वजनिक किए जाने से ग़ालिब के पत्रों में अवश्य ही अत्यन्त महत्त्वपूर्ण अभिवृद्धि होगी। परन्तु प्रो. अफराहीम ने इन पत्रों की खोज की दिशा में स्वयं कोई प्रयास किया अथवा नहीं, या किसी अन्य शोधकर्त्ता की दृष्टि इस ओर जा पाई अथवा नहीं इसका कोई संकेत उपर्युक्त उल्लेखों से प्राप्त नहीं होता। इस दिशा में अतिरिक्त शोध किया जाना अपरिहार्य है।

जहाँ तक बाँदा प्रवास में ग़ालिब द्वारा फारसी उर्दू में काव्य-रचना का सम्बन्ध है, प्रो. अफराहीम ने पुस्तक का एक सम्पूर्ण अध्याय ही 'बाँदा के सम्बन्ध से ग़ालिब की काव्य सम्पदा' को समर्पित किया है जिसमें उन्होंने ग़ालिब की प्रमुखतः फारसी शायरी एवं गौण रूप से उर्दू शायरी को एक स्थान पर संकलित कर दिया है। जहाँ तक फारसी शायरी का सम्बन्ध है, प्रो. अफराहीम ने यह संकेत अवश्य किया है कि उन्होंने जो शेर इस अध्याय में एकत्रित किए हैं वे ग़ालिब ने प्रमुख रूप से पत्रों में लिखे हैं। परन्तु आश्चर्यजनक रूप से प्रो. अफराहीम ने किसी भी शेर के साथ यह सन्दर्भ प्रस्तुत नहीं किया है कि यह शेर ग़ालिब के किस पत्र में लिखा गया। यही नहीं, जो शेर प्रस्तुत किए गए हैं उनमें से अधिकांश ग़ालिब के किसी न किसी फारसी शायरी के संकलन, यथा 'चिरागे दैर' आदि में भी उपलब्ध होते हैं। अतः इस अध्याय में प्रस्तुत ग़ालिब के फारसी शेरों को बाँदा प्रवास की रचना घोषित कर देना, वह भी किसी पुष्ट प्रमाण के अभाव में उचित प्रतीत नहीं होता। अच्छा होता यदि प्रो. अफराहीम इस दिशा में तनिक अतिरिक्त प्रयास करके पुष्ट प्रमाणों सहित मात्र उन फारसी शेरों को ही एकत्रित करते जो वास्तव में बाँदा प्रवास के काल में लिखे गए।

जहाँ तक उर्दू गजलों का सम्बन्ध है, प्रो. सग़ीर अफराहीम ने ग़ालिब की तीन गजलें प्रस्तुत करते हुए लिखा है–

> "यहाँ मैं केवल उन उर्दू गजलों की चर्चा करूँगा जिन पर अधिकांश अन्वेषक एकमत हैं कि ये गजलें बाँदा प्रवास अथवा बाँदा यात्रा की देन हैं।"

प्रो. अफराहीम के उपर्युक्त शब्दों से स्वाभाविक रूप से निम्नांकित प्रश्न उभरते हैं जिनका कोई सन्तोषजनक उत्तर प्राप्त नहीं होता–

1. इन तीन गजलों को बाँदा प्रवास अथवा बाँदा यात्रा की देन सिद्ध करने

वाले सभी अन्वेषकों में प्रमुख रूप से कौन-कौन विद्वान् सम्मिलित थे और ग़ालिब-अध्ययन के क्षेत्र में उनका क्या विशिष्ट अवदान है?

2. जब प्रसंग बाँदा प्रवास के समय की गई काव्य रचना का हो तो क्या 'बाँदा यात्रा की देन' गजलों को भी इसी श्रेणी में परिगणित किया जाना उचित होगा?

इसके अतिरिक्त प्रो. अफराहीम ने ग़ालिब की एक गजल का मतला 'नवेद ए अम्न है बेदाद ए दोस्त जाँ के लिये। रही न तर्ज ए सितम कोई आस्माँ के लिये॥' यह कहते हुए प्रस्तुत किया है कि इस गजल के सम्बन्ध में यह प्रसिद्ध है कि ग़ालिब ने इसे बाँदा प्रवास के समय लिखना आरम्भ किया था परन्तु पीछे चलकर पूर्ण किया। प्रो. अफराहीम ने बाँदा के सम्बन्ध से महत्त्वपूर्ण इस गजल का सम्पूर्ण पाठ क्यों प्रस्तुत नहीं किया, यह कह पाना कठिन है। परन्तु इसके प्रतिकूल उन्होंने एक अन्य गजल यह कहते हुए प्रस्तुत की है कि इसका लेखन-काल 1849 है। कलकत्ता और बाँदा की यात्रा से देहली वापस लौटने के दशकों बाद लिखी गई गजल को बाँदा के सम्बन्ध से प्रस्तुत करना असंगत प्रतीत होता है।

प्रस्तुत पुस्तक में इस विषय पर कोई विचार नहीं किया गया है कि ग़ालिब ने बाँदा प्रवास के सम्पूर्ण काल में फारसी-उर्दू में क्या गद्य-पद्य रचना की, उनमें से कौन-कौन सी रचनाएँ सुरक्षित हैं और शेष रचनाओं की खोजबीन की क्या गति है। यह विषय गवेषणा की दृष्टि से अत्यन्त रोचक होने के साथ ही गहन-गम्भीर अन्वेषण की अपेक्षा रखता है।

8. *ग़ालिब लखनऊ से बाँदा कैसे और किस प्रकार पहुँचे?*

उपर्युक्त प्रश्न पर विचार करने से पूर्व एक अन्य प्रश्न पर भी विचार किया जाना आवश्यक है, और वह यह है कि ग़ालिब बाँदा क्यों पहुँचे? इस सम्बन्ध में प्रो. सग़ीर अफराहीम ने लिखा है—

> "लखनऊ के विद्वानों ने ग़ालिब का स्वागत किया। वहाँ दो-ढाई मास प्रवास के समय उन्होंने अनुभव किया कि लखनऊ की रेजीडेंसी में बैठा हुआ रेजीडेंट मात्र अंग्रेज कम्पनी का शुभचिन्तक है। दरबार के षड्यन्त्रों में नित्यप्रति वृद्धि हो रही थी। ऐसे में जिनसे ग़ालिब को आशाएँ थीं उनकी उपेक्षा ने उन्हें अपने परिजनों, विशेषकर बाँदा के नवाब जुल्फिकार अली बहादुर (1800-1849) का स्मरण कराया।"

प्रो. अफराहीम का उपर्युक्त कथन अतिरिक्त शोध का अपेक्षी है। लखनऊ के किन-किन विद्वानों ने ग़ालिब का स्वागत किया? अंग्रेज कम्पनी के रेजीडेंट से ग़ालिब कितनी बार मिले और उन भेंटों का क्या परिणाम रहा? अवध के दरबार में क्या-क्या और कैसे-कैसे षड्यन्त्र पनप रहे थे? लखनऊ के किन-किन महानुभावों से ग़ालिब को क्या-क्या आशाएँ थीं जो पूरी नहीं हो सकीं? आशाएँ पूर्ण न होने से भग्नहृदय ग़ालिब को बाँदा के नवाब जुल्फिकार अली बहादुर का ही स्मरण क्यों आया जो न केवल उनके दूर के सम्बन्धी थे वरन् उनके दूर के सम्बन्ध को दृष्टि में रखते हुए उनसे ग़ालिब का प्रत्यक्ष परिचय अथवा निकट सम्पर्क होने की सम्भावना भी क्षीण ही प्रतीत होती है। आशा की जानी चाहिए कि कोई भावी शोधकर्त्ता इन प्रश्नों के प्रामाणिक उत्तर अवश्य खोजने का प्रयास कर सकेगा ताकि ग़ालिब की बाँदा यात्रा और वहाँ के सुदीर्घ प्रवास के मूल कारणों का भी उद्घाटन हो सके।

जहाँ तक ग़ालिब लखनऊ से बाँदा कैसे और किस प्रकार पहुँचे, इस प्रश्न का सम्बन्ध है, प्रो. अफराहीम के अनुसार ग़ालिब ने इस यात्रा हेतु अपेक्षाकृत रूप से लम्बा एवं दुर्गम मार्ग ग्रहण किया था। ग़ालिब के इस असामान्य आचरण की पृष्ठभूमि में क्या कारक थे, इस पर भी अतिरिक्त शोध किया जाना आवश्यक है, विशेषकर उस परिस्थिति में जबकि ग़ालिब के पास यात्रा व्यय हेतु पर्याप्त धनराशि उपलब्ध नहीं थी। यही नहीं, उस काल में आधुनिक काल जैसे यात्रा के तीव्रगामी साधन उपलब्ध नहीं थे और स्वाभाविक रूप से लखनऊ से बाँदा के मार्ग में आने वाले न्यूतनी, सफीपुर, कानपुर और फतेहपुर में ग़ालिब ने अवश्य ही विश्राम किया होगा। और इस विश्राम-काल में इन कस्बों/नगरों में ग़ालिब की क्या-क्या गतिविधियाँ रहीं इस सम्बन्ध में भी गम्भीर शोध किया जाना आवश्यक है क्योंकि इससे बाँदा पहुँचने से ठीक पूर्व के समय ग़ालिब की मानसिकता का अध्ययन कर पाना सम्भव हो सकेगा जो निश्चित रूप से अत्यन्त रोचक होगा।

9. ग़ालिब ने दीवान मो. अली को 37 और मौलवी सिराजुद्दीन अहमद को 52 अत्यन्त आत्मीयतापूर्ण पत्र लिखे। इस प्रचुर परिमाण में पत्र लिखे जाने पर भी इस महत्त्वपूर्ण बिन्दु पर युक्तियुक्त चर्चा क्यों नहीं हुई?

जहाँ तक दीवान मो. अली को लिखे गए पत्रों का सम्बन्ध है, प्रो. सग़ीर अफराहीम ने स्पष्ट कर दिया है कि इसके दो प्रमुख कारण हैं। एक तो यह कि स्वयं ग़ालिब ने अपने पत्रों का संग्रह 'पंज आहंग' के नाम से प्रकाशित कराया था

तब उसमें दीवान मो. अली के नाम लिखे गए केवल आठ पत्र ही सम्मिलित थे और वे भी विशेष महत्त्व के नहीं थे। दीवान मो. अली को लिखे गए ग़ालिब के शेष पत्र सैयद अकबर अली तिरमिजी की पुस्तक Persian Letters of Ghalib के प्रकाशन के साथ ही साहित्य-संसार के समक्ष आते हैं जिससे पूर्व इनकी पाण्डुलिपि भारत के राष्ट्रीय अभिलेखागार में नितान्त उपेक्षित पड़ी हुई थी। ग़ालिब के इन 37 पत्रों पर जो भी चर्चा देखने में आती है वह 1969 में इस पुस्तक के प्रकाशन के उपरान्त ही सम्भव हो सकी, जिसकी नवीनतम कड़ी प्रो. सग़ीर अफराहीम की प्रस्तुत पुस्तक है। दूसरा कारण यह है कि दीवान मो. अली का देहावसान ग़ालिब से लगभग 38 वर्ष पूर्व 1831 में हो गया था। अतः इस सुदीर्घ अन्तराल ने दीवान मो. अली को विस्मृत करने में निश्चय ही महत्त्वपूर्ण भूमिका का निर्वहन किया, इसमें सन्देह नहीं।

जहाँ तक मौलवी सिराजुद्दीन अहमद को ग़ालिब द्वारा लिखे गए 52 पत्रों पर युक्तियुक्त चर्चा न होने का सम्बन्ध है, यह वास्तव में आश्चर्यजनक ही नहीं वरन् खेदजनक भी है। यह देखना भी आश्चर्यजनक है कि यह प्रश्न करने वाले प्रो. सग़ीर अफराहीम स्वयं भी इस पुस्तक में मात्र दीवान मो. अली को सम्बोधित पत्रों तक ही सीमित रहते हैं और अपने प्रश्न को ही विस्मृत कर जाते हैं। मौलवी सिराजुद्दीन अहमद को लिखे गए पत्रों का वस्तुनिष्ठ अध्ययन किया जाना अवश्य ही ग़ालिब के सम्बन्ध में कुछ नये तथ्यों को प्रकट करेगा जिस ओर भावी शोध-कर्त्ताओं को ध्यान देना ही होगा।

10. *ग़ालिब एवं दीवान मो. अली के अत्यन्त निकट भावनात्मक सम्बन्धों की उपेक्षा क्यों की गई?*

इस प्रश्न पर प्रो. सग़ीर अफराहीम ने विचार नहीं किया है परन्तु इस दिशा में भावी शोध अवश्य ही नवीन तथ्यों को प्रकट करने में सफल होगा, इसमें सन्देह नहीं।

11. *वर्त्तमान काल के अन्वेषकों तथा समीक्षकों ने 'नामा हाए फारसी ग़ालिब' की पाण्डुलिपि की प्राप्ति की पृष्ठभूमि की परतें खँगालने का उद्योग क्यों नहीं किया?*

इस सम्बन्ध में प्रो. सग़ीर अफराहीम लिखते हैं—

> "सैयद अकबर अली तिरिमिजी ने लिखा है कि राष्ट्रीय अभिलेखागार, दिल्ली ने यह पाण्डुलिपि 1960 में कड़ा, मानिकपुर (इलाहाबाद) के मो. रफी नकवी से प्राप्त की

थी जो दीवान मो. अली के परिवार से निकट सम्बन्ध रखने वाले सैयद अली हसन, सिविल जज, जिला बाँदा ने 1840 के आसपास तैयार की थी। फिर यह पाण्डुलिपि परगना बदोसा और कालिंजर के तहसीलदारों, विशेषकर सैयद मो. अफजल के माध्यम से सैयद रफी नकवी तक पहुँची।"

स्पष्ट है कि प्रो. अफराहीम इस पाण्डुलिपि की प्राप्ति की पृष्ठभूमि का उल्लेख केवल सैयद अकबर अली तिरमिजी के उल्लेख पर आधारित होकर करते हैं। तिरमिजी साहब राष्ट्रीय अभिलेखागार के उपनिदेशक जैसे अत्यन्त महत्त्वपूर्ण पद पर आसीन थे अतः उनके द्वारा प्रस्तुत सूचना पर सन्देह व्यक्त करना उचित नहीं है, परन्तु इस तथ्य को भी नकारा नहीं जा सकता कि शोध के क्षेत्र में मात्र एक अन्वेषक के कथन पर आधारित रहना सर्वथा सुरक्षित नहीं माना जा सकता। आशा की जानी चाहिए कि कोई भावी शोधकर्त्ता इस दिशा में गहन-गम्भीर शोध करके प्रमाणपुष्ट सूचनाएँ उपलब्ध करा पाने में सफल हो सकेगा।

यहाँ यह उल्लेख करना भी कदाचित असंगत नहीं होगा कि प्रो. सग़ीर अफराहीम ने इस पुस्तक में ग़ालिब के फारसी पत्रों के उर्दू अनुवादकों के रूप में परतव रुहेला के अतिरिक्त लतीफुज्जमाँ खाँ और तनवीर अहमद अलवी का भी प्रशंसात्मक शब्दों में उल्लेख किया है। इनके अतिरिक्त कतिपय अन्य अनुवादकों का भी उल्लेख करते हुए सग़ीर साहब ने स्पष्ट रूप से उल्लेख किया है कि प्रस्तुत पुस्तक में वे विशेष रूप से परतव रुहेला द्वारा किए गए अनुवाद पर केन्द्रित रहे हैं, यद्यपि पुष्टि के लिये अन्य अनुवाद भी उनकी दृष्टि में रहे हैं। ध्यातव्य है कि प्रो. सग़ीर अफराहीम जहाँ एक ओर काजी अब्दुल वदूद के शब्दों को उद्धृत करते हुए लतीफुज्जमाँ खाँ के अनुवाद की प्रशंसा करते हैं, वहीं दूसरी ओर परतव रुहेला के कार्य पर प्रो. हनीफ नकवी द्वारा सन्देह व्यक्त किए जाने का भी उल्लेख करते हैं। अच्छा होता यदि सग़ीर साहब प्रो. हनीफ नकवी द्वारा व्यक्त किए गए सन्देह का तनिक विस्तार में उल्लेख करते हुए उसका निराकरण करके परतव रुहेला के अनुवाद को प्रामाणिक सिद्ध करने के उपरान्त ही उन पर केन्द्रित होने का उपक्रम करते।

12. *ग़ालिब और दीवान मो. अली के मध्य निकट सम्पर्क को स्वीकार करने पर भी यह जानने का प्रयास क्यों नहीं किया गया कि मो. अली साहब कौन थे?*

प्रो. सग़ीर अफराहीम ने प्रस्तुत पुस्तक के माध्यम से सबसे बड़ा कार्य यह किया है कि उन्होंने पहली बार दीवान मो. अली का शुद्ध नाम प्रामाणिक रूप से उद्‍घाटित कर दिया। जो साहित्य-संसार ग़ालिब जैसे विश्वविश्रुत साहित्यकार के अत्यन्त आत्मीय रहे दीवान मो. अली के शुद्ध नाम से परिचय प्राप्त करने तक की दिशा में सचेष्ट नहीं हो सका उस साहित्य-संसार से यह अपेक्षा करना ही निरर्थक है कि वह यह जानने का लेशमात्र भी प्रयास कर सकता कि 'मौ. अली साहब कौन थे?' वास्तविकता में देखा जाय तो दीवान मो. अली के सम्बन्ध में प्रो. सग़ीर अफराहीम से पूर्व कोई प्रयास न किए जाने को साहित्य-संसार की घोर उदासीनता के अतिरिक्त अन्य कोई संज्ञा नहीं दी जा सकती।

13. *दीवान मो. अली की अपनी रचनाएँ कहाँ और किस दशा में हैं?*

प्रो. सग़ीर अफराहीम ने यह संकेत अवश्य किया है कि दीवान मो. अली स्वयं भी फारसी भाषा पर अधिकार रखने के साथ-साथ साहित्य एवं काव्य में गहन रुचि भी रखते थे। इसके अतिरिक्त दीवान मो. अली साहित्य सर्जन भी करते थे, यह संकेत भी प्रो. अफराहीम की पुस्तक से प्राप्त होता है। ध्यातव्य है कि अपने-अपने आलेख में हकीम सैयद जिल्लुर्रहमान और प्रो. शाफे किदवाई ने दीवानजी के शायरी करने का स्पष्ट उल्लेख किया है जबकि अली हसन खाँ की पुस्तक 'सुब्हे-गुलशन' के सन्दर्भ से प्रो. सग़ीर अफराहीम ने दीवानजी के शायरी करने का उल्लेख किया है। परन्तु दीवान मो. अली साहित्य की किस विधा में रचना करते थे, उन्होंने अपने जीवन में क्या-क्या लिखा और उनकी रचनाएँ कहाँ उपलब्ध हैं, इसका कोई संकेत तक प्राप्त न होना आश्चर्यजनक है। यही नहीं, दीवान साहब ने अपने कलकत्ता के परिजनों को ग़ालिब की यथासम्भव सहायता करने के लिये जो पत्र लिखे, उन्हें 'अत्यन्त महत्त्वपूर्ण' बताते हुए भी प्रो. अफराहीम ने न तो उनमें से किसी पत्र से भी कोई उद्धरण प्रस्तुत किया, न ही यह उल्लेख किया कि वे पत्र कहाँ उपलब्ध हैं। मिर्जा ग़ालिब और दीवान मो. अली के अत्यन्त आत्मीयतापूर्ण सम्बन्धों के दृष्टिगत दीवान साहब की रचनाएँ तथा उनके पत्रों को खोजकर उनका वस्तुनिष्ठ अध्ययन किया जाना निश्चित रूप से ग़ालिब-अध्ययन में नवीन अभिवृद्धि होगा, इसमें सन्देह नहीं है। आशा की जानी चाहिए कि कोई उत्साही शोधकर्त्ता इस दिशा में ध्यान देकर गहन-गम्भीर शोध करके ग़ालिब-अध्ययन की इस रिक्ति की पूर्त्ति का प्रयास अवश्य कर सकेगा।

14. *बाँदा में विद्यमान ग़ालिब के परिजनों से कहीं आगे बढ़कर दीवान मो. अली ने ग़ालिब की सहायता क्यों की?*

15. *अपने मित्रों तथा परिजनों से भी दीवान मो. अली ग़ालिब की सहायता करने के लिये निरन्तर निवेदन क्यों करते रहे?*

16. *दीवान मो. अली जैसे दैवी गुणसम्पन्न व्यक्ति की उपेक्षा क्यों की गई?*

17. *स्वास्थ्य लाभ हो जाने तथा यात्रा-व्यय हेतु वांछित धनराशि की अनुकूल व्यवस्था हो जाने पर भी ग़ालिब ने बाँदा में तीन-चार माह अतिरिक्त प्रवास क्यों किया?*

उपर्युक्त चारों प्रश्नों में प्रो. सग़ीर अफराहीम ने इस प्रकृति के कतिपय कारणों के उत्तर जानने का संकेत किया है जिनके सम्बन्ध में निश्चयात्मक रूप से कुछ कह पाना, वह भी पुष्ट प्रमाणों के आलोक में सम्भव नहीं है। इसका कारण यह है कि प्रत्येक 'क्यों' का कोई तार्किक एवं युक्तिसंगत उतर दे पाना प्रायः सम्भव नहीं हो पाता और गम्भीर शोध में मात्र अनुमान अथवा सम्भावनाओं को आधार बनाकर किसी ठोस परिणाम तक नहीं पहुँचा जा सकता। परन्तु आशा अवश्य की जानी चाहिए कि कोई समर्पित तथा लगनशील उत्साही अन्वेषक इस दिशा में गम्भीरता से विचार करके इन प्रश्नों के उत्तर खोजने का प्रयास अवश्य कर सकेगा।

प्रस्तुत पुस्तक में हकीम सैयद जिल्लुर्रहमान साहब की भूमिका दो कारणों से विशेष हो गई है। हकीमजी ने जहाँ एक ओर मिर्जा ग़ालिब के रोग और उसके मूल कारण पर चिकित्सीय दृष्टि से प्रकाश डाला है वहीं दूसरी ओर प्रत्यक्ष प्रमाण का उल्लेख करते हुए ग़ालिब की यात्रा के मध्य आने वाले स्थान मौदहा का भी भरपूर विवेचन किया है। इस पुस्तक में सम्मिलित प्रो. शाफे किदवाई का प्राक्कथन भी अत्यन्त भावपूर्ण शब्दों में लिखा गया है जिसका प्रमुख कारण यह है कि दीवान मो. अली के दौहित्र की दूसरी पुत्री का विवाह सुप्रसिद्ध उर्दू साहित्यकार मौलाना अब्दुल माजिद दरियाबादी से हुआ था और प्रो. शाफे किदवाई मौलाना के दौहित्र हैं। अपने किसी पारिवारिक पूर्वज को केन्द्र में रखकर लिखी गई पुस्तक का प्राक्कथन लिखना निश्चयात्मक रूप से प्रो. शाफे किदवाई को कहीं अन्दर तक भावविभोर कर गया होगा जो उनके शब्दों से स्पष्ट झलकता है।

प्रस्तुत हिन्दी अनुवाद के पाठकों के मन में स्वाभाविक रूप से यह यक्ष प्रश्न जन्म लेगा कि जब ग़ालिब के व्यक्तित्व एवं कृतित्व पर मालिक राम, डॉ. खलीक

अंजुम, डॉ. शम्स बदायुँनी आदि अनेक स्थापित एवं सर्वस्वीकार्य ग़ालिब विशेषज्ञों की अत्यन्त महत्त्वपूर्ण उर्दू पुस्तकें उपलब्ध हैं, तब ग़ालिब-अध्ययन के क्षेत्र में नवागन्तुक प्रो. सग़ीर अफराहीम की पुस्तक का ही अनुवाद क्यों किया गया। इस सम्बन्ध में मैं कहना चाहूँगा कि प्रो. सग़ीर अफराहीम और प्रो. सीमा अफराहीम से मेरे पुरातन सम्बन्ध हैं तथा प्रो. सग़ीर साहब से प्राय: फोन पर वार्त्ता होती रहती है। ऐसी ही एक वार्त्ता के क्रम में सग़ीर साहब ने सूचना दी कि उनकी पुस्तक 'ग़ालिब, बाँदा और दीवान मो. अली' हिन्दी में भी आ रही है और इसका हिन्दी रूप टाइप भी हो गया है। मैंने उस अनुवाद को एक दृष्टि देखने की इच्छा प्रकट की तो सग़ीर साहब ने कृपापूर्वक उर्दू पुस्तक की एक प्रति के साथ प्रस्तावित हिन्दी रूप की टाइप प्रति भी डाक द्वारा भेज दी। उसे देखकर मैंने सग़ीर साहब से फोन पर कहा कि यह तो अनुवाद नहीं है, मात्र देवनागरी लिप्यन्तरण है जो हिन्दी पाठक के लिये बोधगम्य नहीं है। इस पर सग़ीर साहब ने कहा कि फिर तो इसका हिन्दी अनुवाद आप ही कर सकते हैं अत: मैंने सहर्ष स्वीकृति दे दी। उपन्यास सम्राट् प्रेमचंद पर निरन्तर चलने वाले मेरे शोध कार्य के मध्य प्रो. सग़ीर अफराहीम की पुस्तक का हिन्दी अनुवाद करने हेतु समय निकाल पाना अत्यन्त कठिन था परन्तु उनके स्नेहमिश्रित आग्रह ने मुझे इस दायित्व को वहन करने के लिये प्रेरित किया जिसका सुखद परिणाम आपके हाथों में है। यहाँ मैं यह भी निवेदन करना आवश्यक समझता हूँ कि फारसी भाषा से मेरा परिचय नहीं है इसलिये 'बाँदा के सम्बन्ध से ग़ालिब की काव्य सम्पदा' शीर्षक अध्याय में फारसी शेरों का लिप्यन्तरण प्रो. सग़ीर अफराहीम द्वारा उपलब्ध कराए गए लिप्यन्तरण से ही यथावत् ग्रहण कर लिया गया है और उनके द्वारा उद्धृत परतव रुहेला के उर्दू अनुवाद को बिना किसी प्रकार का परीक्षण किए यथावत् अनूदित कर दिया गया है।

इस हिन्दी पुस्तक के सुरुचिपूर्ण अक्षर संयोजन हेतु मैं श्री मामचंद गर्ग के प्रति आभार व्यक्त करता हूँ जिनके कलापूर्ण कौशेल से यह इस रूप में प्रस्तुत की जा सकी।

डॉ. प्रदीप जैन
मो. 9410063793
pradeepjain1880@gmail.com

46-बी, नई मण्डी
मुजफ्फरनगर-251001

भूमिका

सग़ीर अफराहीम ने अपनी पुस्तक 'ग़ालिब, बाँदा और दीवान मो. अली' के प्राक्कथन में जमीलुद्दीन आली के सन्दर्भ से ग़ालिब के रचना-संसार के विस्तार और उस पर किए गए शोध-कार्य तथा विमर्श को अन्तिम शब्द की सीमा तक पहुँचाने के प्रतिकूल नये-नये कोणों एवं पक्षों की गवेषणा में जिन आश्चर्यजनक बातों को व्यक्त किया है, वह कुछ ग़ालिब के साथ ही विशेष नहीं है। प्रत्येक विधा के महान् लेखकों के साथ इस विद्वत्तापूर्ण एवं गवेषणात्मक कार्य का निस्संकोच निरीक्षण किया जा सकता है। होमर, अरस्तू, फाराबी, इब्ने सीना, शेक्सपीयर, बर्नार्ड शॉ आदि किसी भी ज्ञान एवं कला के कौशलसम्पन्न महानुभाव के सम्बन्ध में सैकड़ों वर्ष व्यतीत हो जाने पर भी आए दिन नयी-नयी बातें तथा खोजें सामने आती रहती हैं। समग्रता में कहा जाय तो यह एक निश्चित वास्तविकता है कि शोध सदा जारी रहने वाला कार्य है जिसे कभी समाप्त नहीं होना है।

ग़ालिब साहित्य-संसार का शिरोमणि है। उर्दू शायरी पर उसका शासन सदा बना रहेगा। अन्य उर्दू शायरों की भाँति उसकी काव्यात्मक महत्ता किसी एक गुण विशेष और किसी एक विधा विशेष तक सीमित नहीं है। अनेक साहित्यकारों की शायरी की विशेषता में मात्र नज्म को परिगणित किया जाता है, अनेक गजल के शायरों के यहाँ केवल सौन्दर्य एवं प्रेम के विषय ही उभारे गए हैं। कुछ शायरों को कसीदा-लेखन में विशेषता प्राप्त है तो कुछ शोक-काव्य में अनुपम हैं। किसी के यहाँ अध्यात्म को प्रधानता प्राप्त है तो कोई मसनवी में श्रेष्ठ है। किसी के यहाँ चिन्तन एवं दर्शन है तो किसी के यहाँ राष्ट्रीय शायरी है। उनका अध्ययन इन्हीं विशिष्ट विषयों को दृष्टिगत रखते हुए किया जाता है। उनके यहाँ विस्तार एवं नवीनता की वह विस्तृत अभिव्यक्ति नहीं है जो किसी शायर को कल्पना के प्राचुर्य तथा विभिन्न विधाओं के महत्त्वपूर्ण कार्य के कारण श्रेष्ठता एवं सम्मान का स्तर प्रदान करती है।

ग़ालिब एक ऐसा शायर है जो मन एवं विचार की किसी एक दिशा तक सीमित नहीं है। उसके यहाँ चिन्तन एवं कल्पना की उड़ान और काव्य-विधाओं का एक ऐसा मनोहर मिश्रण पाया जाता है जिसे पढ़कर न केवल आनन्द एवं स्फूर्ति अनुभव होती है वरन् जीवन की वे वास्तविकताएँ भी सामने आती हैं जिनसे हम छुटकारा नहीं पा सकते और जो हमारे आँचल से लिपटी हुई हैं। ग़ालिब ने जीवन को जिस प्रकार निकट से देखा एवं व्यवहृत किया है और उसको जितने कड़वे-मीठे तथा रुचिकर एवं विषाक्त अनुभव हुए हैं उन सबको उसने इस सुन्दरता के साथ काव्य के रूप में ढाला है कि एक सामान्य व्यक्ति से लेकर बड़े से बड़े प्रतिष्ठित व्यक्ति तक के लिये उसमें आनन्द एवं रोचकता की सामग्री है।

ग़ालिब अत्यधिक मेधावी और स्वाभिमानी था। उसकी तीक्ष्ण दृष्टि और अनुभूत लेखन-क्षमता से वे बातें छिपी नहीं रहीं जो एक साधारण व्यक्ति की दृष्टि से ओझल रहती हैं। उसकी शायरी में बुद्धिमत्ता, प्रतिभा और दूरदृष्टि प्रतिबिम्बित होती है। जीवन के प्रत्येक मोड़ और हर्ष एवं शोक की प्रत्येक घटना में वह हमारा साथ देता हुआ दिखाई देता है। उसके यहाँ हम किसी भी अवसर की अपेक्षा से विषय खोज लेते हैं। यह ग़ालिब की ऐसी प्रमुख विशेषता है जो अन्य शायरों के यहाँ इस रूप में दिखाई नहीं देती। इसीलिये उसकी शायरी कभी कांतिहीन नहीं होगी और उसे सदा सम्मान तथा रुचि के साथ पढ़ा जायगा। उसके शेर आनन्द एवं हर्ष से आप्यायित करते रहेंगे और उनके नये-नये अर्थ एवं भाव सामने आएँगे।

जिन व्यक्तियों तथा नगरों से ग़ालिब का सम्बन्ध रहा है उन पर उर्दू अन्वेषकों ने गहन खोज एवं गवेषणा से पर्याप्त सामग्री उपलब्ध की है। नगरों में जहाँ कलकत्ता, मुर्शिदाबाद, बनारस, इलाहाबाद, बाँदा, आगरा, भोपाल, हैदराबाद, बदायूँ, रामपुर, अलवर, राजस्थान और हरियाणा के सन्दर्भ से पुस्तकें प्रकाशित हुई हैं, वहाँ सम्बन्धित व्यक्तियों में बेदिल, कतील, मियाँदाद खाँ सय्याह, सुरूर, वहशत, आगा मो. हुसैन नाखुदा, गमगीन, तेफ्ता, सग़ीर बिलग्रामी जैसे ग़ालिब के परिचित महानुभाव अन्वेषण का विषय रहे हैं।

जीवन भर जो समस्या ग़ालिब की जान को लगी रही और जिससे वे कभी पीछा नहीं छुड़ा सके तथा निरन्तर दुखी एवं उद्विग्न रहे वह पेंशन का विवाद है परन्तु इस अनसुलझे विवाद से उभरने वाले कुछ विषय ऐसे भी हैं जिन्होंने उनकी पहुँच न होने पर भी उनके व्यक्तित्व में आकर्षण एवं गम्भीरता और उनके चिन्तन एवं कला में

प्रकाश तथा आभा उत्पन्न की है। इस विवाद की वे रोचक दुर्घटनाएँ एवं साहित्यिक पक्ष जो उसके कारण कलकत्ता की यात्रा में, विभिन्न नगरों में सामने आए और उस मध्य अस्वस्थता, आशा-निराशा, आर्थिक कष्ट, ईर्ष्याएँ, विरोध, रुचिकर-अरुचिकर परिस्थितियाँ जिस प्रकार उनके सम्मुख आईं, आरम्भ से ही अन्वेषकों के लिये शोध का विषय रही हैं।

कलकत्ता का साहित्यिक द्वन्द्व स्वयं उनके जीवन का एक प्रमुख विषय है। यदि यह यात्रा न करनी पड़ती तो उनको अनेक नगरों में जाने का संयोग प्राप्त नहीं होता, विशेषकर कलकत्ता, जहाँ उनको एक नये संसार और विज्ञान के आधुनिक विकास एवं आविष्कारों के निरीक्षण का अवसर प्राप्त हो सका। इसके अतिरिक्त अन्य नगरों के श्रेष्ठ व्यक्तियों से भेंटों, अनुभवों और उन नगरों के सौन्दर्य ने ग़ालिब की संवेदनाओं तथा विचारों में जो नवीनता एवं छटा उत्पन्न की वह दिल्ली और आसपास की बस्तियों में प्रवास करने से उनके मन-मस्तिष्क में उत्पन्न नहीं हो सकती थी।

इस मुकदमे के न्याय हेतु ग़ालिब चार्ल्स मेटकॉफ से भेंट करने के लिये दिल्ली से कानपुर गए। वहाँ पहुँचते ही अस्वस्थ हो गए। समुचित उपचार और स्वास्थ्य लाभ न होने पर लखनऊ जाना आवश्यक समझा। दिल्ली के पश्चात् लखनऊ यूनानी उपचार का सबसे बड़ा केन्द्र था। वहाँ अत्यधिक प्रतिष्ठित निपुण हकीम उपलब्ध थे। लखनऊ में पाँच महीने से अधिक प्रवास रहा। मोतमिद्दौला आगा मीर से उनको आर्थिक सहयोग की आशा थी। उन्होंने आगा मीर को सम्बोधित एक प्रार्थनापत्र तैयार किया था और उनकी प्रशंसा में 110 शेरों का कसीदा भी लिखा था परन्तु आगा मीर के व्यवहार ने उनको निराश किया और वे दोनों लेख उन्होंने आगा मीर के समक्ष प्रस्तुत नहीं किए। आगा मीर से वे इस सीमा तक अप्रसन्न हुए कि जहाँ उन्होंने पूर्व में लिखा था—

लाई है मोतमिद्दौला बहादुर की उम्मीद।
जादा-ए-रह, कशिश-ए-काफ-ए-करम है हमको॥

वहाँ उन्हें 'नौदौलतिया' (नया धनिक) कहकर उनकी निन्दा में कोई कमी शेष नहीं रखी। मोतमिद्दौला के सम्मान में उन्होंने जो कसीदा कहा था उसकी एक प्रतिलिपि बाँदा के नवाब को दी थी। पीछे चलकर उन्हें भय हुआ कि कहीं यह कसीदा किसी अन्य के हाथ में न पड़ जाय इसलिये उसकी सुरक्षा हेतु उन्हें पत्र लिखा। यही कसीदा ग़ालिब ने मुर्शिदाबाद के नवाब हुमायूँ शाह के नाम करना चाहा। और अन्ततः इस कसीदे के प्रशंसित नवाब नसीरुद्दौला बने।

उन्होंने लखनऊ से 21 जून 1827 को बाँदा पहुँचने के लिये कानपुर को प्रस्थान किया। प्रो. सग़ीर अफराहीम ने यह स्पष्ट किया है कि ग़ालिब ने लखनऊ से बाँदा के लिये पुरवा, मौरावाँ का मार्ग ग्रहण करने के स्थान पर न्यूतनी वाला मार्ग ग्रहण किया और कानपुर आए। कानपुर में संक्षिप्त प्रवास के उपरान्त बाँदा गए। कलकत्ता के पश्चात् बाँदा वह स्थान है जहाँ ग़ालिब ने सर्वाधिक, लगभग 6 महीने प्रवास किया।

बाँदा जाने का वास्तविक कारण बाँदा के नवाब जुल्फिकार अली खाँ से भेंट करना, वहाँ रहकर रोग का उपचार कराना और कलकत्ता यात्रा के व्यय हेतु उचित धनराशि उपलब्ध कराना था। नवाब जुल्फिकार अली खाँ से ग़ालिब की कुछ नातेदारी भी निकलती थी। ग़ालिब की मामी नवाब जुल्फिकार अली खाँ की सगी मौसी थीं। इसके अतिरिक्त यह कि वे ग़ालिब के दूध-साझा भाई भी होते थे। ग़ालिब ने अपनी मामी और जुल्फिकार अली खाँ ने अपनी बुआ का दूध पिया था। बाँदा में मामी के पुत्र अर्थात् ग़ालिब के दूसरे दूध-साझा भाई मिर्जा उजबक खाँ भी विद्यमान थे। यह सम्बन्ध भी उनकी बाँदा-यात्रा की प्रेरणा था। निश्चयात्मक रूप से ग़ालिब को बाँदा में उजबक खाँ से सुविधा प्राप्त हुई होगी। नवाब जुल्फिकार अली खाँ का परिवार सम्पन्न तथा समृद्ध था। आज भी उनकी दुर्दशाग्रस्त हवेली के खंडहर से उनके भवन के वैभव का पता मिलता है।

बाँदा के प्रवास-काल में ग़ालिब के रोग 'बौल उद् दम' का उपचार हुआ। 'बौल उद् दम' को खलीक अंजुम सहित ग़ालिब पर लिखने वाले समस्त विद्वानों ने 'बुद्दम' लिखा है जबकि यह शब्द 'बौल उद् दम' है। बौल अर्थात् पेशाब और दम अर्थात् खून। यहाँ मैं किसी विवाद में पड़ना नहीं चाहता परन्तु विश्वास की सीमा तक मेरा यह विचार है कि वास्तव में ग़ालिब को सौदावी (वात विकार) या अन्य कोई रोग नहीं था। उन्होंने डोमनी या जनान बाजार में किसी से आतशक (उपदंश) का रोग लगा लिया था। इस एक प्रकार के असाध्य रोग में वे जीवन के अन्त तक, इससे और इससे सम्बन्धित कष्टों तथा रोगों से घिरे रहे। उनके समस्त कष्ट इसी रोग की देन थे।

स्पष्ट है कि बाँदा के साहित्य एवं काव्य-क्षेत्र ग़ालिब के दीर्घ प्रवास से अपरिचित नहीं रहे होंगे। यद्यपि वे अस्वस्थ थे परन्तु ऐसे विवश भी नहीं थे कि किसी समारोह अथवा काव्य गोष्ठी में सहभागिता न कर सकें। यद्यपि वहाँ के सामान्य साहित्य-रसिकों के सम्बन्ध में विवरण प्राप्त नहीं होता परन्तु नवाब जुल्फिकार अली

खाँ, बाँदा के रईस के सम्बन्ध में विस्तृत रूप से और रियासत के दीवान (मन्त्री) मो. अली खाँ के सन्दर्भ में संक्षेपतः सूचनाएँ उपलब्ध हैं। यह विवरण भी कलकत्ता से दीवान मो. अली के नाम लिखे गए उन पत्रों के प्राप्त होने से पूर्व उपलब्ध नहीं था जो सैयद अकबर अली तिरमिजी ने खोजे हैं। 'नामा हाए फारसी ग़ालिब' के रूप में तिरमिजी के प्रयासों से साहित्य-संसार उनसे पहली बार परिचित हुआ।

मौ. मुश्ताक शारिक के लेख 'ग़ालिब और बुन्देलखण्ड', जो त्रैमासिक पत्रिका 'तहरीर', नई दिल्ली (सम्पादक मालिक राम) के अप्रैल-जून 1977 के अंक में प्रकाशित हुआ और सालिहा बेगम कुरेशी की पुस्तक 'बाँदा और ग़ालिब' (1994) से बाँदा की यात्रा, वहाँ के प्रवास और बाँदा के नवाब से सम्बन्ध के विषय में अतिरिक्त जानकारी प्राप्त हुई। ग़ालिब और कलकत्ता, ग़ालिब और बनारस, ग़ालिब और इलाहाबाद जैसी पुस्तकें भी इन नगरों की कथा प्रस्तुत करती हैं।

बाँदा में ग़ालिब की वहाँ के एक ज्ञानी तथा सम्पन्न दीवान मो. अली (मृत्यु 1831) से भेंट वास्तव में इस यात्रा की उपलब्धियों में है। साहित्यिक एवं काव्यात्मक नवीनताओं के अतिरिक्त आर्थिक दृष्टि से भी यह भेंट उनके लिये प्रत्येक दृष्टि से उपादेय थी। अपने अन्वेषण में सग़ीर अफराहीम ने यह सिद्ध किया है कि दीवान मो. अली उच्च साहित्यिक अभिरुचि के स्वामी थे। वे फारसी में शायरी करते थे। फारसी के अतिरिक्त उनकी अंग्रेजी योग्यता भी अच्छी थी। बाँदा से पूर्व वे लखनऊ में अंग्रेजों की सेवा में थे और अंग्रेजी सरकार से वृत्ति प्राप्त करते थे। उन्हें अंग्रेजी सरकार ने ही बाँदा में नियुक्त किया था। यद्यपि ग़ालिब और उनकी आयु में पर्याप्त अन्तर था। ग़ालिब 21 वर्ष के और वे पचपन के लगभग के वरिष्ठ व्यक्ति थे, परन्तु वे ग़ालिब के प्रशंसक थे। उन्होंने कठिन समय में ग़ालिब की आर्थिक सहायता की और कलकत्ता में भी दो बार दो-दो सौ रुपये भेजकर उनके आर्थिक कष्टों को कम किया। सग़ीर अफराहीम ने सटीक परिणाम निकाला है कि दीवान मो. अली से सम्बन्धों के आधार पर ही ग़ालिब का बाँदा में इतना दीर्घ प्रवास रहा अन्यथा वे इतनी अवधि तक सम्भवतः वहाँ नहीं ठहरते।

ग़ालिब से उनकी निकटता का अनुमान इससे किया जा सकता है कि केवल साढ़े तीन वर्ष की संक्षिप्त अवधि में उनके नाम लिखे हुए ग़ालिब के 37 पत्र अब तक खोजे जा चुके हैं। अतिरिक्त पत्र प्राप्त होने की सम्भावना अपने स्थान पर है। दीवान मो. अली के सम्बन्ध से ग़ालिब को कलकत्ता में भी लाभ हुआ। मो. अली

के बड़े भाई कलकत्ता में काजी उल कजा के पद पर प्रतिष्ठित थे। यद्यपि ग़ालिब के कलकत्ता पहुँचने से पूर्व उनका देहान्त हो चुका था परन्तु दीवान मो. अली ने अपनी भावज के नाम परिचयात्मक पत्र दिया था जिसको लेकर ग़ालिब उनसे मिले।

दीवान मो. अली से ग़ालिब की आसक्ति की यह दशा थी कि वे अपने हर्ष एवं शोक की छोटी-छोटी बात से उनको संसूचित करते रहते थे। उनके नाम लिखे ग़ालिब के पत्र यदि नष्ट हो जाते तो वे अनेक बातें प्रकाश में नहीं आ सकती थीं जो इनकी खोज एवं प्रकाशन के पश्चात् साहित्य-संसार के संज्ञान में आईं। ग़ालिब ने मिर्जा यूसुफ के स्वास्थ्य-लाभ और स्वयं उनके हाथ के लिखे पत्र से अपनी प्रसन्नता में मो. अली को परिजनों की भाँति सम्मिलित किया और इसके विषय में विस्तार से लिखकर अपना हर्ष व्यक्त किया। खलीक अंजुम की पुस्तक 'ग़ालिब का सफर-ए-कलकत्ता' में 40 स्थानों पर दीवान मो. अली की प्रसंगवश चर्चा आई है।

बाँदा में कुछ अन्य व्यक्तियों के अतिरिक्त मीर करम अली नामक एक सज्जन भी ग़ालिब के मित्र बन गए थे। यह बाँदा से ग़ालिब के विशेष सम्बन्ध की बात थी कि कलकत्ता से दिल्ली लौटते समय भी उन्होंने बाँदा की यात्रा की, जबकि बाँदा दिल्ली के मार्ग में नहीं वरन् प्रतिकूल दिशा में अवस्थित था।

बाँदा से इलाहाबाद एवं बनारस के मार्ग से कलकत्ता यात्रा का प्रथम पड़ाव मौदहा था। डॉ. शहनाज नबी और कुछ अन्य लोगों ने मौदहा को मूण्डा लिखा है। मौदहा बाँदा का एक मुस्लिम आबादी वाला कस्बा है। यहाँ मैं अपनी लेखनी को यह व्यक्त करने से विरत नहीं रख पा रहा हूँ कि औषधि विज्ञान विभाग, अजमल खाँ तिब्बिया कॉलेज, अलीगढ़ मुस्लिम विश्वविद्यालय के मेरे एक साथी स्व. हकीम रफीकुद्दीन का सम्बन्ध इसी कस्बे से था। उनसे मौदहा की चर्चा इसके नाम के कारण कुछ हास-परिहास के रूप में होती थी। मैं उन्हें छेड़ता था कि ग़ालिब के कारण मौदहा जैसा कस्बा प्रतिष्ठित बनकर उर्दू साहित्य के इतिहास में सुरक्षित हो गया है। वे तिजारा की कहते कि ग़ालिब के पत्र में महाराजा अलवर के कुछ दूर पैदल चलने का सन्दर्भ होने से तिजारा का नाम इतिहास में अंकित हो गया है।

मौ. अली के नाम ग़ालिब के पत्रों से बाँदा से कलकत्ता की यात्रा और मार्ग की घटनाएँ ही ज्ञात नहीं होती, कलकत्ता प्रवास में वहाँ के मुशायरों में ग़ालिब की सहभागिता, उन पर की जाने वाली आपत्तियाँ और विरोधों एवं द्वन्द्वों की सूचना भी प्राप्त होती है। कलकत्ता यात्रा के सम्बन्ध से यह ग़ालिब की सूचनाओं का एक बड़ा

स्रोत है। ग़ालिब में गालियाँ देने की जो प्रवृत्ति थी वह कलकत्ता में 'कतील' और उसके आत्मीयों के सम्बन्ध में खुलकर सामने आई है। इलाहाबाद की दुर्दशा की भी उन्होंने घोर निन्दा की है और इस नगर को विनष्ट तथा नरक का आँगन और यहाँ के निवासियों को पापी लिखा है। उन्हें वहाँ एक दिन ठहरना भी कठिन हुआ जबकि वे बनारस में एक महीने रहे। बनारस की प्राणवर्द्धक वायु, हरियाली एवं पुष्प, अप्सराओं जैसी सुन्दरियों के बनाव-सिंगार से उन्हें शक्ति प्राप्त हुई। एक पत्र में उसे आनन्दकानन और स्वर्ग के समकक्ष, सुन्दर वस्त्रों का साक्षी और सौन्दर्य का कौतुकागार कहा है।

ग़ालिब के जीवन में कलकत्ता की यात्रा एक अत्यन्त महत्त्वपूर्ण विषय है। इस तीन हजार किलोमीटर की सम्पूर्ण यात्रा में बाँदा की सुविधाओं के अतिरिक्त बनारस के आनन्ददायक दृश्य और उसका प्रेमपोषक वातावरण या कलकत्ता की बनी-ठनी मूर्त्तियों के दर्शनों के अतिरिक्त ग़ालिब को रोग, कष्ट और भयंकर पीड़ाओं से दो-चार होना पड़ा है। मैं कुछ लोगों के इस विचार से सहमत नहीं हूँ कि कलकत्ता की यात्रा ने ग़ालिब के चिन्तन एवं कला, कल्पना एवं विवेक और मन की उड़ान पर कोई विशेष प्रभाव अंकित नहीं किया है।

खलीक अंजुम की पुस्तक 'ग़ालिब का सफर-ए-कलकत्ता और कलकत्ता का अदबी मार्का' इस विषय की एक महत्त्वपूर्ण पुस्तक है। इसमें इलाहाबाद और बनारस के साथ बाँदा के सम्बन्ध से भी कुछ बातों का उल्लेख है। इस पुस्तक की मैंने एक अत्यन्त विस्तृत समीक्षा की थी, जिसका प्रमुख अंश उस पुस्तिका में सम्मिलित है जो इस पुस्तक पर 'उर्दू दानिश्वरों की राय' (समीक्षाओं के अंश) के नाम से ग़ालिब इंस्टीट्यूट, नई दिल्ली से 2006 में प्रकाशित हुई है। डॉ. शहनाज नबी की पुस्तक 'ग़ालिब और कलकत्ता' (1999) और शाहिद माहुली की पुस्तक 'ग़ालिब और कलकत्ता' (2010) में भी इस विषय पर आलेख सम्मिलित हैं।

सग़ीर अफराहीम के अन्वेषण के कारण ग़ालिब की इस सम्पूर्ण कलकत्ता यात्रा में दीवान मो. अली की भूमिका विशेष रूप से महत्त्वपूर्ण हो जाती है। अब वे एक ऐसे महत्त्वपूर्ण व्यक्तित्व के रूप में उभरकर सामने आते हैं जिन्होंने ग़ालिब को न केवल बाँदा प्रवास के समय यथासम्भव सुविधाएँ उपलब्ध कराईं वरन् उनका कृपाहस्त कलकत्ता में भी ग़ालिब का अवलम्ब बना। इस बाँदा के सम्बन्ध से सर्वप्रथम सैयद अकबर अली तिरमिजी की खोज 'नामा हाए फारसी ग़ालिब' (Persian Letters of Ghalib) और फिर लतीफुज्जमाँ खाँ, परतव रुहेला, जमील जालिबी तथा

खलीक अंजुम ने डेढ़ सौ वर्ष पुराने बन्द द्वार को खोला है। परन्तु लखनऊ से बाँदा की यात्रा, फिर बाँदा में प्रवास और ग़ालिब के आत्मीय दीवान मो. अली के सम्बन्ध में जानकारी उपलब्ध नहीं थी। इस पुस्तक (ग़ालिब, बाँदा और दीवान मो. अली) में सग़ीर अफराहीम ने उनको विषय बनाकर, उनके सम्बन्ध में महत्त्वपूर्ण सूचनाएँ प्रस्तुत की हैं।

सग़ीर अफराहीम ने उपर्युक्त पुस्तक के प्रथम अध्याय में बाँदा के इतिहास और भूगोल पर युक्तिपूर्वक लिखा है। द्वितीय एवं तृतीय अध्याय में कलकत्ता यात्रा के कारणों, बाँदा आगमन तथा मार्ग के चयन पर पर्याप्त प्रकाश डाला है। इसके लिये उन्होंने अपने प्राक्कथन में सालिहा बेगम की पुस्तक से सामग्री लेना स्वीकार अवश्य किया है परन्तु कतिपय स्पष्टीकरणों एवं साक्ष्यों के साथ, जिनको स्वयं लेखिका ने अपनी पुस्तक के प्राक्कथन में स्पष्टतया स्वीकार किया है।

1990 में सग़ीर अफराहीम के बाँदा में विवाह के उपरान्त उनको इस सम्बन्ध में और अधिक सूचनाएँ प्राप्त हुईं। प्रस्तुत पुस्तक का मूल भाग दीवान मो. अली के जीवन परिचय से सम्बन्ध रखता है। जैसा कि सग़ीर अफराहीम ने लिखा है तथा मैं भी सहमत हूँ कि उनकी परिस्थितियों से ग़ालिब-अध्येता समुचित परिचय नहीं रखते थे। इस पुस्तक द्वारा सग़ीर अफराहीम ने इस शून्य को भरा है और उन पत्रों का वस्तुनिष्ठ अध्ययन प्रस्तुत किया है जो ग़ालिब ने दीवान मो. अली को लिखे हैं। इस महत्त्वपूर्ण अध्ययन से स्पष्ट होता है कि दीवान मो. अली ग़ालिब के एक ऐसे प्रशंसित तथा पत्र-प्राप्तकर्त्ता हैं जिन्हें ग़ालिब ने मात्र साढ़े तीन वर्ष की अल्पावधि में 37 पत्र लिखे हैं।

दीवान मो. अली को लिखे गए पत्रों के वस्तुनिष्ठ अध्ययन और परिचय एवं चिन्तन के अतिरिक्त सग़ीर अफराहीम ने एक अच्छा कार्य यह भी किया है कि बाँदा के सम्बन्ध से ग़ालिब की काव्य सम्पदा को एक स्थान पर एकत्रित कर दिया है। इसमें फारसी शेर अधिक हैं परन्तु उर्दू गजलें भी सम्मिलित हैं। इनमें ग़ालिब की वह गजल भी है जिसका प्रथम शेर है—

हैराँ हूँ दिल को रोऊँ कि पीटूँ जिगर को मैं।
मक़दूर हो, साथ रखूँ नौहागर को मैं॥

इस गजल के तीन प्रसिद्ध शेर और हैं—

जाना पड़ा रक़ीब के दर पर हज़ार बार।
ऐ काश! जानता न तिरी रहगुज़र को मैं॥

लो, वो भी कहते हैं कि 'ये बेनंग ओ नाम है'।
ये जानता अगर, तो लुटाता न घर को मैं॥
चलता हूँ थोड़ी दूर हरेक तेज़ रौ के साथ।
पहचानता नहीं हूँ अभी राहबर को मैं॥

पुस्तक का एक रोचक एवं अत्यन्त प्रभावशाली अध्याय 'यादों की बारात: बाँदा, ग़ालिब और सम्बन्धित व्यक्ति' के शीर्षक से है। इसके आरम्भ में सग़ीर अफराहीम ने वयोवृद्ध महिलाओं द्वारा कहानियाँ सुनाने का उल्लेख किया है। उस काल के कुलीन घरानों में यह संस्कृति व्यापक थी। मेरी नानी सफिया बेगम, जिनका 1970 में 92 वर्ष की अवस्था में देहावसान हुआ, भोपाल में हम बच्चों को इसी प्रकार की कहानियाँ सुनाती थीं और हम सब बच्चे उनकी मसहरी और पास की मसहरियों में लेटे-लेटे कहानियाँ सुनते-सुनते सो जाते थे। सग़ीर अफराहीम लिखते हैं—

"घर में किस्सा-कहानी सुनने-सुनाने का वातावरण था। उर्दू के पत्र-पत्रिकाएँ नियमित रूप से आते थे जो पढ़े तथा सुनाए जाते थे। इस वातावरण में मैंने ग़ालिब से सम्बन्धित कहानियाँ भी सुनीं जिनका केन्द्र बाँदा हुआ करता था। ऐसा इसलिये क्योंकि भारत विभाजन से पूर्व मेरे एक पूर्वज सैयद मो. अफराहीम शाह पशुओं के चिकित्सक के रूप में बाँदा में कार्यरत थे। दादी जी (डॉ. सैयद मो. अफराहीम शाह की धर्मपत्नी) जिनका मायका फतेहपुर हसवा था, वे उन्नाव (ससुराल) से बाँदा की यात्रा को अत्यन्त रोचक घटनाओं के साथ सुनाया करतीं। विशेष रूप से वे हर बार चिल्ला तारा नगर के निकट यमुना नदी तथा केन नदी के संगम पर बने हुए पीपे/नाव के पुल को पार करने की चर्चा कुछ इस आश्चर्यजनक रूप में करतीं कि सिन्दबाद की कहानियाँ स्मृति में कौंध जातीं। जब कभी हम लोग उनसे पूछते कि समुद्र जैसे पाट को, जहाँ चारों ओर दृष्टि की सीमा तक पानी ही पानी हो, आप पीपे या नाव से बने पुल से पार करते हुए घबराती नहीं थीं? तब दादीजी कहतीं सोचो, सौ सवा सौ वर्ष पूर्व ग़ालिब ने उसको किस प्रकार पार किया होगा!"

पुस्तक में एक व्यवस्था यह भी है कि प्रत्येक अध्याय के अन्त में सन्दर्भ संकेत दिए गए हैं। इसके अतिरिक्त विमर्श ग्रन्थ सूची से लेखक के परिश्रम और सामग्री–संकलन में उनके प्रयासों का अनुमान होता है। मुझे विश्वास है कि सग़ीर अफराहीम का यह शोध–ग्रन्थ (ग़ालिब, बाँदा और दीवान मो. अली) साहित्य–संसार में अत्यधिक समादृत होगा।

प्रो. हकीम सैयद जिल्लुर्रहमान

इब्ने सीना अकादमी
तिजारा हाउस
दूधपुर, अलीगढ़
13 अक्टूबर 2020

अनुशंसा

सग़ीर अफराहीम ने कुछ वर्षों में ही शिक्षण, साहित्यिक समीक्षा एवं इतिहास और शोध के संसार में वह प्रसिद्धि प्राप्त की है जो अनेक लोगों को जीवन भर के परिश्रम के पश्चात् भी प्राप्त नहीं होती। इसका प्रमुख कारण उनकी मेधा, सज्जनता और शिक्षण-व्यवसाय से उनके स्वभाव की नैसर्गिक सम्बद्धता है। एक सीमा तक मैं उनके व्यक्तिगत जीवन से भी परिचित हूँ, उनके पिता तथा घराने के व्यक्तियों से भी। सग़ीर साहब को यह सज्जनता, नेकी एवं मृदु स्वभाव अपने वातावरण से भी प्राप्त हुआ है, अन्यथा तो विश्वविद्यालय के वातावरण में इन दिनों जो आपाधापी मची हुई है और शिक्षण के नाम पर जो व्यापार हो रहा है उससे संसार परिचित है।

ज्ञान-क्षेत्र में सग़ीर अफराहीम की सक्रियता किसी परिधि में सीमित नहीं, यद्यपि कहानी विधा उनकी प्रथम प्राथमिकता है और अपने समकालीन कथाकारों पर वे गहन दृष्टि रखते हैं। कथा-साहित्य पर उनका कार्य प्रसिद्ध हुआ है परन्तु साहित्य की नवीन-प्राचीन विधाओं में भी वे लगभग एकसमान रुचि रखते हैं। वे अपने समकालीनों के मध्य अविवादित रहे हैं। अपने काम से काम रखते हैं और जिस विषय की ओर आकर्षित होते हैं उस पर परिश्रम करते हैं। ज्ञानार्जन के मार्ग पर यदि विनम्रता, विनय और सहनशीलता भी साथ हो तो व्यक्ति निरंकुश नहीं होता।

इधर उनके विषयों में नवीनता एवं विस्तार का पर्याप्त अनुभव भी होता है। प्रेमचंद, जगत मोहन लाल रवाँ, सर सैयद, अलीगढ़ और अब ग़ालिब पर उनकी यह पुस्तक ग़ालिब में उनकी गहन अभिरुचि का संज्ञान कराती है। अपनी प्रकृति की दृष्टि से यह एक शोध पुस्तक है। यह देखकर प्रसन्नता हुई कि सग़ीर अफराहीम ने ग़ालिब के अध्ययनों में अपनी इस पुस्तक (ग़ालिब, बाँदा और दीवान मो. अली) के माध्यम से एक प्रशंसनीय अभिवृद्धि की है, नयी सूचनाएँ उपलब्ध कराई हैं। ग़ालिब की कलकत्ता यात्रा के विषय में खलीक अंजुम ने जो पुस्तक सम्पादित

की थी उसकी प्रशंसा हुई। वह एक रोचक पुस्तक है यद्यपि हमारे काल के प्रसिद्ध अन्वेषक हनीफ नकवी साहब ने खलीक अंजुम की गवेषणा के कतिपय परिणामों पर सन्देह व्यक्त किया है।

सग़ीर अफराहीम ने इस पुस्तक में स्वयं को अत्यधिक केन्द्रित रखा है। ग़ालिब की कलकत्ता यात्रा का सम्पूर्ण एवं विस्तृत अवलोकन करने के स्थान पर उन्होंने इस यात्रा के क्रम में मार्ग में अवस्थित एक छोटी सी बस्ती बाँदा में ग़ालिब के दीर्घ प्रवास और फिर उस प्रवास के विवरणों को नये सिरे से जानने, परखने और समझने का प्रयास किया है और अपने इस प्रयास में वे पूर्णतया सफल हैं। बाँदा की यात्रा के लिये मार्ग के चयन, प्रवास, वातावरण, सांस्कृतिक एवं भौगोलिक परिस्थितियों को भी प्रकट किया है। इसके अतिरिक्त दीवान मो. अली के वंशवृक्ष, वंश और प्रतिष्ठा को प्रस्तुत करके एक मुख्य कमी को पूर्ण किया है। अपने अन्वेषण में उन्होंने यह भी सिद्ध किया है कि दोनों की आसक्ति की यह दशा थी कि ग़ालिब अपनी छोटी-छोटी हर्ष एवं शोक की सूचना दीवान मो. अली को अपने किसी वयोवृद्ध परिजन की भाँति देते और उनके परामर्श को व्यवहृत करते थे।

बाँदा नगर से सग़ीर अफराहीम का कुछ व्यक्तिगत सम्बन्ध भी है। इस सम्बन्ध की डोर पकड़े हुए वे ग़ालिब और ग़ालिब-काल तक जा पहुँचते हैं। उनकी जीवन संगिनी प्रो. सीमा सग़ीर की मातृभूमि बाँदा है और बाँदा के जिस घराने से उनका सम्बन्ध है ग़ालिब के समय से आज तक उसकी अत्यन्त उच्च प्रतिष्ठा रही है। अतः अनेक सूचनाएँ सग़ीर अफराहीम को घर बैठे ही हाथ आ गईं। इस पुस्तक से सम्बन्धित समस्त सामग्री, विशेषकर ग़ालिब और दीवान मो. अली के सम्बन्ध में सामग्री उन्होंने आधुनिक कार्य-पद्धति को दृष्टिगत रखते हुए अत्यन्त मनोयोग से सम्पादित की है।

प्रो. सग़ीर अफराहीम के इस शोधकार्य को देखकर अनुभव होता है कि डेढ़ सौ वर्ष व्यतीत हो जाने के उपरान्त भी ग़ालिब के अध्ययन की रुचि कम नहीं हुई है। उर्दू और फारसी के शिक्षक ग़ालिब के जीवन एवं जीवनी या गद्य एवं पद्य में कोई न कोई नवीन बिन्दु निकाल ही लेते हैं, ग़ालिब और ग़ालिब-काल से सम्बन्ध रखने वाला कोई न कोई तथ्य ढूँढ़ ही लिया जाता है। अब यही देखिए कि कुछ समय पूर्व ग़ालिब अकादमी ने ग़ालिब की अप्रचलित रचनाओं का एक नया संग्रह जमाल अब्दुल वाजिद के सम्पादन में प्रकाशित किया था। कैसी मूल्यवान् पुस्तक है, हमीदिया की प्रति में एक श्रेष्ठ अभिवृद्धि! इसी प्रकार सग़ीर अफराहीम ने कलकत्ता

यात्रा के सम्बन्ध में बाँदा की प्रसंगगत चर्चा को ऐसा विस्तार प्रदान कर दिया है कि अब उसकी उपेक्षा नहीं की जा सकती।

मुझे विश्वास है कि ज्ञान–क्षेत्र में सग़ीर अफराहीम की यह पुस्तक अत्यधिक रुचि से पढ़ी जायगी। इकबाल के शब्दों में यह प्रार्थना भी है कि, 'अल्लाह करे मरहला–ए–शौक न हो तय' और सग़ीर साहब की खोज एवं शोध, विश्लेषण एवं समीक्षा का यह क्रम बना रहे, उनकी पहुँच नये लक्ष्यों तक होती रहे।

शमीम हनफी

जाकिर बाग, नई दिल्ली
20 सितम्बर 2020

प्रस्तावना

भारतीय साहित्य की सर्जनात्मक समृद्धि, वैश्विक हस्तियों में उल्लिखित प्रतिकूल तथ्यों के विवेक, सांस्कृतिक, भाषायी एवं कलापरक नवीनता और कँपकँपाते ऐन्द्रिय विवेक के चित्रांकन में ग़ालिब का नाम सर्वोच्च है। कालिदास, तुलसीदास, कबीरदास, अमीर खुसरो और टैगोर की भाँति ग़ालिब देश की मानसिक उर्वरा एवं विद्वत् क्षमता को हृदयंगम करते हैं। यही कारण है कि ग़ालिब का लेखन विगत पौने दो सौ वर्ष से निरन्तर अध्ययन का लक्ष्य बना हुआ है और उनकी शायरी हमारे सामुदायिक विवेक का भाग बन गई है। उनकी शायरी के गहन समीक्षात्मक अध्ययन निरन्तरता के साथ प्रकाशित होते रहते हैं और ग़ालिब के मित्र एवं उनसे सम्बन्धित अन्य महानुभावों को भी शोध का केन्द्र बनाया जाता है। ग़ालिब की उर्दू एवं फारसी शायरी एवं गद्य-रचनाएँ, विशेष रूप से पत्रों से सम्बन्धित पुस्तकें तथा लेख प्रचुरता से प्रकाशित होते रहते हैं। कतिपय अपवादों के अतिरिक्त अधिकांश लेखन किसी नये वैचारिक विश्लेषण या नये अन्वेषणात्मक विवाद को चिर्ि त नहीं करता। ऊपरी एवं स्थूल व्याख्या और घिसे-पिटे एवं निरर्थक विचारों से संयुक्त लेखन की प्रचुरता ने ग़ालिब को एक उद्योग में रूपान्तरित कर दिया है। ग़ालिब पर लिखने वालों की संख्या में दिन-प्रतिदिन होने वाली वृद्धि ने ग़ालिब की समीक्षात्मक एवं शोधात्मक गवेषणा का म ार्ग अवरुद्ध कर दिया है। पुस्तकों का अत्यधिक प्राचुर्य किसी भी स्तर पर उनकी उपादेयता को प्रमाणित नहीं करता।

ग़ालिब के पत्र उनकी असाधारण कल्पना-शक्ति, परम्परागत अभिव्यक्ति-पद्धति की विवेकपूर्ण अवहेलना और व्यक्तिगत मेल-जोल को एक वैचारिक संवाद के रूप में प्रकट करने की पद्धति को चिर्ि त करते हैं। ग़ालिब के पत्रों को प्राय: शोध का विषय बनाया गया है और ग़ालिब के पत्र-प्राप्तकर्त्ताओं तथा उन पत्रों में जिनकी चर्चा की गई है, उन समस्त महानुभावों के जीवन-क्रम एवं साहित्यिक उपलब्धियों

को अध्ययन का केन्द्रबिन्दु बनाया गया है। प्रमुख ग़ालिब-अन्वेषकों में इम्तियाज अली खाँ अर्शी, काजी अब्दुल वदूद, मालिक राम, हनीफ नकवी, कालिदास गुप्ता रिजा, मुश्फिक ख्वाजा, मुख्तारुद्दीन अहमद आरजू, खलीक अंजुम, काजिम अली खाँ और शम्स बदायुँनी आदि के नाम सम्मिलित हैं। शोध की अपेक्षाएँ अत्यधिक दुष्कर होती हैं इसलिये पी-एच.डी. के शोध-प्रबन्ध (जिनमें शोध मात्र प्रसंगगत ही होता है और विभिन्न पुस्तकों के उद्धरणों में शब्द-परिवर्तन करके शोध की पूर्णाहुति की जाती है) के अतिरिक्त किसी शायर अथवा साहित्यकार को गहन एवं विद्वत्तापूर्ण शोध का विषय कदाचित ही बनाया जाता है। यदि विगत काल के किसी प्रमुख शायर की जीवनी या उनके मित्रों से सम्बन्धित सूचनाएँ अल्पज्ञात हैं और प्रसिद्ध अन्वेषकों ने इस सम्बन्ध में मौन धारण कर रखा है तो ऐसा अत्यल्प होता है कि कोई प्रसिद्ध समीक्षक उपेक्षित वास्तविकता के प्रकाशन को केन्द्र बनाकर अपना अध्ययन प्रारम्भ करे और शोध के दुर्गम मार्ग पर अग्रसर हो तथा अन्वेषक के रूप में अपना वैशिष्ट्य स्थापित करने का प्रयास करे।

हर्ष का विषय है कि कथा-साहित्य के प्रसिद्ध समीक्षक और अलीगढ़ मुस्लिम विश्वविद्यालय के उर्दू विभाग के पूर्व अध्यक्ष प्रो. सग़ीर अफराहीम ने अपना प्रथम शोधात्मक प्रयास ग़ालिब के फारसी पत्रों पर केन्द्रित किया है और प्रामाणिक शोधपरक प्रमाणों के साथ ग़ालिब के एक ऐसे पत्र-प्राप्तकर्त्ता की विस्तृत चर्चा की है जिससे सम्बन्धित सूचनाओं का खेदजनक सीमा तक अभाव है। कलकत्ता यात्रा के मध्य ग़ालिब ने बाँदा में छह माह प्रवास किया जहाँ उनके आतिथेय दीवान मो. अली थे जिनके नाम उनके 37 फारसी पत्र उपलब्ध हैं। इन पत्रों से उद्घाटित होता है कि ग़ालिब दीवान मो. अली को किस सीमा तक आत्मीय समझते थे और दीवान मो. अली ने ग़ालिब की सहायता की तथा कलकत्ता में उनको पेंशन प्राप्त कराने में सहयोग करने का प्रत्येक सम्भव प्रयास किया। दीवान मो. अली ने कलकत्ता में रहने वाले अपने प्रभावशाली निकटस्थ परिजनों को पत्र लिखे और उनसे ठहरने आदि का प्रबन्ध भी कराया। दीवान मो. अली के जीवन-क्रम, उनकी साहित्यिक उपलब्धियों और ग़ालिब से उनके आत्मीय सम्बन्ध को सम्प्रति शोधपरक विश्वसनीयता के साथ प्रस्तुत नहीं किया गया है। प्रो. सग़ीर अफराहीम ने दीवान मो. अली के जीवन-क्रम, नौकरी, काव्यगत विशेषताओं और उनसे सम्बन्धित अन्य सूचनाओं को वस्तुनिष्ठ रूप से प्रमाण एवं तर्क से पुष्ट करके शोधपरक सूक्ष्मान्वेषण का प्रमाण दिया है।

सर्वप्रथम तो उन्होंने दीवान मो. अली का शुद्ध नाम लिखा क्योंकि अधिकांश अन्वेषकों ने दीवान मो. अली को दीवान मो. अली खाँ लिखा है। वास्तव में दीवान शब्द मन्त्री के लिये प्रयोग किया जाता था। सग़ीर अफराहीम ने संदीला और उन्नाव से दीवान मो. अली के वंशानुगत सम्बन्धों के प्रामाणिक साक्ष्य प्रस्तुत किए और यह उद्घाटन भी किया कि उर्दू के विशिष्ट शैली के साहित्यकार एवं निबन्धकार मौलाना अब्दुल माजिद दरियाबादी (1892-1977) का ससुराल पक्ष की ओर से दीवान मो. अली से सम्बन्ध था।

ग्यारह संक्षिप्त अध्यायों में विभाजित एवं 140 पृष्ठों पर आधारित पुस्तक 'ग़ालिब, बाँदा और दीवान मो. अली' वास्तव में ग़ालिब के एक अल्पज्ञात प्रशंसित दीवान मो. अली के व्यक्तित्व को सम्पूर्ण विस्तार के साथ प्रस्तुत करती है। सग़ीर अफराहीम ने ग़ालिब से सम्बन्धित शोध-ग्रन्थों में अंकित बिन्दुओं के सार तथा शैली में तनिक परिवर्तन के साथ नये पक्षों पर आधारित शोध प्रस्तुत करने की मुखर घोषणा नहीं की वरन् सम्पूर्ण गम्भीरता एवं विद्वत्तापूर्ण गाम्भीर्य के साथ ग़ालिब-शोध में एक नये अध्याय की अभिवृद्धि की है।

दीवान मो. अली के प्रति ग़ालिब-अन्वेषकों की उपेक्षा निश्चयात्मक रूप से आश्चर्यजनक एवं खेदजनक है क्योंकि ग़ालिब ने जिन व्यक्तियों के साथ पत्र-व्यवहार किया था उन समस्त व्यक्तियों का पूर्ण विवरण ग़ालिब से सम्बन्धित पुस्तकों में अंकित है परन्तु दीवान मो. अली से सम्बन्धित सूचनाओं का प्राय: अभाव है और अधिकांश महानुभावों को दीवान मो. अली का नवाब बाँदा से भ्रम होता है। लेखक ने इस भ्रम एवं शोधपरक अनवधानता का निराकरण करने के लिये ग़ालिब की बाँदा यात्रा और यहाँ उनके प्रवास की बातों पर ध्यान केन्द्रित किया। उन्होंने पुस्तक का प्रारम्भ एक महत्त्वपूर्ण प्रश्न से किया है—

> "ग़ालिब के देहान्त के सौ वर्ष पश्चात् तक यही चर्चा होती रही कि वे युवावस्था के उत्कर्ष में 'ज्यों-त्यों', 'गिरते-पड़ते' बाँदा पहुँच गए। परन्तु इस पर ध्यान नहीं दिया गया कि वे लखनऊ से बाँदा कैसे और किस प्रकार पहुँचे? मेरे अनुसार यह भूभाग (लखनऊ से बाँदा) अत्यन्त महत्त्वपूर्ण है क्योंकि इस स्मरणीय कलकत्ता यात्रा के कारण ग़ालिब के जो नये मित्र बने उनमें दीवान मो. अली और मौलवी सिराजुद्दीन अहमद का सम्बन्ध

> इसी भूभाग से था। ग़ालिब ने इन दोनों महानुभावों को फारसी में सर्वाधिक पत्र लिखे हैं। (मौ. अली को लिखे गए 37 और सिराजुद्दीन अहमद को लिखे गए 52 पत्र सम्प्रति उपलब्ध हैं) ये पत्र औपचारिक नहीं, प्रेम एवं आत्मीयता के मानो झरने ही हैं। तो फिर इस महत्त्वपूर्ण बिन्दु पर युक्तियुक्त चर्चा क्यों नहीं हुई? इस पक्ष के साथ-साथ मैंने आधारभूत तथ्यों के प्रकाश में वे ऐतिहासिक एवं भौगोलिक साक्ष्य भी खोजे हैं जो इस सम्पूर्ण यात्रा को समझने में अतिरिक्त सहायक सिद्ध होंगे।"

दीवान मो. अली की उपेक्षा क्यों होती रही? इस प्रसंग में लेखक का यह तर्क किसी सीमा तक उचित है कि ग़ालिब के जीवन में उनके फारसी पत्रों का जो संग्रह प्रकाशित हुआ उसमें मो. अली के नाम केवल आठ पत्रों को सम्मिलित किया गया था। ये पत्र प्राप्तकर्त्ता या बाँदा प्रवास से सम्बन्धित प्रमुख बिन्दुओं से सम्बन्धित विवरण से किसी सीमा तक शून्य थे। दीवान मो. अली का देहान्त भी 1831 में हो गया और उनसे सम्बन्धित विवरण ग़ालिब-अन्वेषकों के समक्ष नहीं था और न ही यह प्रयास किया गया कि पत्र-प्राप्तकर्त्ता के व्यक्तित्व एवं साहित्यिक कृतित्व, उनके ज्ञान-गम्भीर्य एवं काव्यात्मक अभिव्यक्ति पर अधिकार को विस्तृत अध्ययन का विषय बनाया जाय। प्रो. सग़ीर अफराहीम ने ग़ालिब के उन फारसी पत्रों को चर्चा का विषय बनाया है जिन पर अत्यल्प विचार हुआ है।

ग़ालिब के पत्र—पत्र-व्यवहार को केवल संवाद बनाने के व्यवहार के प्रवक्ता नहीं वरन् ग़ालिब की अभिलाषाओं तथा उनके व्यक्तित्व की जटिलताओं और सुरक्षा एवं पक्षपात का भी दर्पण हैं। तीस-बत्तीस वर्ष की अवस्था में ग़ालिब ने फारसी में पत्र लिखे थे और उनमें भी एक सार्थक संसार बसता है तथा पत्र-प्राप्तकर्त्ता भी जीवन के विभिन्न विभागों से सम्बन्धित हैं। विषयों में नवीनता एवं अभिव्यक्ति शैली की विचित्रता इन्हें उर्दू पत्रों (जिनकी प्रसिद्धि में सन्देह नहीं) से पृथक् पहचान प्रदान करती है।

प्रो. सग़ीर अफराहीम की पुस्तक न केवल दीवान मो. अली से सम्बन्धित सूचनाओं के अभाव को शोधपरक कठिनाइयों के मध्य पूर्ण करती है वरन् ग़ालिब के लखनऊ, कानपुर एवं बाँदा प्रवास से सम्बद्ध उपलब्ध सूचनाओं का प्रति-परीक्षण भी करती है और कुछ भ्रमों का निवारण भी करती है। दीवान मो. अली कम्पनी की

सेवा में थे, बाँदा के नवाब से उनके सम्बन्ध थे। ग़ालिब से उनकी भेंट का विवरण न तो मालिक राम ने अंकित किया है और न ही खलीक अंजुम ने, दोनों ने सामान्य बातें लिखीं। इस सम्बन्ध में सग़ीर अफराहीम ने महत्त्वपूर्ण ऐतिहासिक स्रोतों का अवदोहन किया और निश्चयात्मक रूप से लिखा–

> "27 जून 1827 (26 जीकादा 1242 हि.), दिन शुक्रवार को ग़ालिब तड़के ही लखनऊ से बिदा होते हैं और 29 जून, दिन रविवार को कानुपर पहुँचते हैं। एक दिन कानपुर और एक दिन फतेहपुर में रुकते हुए 2 जुलाई की रात्रि के अन्तिम प्रहर में बाँदा पहुँचते हैं। निर्माणाधीन भवन के निकट कुछ समय व्यतीत करते हैं और सबेरे बाँदा के सदर अमीन दीवान मो. अली अपनी कोठी में उनका स्वागत करते हैं।"

दीवान मो. अली से सम्बन्धित विवरण एकत्रित करना सरल नहीं था परन्तु सग़ीर अफराहीम ने शोधपरक कठोर परिश्रम का प्रमाण देते हुए ग़ालिब के एक महत्त्वपूर्ण परन्तु अचीन्हे पत्र-प्राप्तकर्त्ता के सम्बन्ध में पर्याप्त सूचनाएँ एकत्रित कर दीं। दीवान मो. अली स्वयं भी शायर थे परन्तु उनका काव्य सम्प्रति उपलब्ध नहीं है। इस सम्बन्ध में भी लेखक प्रयासरत है।

यह पुस्तक लेखक की शोध-निष्ठा और अन्यों के कार्य की स्वीकार्यता के अल्पप्राप्त गुण को भी प्रकट करती है क्योंकि ग़ालिब के फारसी पत्रों को अंग्रेजी एवं उर्दू में अनुवादित करने वाले विद्वानों सैयद अकबर अली तिरमिजी, परतव रुहेला और लतीफुज्जमाँ खाँ पर पृथक्-पृथक् अध्याय बनाए गए हैं। सैयद अकबर अली तिरमिजी ने ग़ालिब के उन फारसी पत्रों को भी खोजा जो 'पंज आहंग' में सम्मिलित नहीं हैं और उनसे ग़ालिब की कतिपय व्यक्तिगत दुर्बलताओं, जिनकी सामान्य रूप से चर्चा की जाती है, से सम्बन्धित भ्रम का निराकरण होता है। सग़ीर अफराहीम ने उचित रूप से लिखा है–

> "जब तक सैयद अकबर अली तिरमिजी के द्वारा ग़ालिब के अन्य पत्र पाठकों के समक्ष नहीं आए थे तो समीक्षकगण बाँदा की सहायता तथा आतिथ्य के सम्बन्ध में स्पष्ट रूप से यहाँ तक कह जाते थे कि ग़ालिब अवसरवादी, स्वार्थी, कृतघ्न थे परन्तु नवीन खोज ने यह सिद्ध कर दिया कि ग़ालिब स्वार्थसिद्धि के लिये अपनी अन्तरात्मा के विरुद्ध कोई समझौता नहीं करते थे वरन्

स्वयं को उपकारों के भार से दबा अनुभव करते थे और उपकारी को सदा स्मरण रखते थे। इसका प्रत्यक्ष प्रमाण कलकत्ता से वापसी की यात्रा में, मार्ग से दूर, प्रतिकूल दिशा में केवल और केवल दीवान मो. अली का धन्यवाद ज्ञापित करने के उद्देश्य से बाँदा पहुँचना है। उनका यह विनम्र, आत्मीय और निस्वार्थ व्यवहार भी उनकी कथनी-करनी तथा प्रकृति एवं आचरण को स्पष्ट करता है। इस प्रकार मो. अली के नाम लिखे ग़ालिब के पत्र पत्र-लेखक तथा पत्र-प्राप्तकर्त्ता की भावनाओं एवं संवेदनाओं के पारस्परिक सम्मान के साथ-साथ बाँदा नगर और वहाँ की साहित्यिक हलचल के भी प्रमाण बनते हैं।"

सग़ीर अफराहीम ने ग़ालिब के बाँदा प्रवास को भी विश्लेषण का लक्ष्य बनाया है। उन्होंने सर्वप्रथम उन फारसी पत्रों की चर्चा की है जो ग़ालिब ने यहाँ रहकर लिखे और फिर उन गजलों की चर्चा भी की जो बाँदा प्रवास की ऋणी हैं। एक पृथक् अध्याय 'बाँदा के सम्बन्ध से ग़ालिब की काव्य सम्पदा' में इसका सम्पूर्ण विवरण उपलब्ध है। तथापि ये गजलें बाँदा प्रवास के मध्य ही लिखी गई हैं इसका कोई पुष्ट सन्दर्भ नहीं है। लेखक ने मात्र यह लिखा है–

"यहाँ मैं केवल उन उर्दू गजलों की चर्चा करूँगा जिन पर अधिकांश अन्वेषक एकमत हैं कि ये गजलें बाँदा प्रवास अथवा बाँदा यात्रा की देन हैं।"

लेखक के अनुसार "आबरू क्या है खाक उस गुल की कि गुलशन में नहीं। है गरीबाँ नंग पैराहन जो दामन में नहीं॥" ग़ालिब की एक प्रसिद्ध गजल "सताईश गर है जाहिद इस कदर जिस बागे-रिजवाँ का" आदि लेखक के अनुसार ग़ालिब ने बाँदा पहुँचते ही लिखी। इसके अतिरिक्त एक प्रसिद्ध गजल "जुल्मतकदे में मेरे शबे-गम का जोश है" आदि को भी बाँदा प्रवास का ऋणी ठहराया गया है। इस क्रम में प्रो. सग़ीर अफराहीम आगे लिखते हैं–

"उस गजल के विषय में, जिसका मतला है–नवेद-ए-अम्न है बेदाद दोस्त जाँ के लिये। रही न तर्ज-ए-सितम कोई आसमाँ के लिये॥–कथा प्रसिद्ध है कि यह गजल बाँदा प्रवास के मध्य लिखनी आरम्भ हुई थी परन्तु इस दीर्घ गजल को ग़ालिब ने पीछे चलकर पूर्ण किया। यह तर्क बलहीन एवं अप्रामाणिक है।"

वर्ष एवं मास का उल्लेख करते हुए उन अन्वेषकों के उद्धरण प्रस्तुत किए जाने आवश्यक थे जिन्होंने उपर्युक्त गजल को बाँदा प्रवास का ऋणी ठहराया था। ग़ालिब की एक प्रसिद्ध गजल 'हैराँ हूँ दिल को रोऊँ कि पीटूँ जिगर को मैं' को कुछ अन्वेषकों ने दीवान मो. अली और बाँदा के नवाब से सम्बद्ध किया है। सग़ीर अफराहीम ने इस कथन का खण्डन किया और शोधपरक प्रमाणों के साथ लिखा–

> "यह गजल न तो दीवान मो. अली के जीवन-काल में लिखी गई और न ही नवाब बाँदा के जीवन-काल में वरन् जुल्फिकार अली के देहान्त के पश्चात् 1849 में नवाब अली बहादुर अली का राज्यारोहण होने के उपरान्त लिखी गई है।"

प्रो. सग़ीर अफराहीम कथा-साहित्य के अध्ययन, विशेषकर प्रेमचंद से सम्बन्धित समीक्षात्मक विश्लेषण के कारण देश में प्रसिद्ध हैं और अब वे इस पुस्तक के माध्यम से शोध के क्षेत्र में प्रविष्ट हुए हैं। सामग्री की वस्तुनिष्ठा, शोधपरक तर्क, सामग्री के संकलन और परिणाम प्राप्त करने में शोधात्मक कठिनाइयों के कारण यह पुस्तक (ग़ालिब, बाँदा और दीवान मो. अली) उच्च कोटि के साहित्यकार एवं प्रसिद्ध समीक्षक सग़ीर अफराहीम को गहन-गम्भीर अन्वेषकों की पंक्ति में सम्मिलित कर देती है, जिसकी प्रशंसा की जानी अपरिहार्य है।

शाफे किदवाई
shafeykidwai@gmail.com

प्रोफेसर एवं अध्यक्ष जनसंचार विभाग
अलीगढ़ मुस्लिम विश्वविद्यालय
अलीगढ़

प्राक्कथन

ग़ालिब के व्यक्तित्व को सार्वभौमिकता प्रदान करने में उनकी शायरी और शैली विशेष के पत्रों के विभिन्न स्तरों पर गहन अर्थों के प्रभाव सम्मिलित हैं। ग़ालिब के अध्येता इन विद्वत्तापूर्ण बिन्दुओं को अतिरिक्त विस्तार दे रहे हैं और एक-एक शब्द को सौ-सौ भावों से सुसज्जित कर रहे हैं। 2012 में परतव रुहेला की पुस्तक 'बारे ग़ालिब का कुछ बयान हो जाए' की भूमिका में जमीलुद्दीन आली लिखते हैं—

> "ग़ालिब की पहचान और ग़ालिब का अध्ययन एक ऐसा संसार है कि एडिंगटन और स्टीफन हॉकिंग की 'कायनात' की भाँति निरन्तर विस्तृत हो रहा है। प्रत्येक पड़ाव पर विचार आता है कि सम्भवत: यह कार्य अथवा यह शोध ग़ालिब पर अन्तिम शब्द का रूप रखता हो परन्तु फिर कोई ग़ालिब-अध्येता ताल ठोककर सामने आ जाता है कि 'ये वक्त है शगुफ्तन-ए-गुल हाए नाज का' और ग़ालिब-अध्ययन का एक-आध द्वार इस प्रकार खोल देता है कि इसमें नूतन किरणों के आगमन के साथ ग़ालिब के नये रंग भी नये कोणों से प्रकट होने लगते हैं।"

ग़ालिब के व्यक्तित्व, चिन्तन एवं कला के हजारों पक्षों में एक पक्ष कलकत्ता यात्रा इसलिये भी महत्त्वपूर्ण माना जाता है क्योंकि यह हमारे साहित्यिक, सामाजिक एवं सांस्कृतिक संवर्द्धन में सहायक सिद्ध हुआ है। जब-जब मैं इस यात्रा के सम्बन्ध में बाँदा की चर्चा पर चिन्तन करता हूँ तो न जाने क्यों मन में कई प्रश्न उभरने लगते हैं। यथा—बाँदा से मिर्जा का क्या सम्बन्ध एवं सम्पर्क था? वे अपने लक्ष्य से प्रतिकूल मार्ग पर क्यों गए? यात्रा से पूर्वापर बाँदा वालों से उनका क्या सम्बन्ध रहा? वहाँ छह मास के प्रवास में उनकी क्या व्यस्तताएँ रहीं? किस माध्यम से सभाएँ सुसज्जित होतीं, रात-दिन कैसे व्यतीत होते? स्थानीय साहित्यकारों पर क्या प्रभाव पड़े? वहाँ

की विकासशील गंगा-जमुनी सभ्यता में क्या निखार आया? प्रवास के मध्य उपलब्ध सुविधापूर्ण वातावरण में ग़ालिब ने फारसी एवं उर्दू गद्य-पद्य में क्या सर्जना की? क्या वे समस्त रचनाएँ सुरक्षित हैं? यदि नहीं तो इसके कारण क्या हैं? कितनी रचनाएँ लुप्त हैं और उनकी खोज-बीन की क्या गति है? ये वे छोटे-छोटे प्रश्न हैं जिन्होंने विस्मय एवं गवेषणा को अग्रसारित किया कि क्या कानपुर और लखनऊ यात्रा के मध्यकालीन प्रवास का विवरण विद्यमान है। इलाहाबाद, जिसके लिये ग़ालिब यह कहकर चले थे कि एक माह रुकूँगा परन्तु रहे मात्र एक दिन। इसी प्रकार बनारस में दो-एक दिन ठहरना था, एक माह निवास किया। इन नगरों की गाथा एवं संस्मरण विस्तार से प्राप्त हैं परन्तु जहाँ छह माह प्रवास किया वहाँ के रात-दिन के विवरण से हम वंचित क्यों हैं? यही वे मूलभूत प्रश्न हैं जिन्होंने इस ओर ध्यान आकृष्ट किया और खोज एवं शोध हेतु प्रेरित किया।

इतिहास साक्षी है कि ग़ालिब को होश सँभालते ही अनुभव हुआ कि उत्तराधिकार में जो आर्थिक एवं भौतिक सुविधाएँ उपलब्ध होनी थीं उन पर लुटेरों की भाँति अधिकार जमा लिया गया है। अतः वे अपने विधिक अधिकार के लिये प्रयास करते हैं अन्यथा वे भी अन्य परिजनों की भाँति जीवन के कष्टकारी कठिन पड़ावों के भौतिक कारण खोजते। उन्हें साहूकारों ने भी जीवन भर इसी विश्वास पर ऋण दिया कि सरकार से उन्हें अपना अधिकार प्राप्त होने वाला है। उधेड़-बुन की इस दशा के साथ-साथ घरेलू कष्टों ने मानसिक तनाव में अतिरिक्त वृद्धि की परन्तु वे जीवन भर धैर्य एवं सहिष्णुता का प्रदर्शन करते रहे। आदम के पुत्र की भाँति उनमें भी मानवीय दुर्बलताएँ थीं परन्तु असाधारण बुद्धिमत्ता, विनोदप्रियता, ईशप्रदत्त योग्यता, बचाव करने की क्षमता और कलात्मक निपुणता ने मानवीय दुर्बलताओं को नेपथ्य में डाल दिया।

ग़ालिब अत्यन्त संवेदनशील, कोमल प्रकृति, स्वाभिमानी और अहंकारी थे। उनकी श्रेष्ठता को तत्कालीन अधिकारियों ने भी स्वीकार किया है। अब यदि किसी को उनके यहाँ सांसारिकता अथवा शान्तिप्रियता दिखाई देती है तो निश्चयात्मक रूप से उसकी पृष्ठभूमि में कोई बड़ी विवशता रही होगी अन्यथा अपने विशिष्ट रख-रखाव को बनाए रखने वाले इस संतुलित व्यक्ति ने स्वाभिमान एवं अहंकार की कभी भी उपेक्षा नहीं की भले ही वह अवध के दरबार में उपस्थिति अंकित करने की बात हो, बाँदा के नवाब की मुकदमे के विषय में की गई उपेक्षा हो या फिर दिल्ली कॉलेज की प्रोफेसरी की बात। जिन समीक्षकों ने मनोवैज्ञानिक दृष्टिकोण से अध्ययन किया

है वे भी इस परिणाम पर पहुँचे हैं कि स्तर एवं प्रतिष्ठा को बनाए रखने वाला यह व्यक्ति स्वार्थी, कृतघ्न, विद्वेषी या ईर्ष्यालु नहीं था।

ग़ालिब के देहान्त के सौ वर्ष पश्चात् तक यही चर्चा होती रही कि वे युवावस्था के उत्कर्ष में 'ज्यों-त्यों', 'गिरते-पड़ते' बाँदा पहुँच गए। परन्तु इस पर ध्यान नहीं दिया गया कि वे लखनऊ से बाँदा कैसे और किस प्रकार पहुँचे? मेरे अनुसार यह भूभाग (लखनऊ से बाँदा) अत्यन्त महत्त्वपूर्ण है क्योंकि इस स्मरणीय कलकत्ता यात्रा के कारण ग़ालिब के जो नये मित्र बने उनमें दीवान मो. अली और मौलवी सिराजुद्दीन अहमद का सम्बन्ध इसी भूभाग से था। ग़ालिब ने इन दोनों महानुभावों को फारसी में सर्वाधिक पत्र लिखे हैं। (मौ. अली को लिखे गए 37 और सिराजुद्दीन अहमद को लिखे गए 52 पत्र सम्प्रति उपलब्ध हैं) ये पत्र औपचारिक नहीं, प्रेम एवं आत्मीयता के मानो झरने ही हैं। तो फिर इस महत्त्वपूर्ण बिन्दु पर युक्तियुक्त चर्चा क्यों नहीं हुई? इस पक्ष के साथ-साथ मैंने आधारभूत तथ्यों के प्रकाश में वे ऐतिहासिक एवं भौगोलिक साक्ष्य भी खोजे हैं जो इस सम्पूर्ण यात्रा को समझने में अतिरिक्त सहायक सिद्ध होंगे।

1969 में वैश्विक स्तर पर आयोजित होने वाले ग़ालिब समारोहों के पश्चात् सैयद अकबर अली तिरमिजी की खोजबीन द्वारा धीरे-धीरे जो रचनाएँ, विशेषकर फारसी पत्र सामने आए हैं उनसे बाँदा से कलकत्ता तक की विस्तृत गाथा ज्ञात होती है। परन्तु जिस अकेले व्यक्ति के माध्यम से यह सम्पूर्ण परिदृश्य उभरा उसके व्यक्तित्व और उनसे ग़ालिब जैसे अहंकारी कलाकर की असीमित आत्मीयता पर भरपूर ध्यान नहीं दिया गया है। कठिन घड़ी में काम आने वाले इस चुम्बकीय व्यक्तित्व का नाम है दीवान मो. अली, जिन्हें ग़ालिब ने अत्यन्त आदर-सम्मान और विनम्रता के साथ मौलवी मो. अली खाँ (सदर अमीन बाँदा) कहकर सम्बोधित किया है। दोनों का पूर्व में कोई परिचय नहीं था परन्तु बाँका शायर उनकी मातृभूमि से होते हुए आ रहा था। सम्भवतः मिट्टी की सौंधी गंध का यह आकर्षण उन्हें अपनी ओर आकर्षित करता है।

ग़ालिब प्रथम भेंट में ही मो. अली पर मुग्ध क्यों हो गए? और क्यों मो. अली ने कृपा एवं संरक्षकता का व्यवहार किया? यही नहीं, कलकत्ता में भी अपने परिजनों एवं उनके मित्रों उदाहरणार्थ सिराज अली खाँ, मौलवी सैयद विलायत हसन, नवाब सैयद अकबर अली खाँ तबातबाई, नूरुद्दीन अली आदि को ग़ालिब की यथासम्भव

सहायता करने के लिये पत्र लिखे और निरन्तर कुशल-क्षेम लेते रहे। ग़ालिब की भी मित्रता एवं सम्बन्ध-निर्वहन देखिए कि लौटते समय उनके उपकारों का धन्यवाद करने के लिये बाँदा में उनकी हवेली पर ठहरते हैं।

पेंशन के पुनरारम्भ के विश्वास एवं असफलता के अस्थायी अनुभव की कसक के मध्य बाँदा नगर का परिदृश्य निराशा में आशा की किरणें विस्तारित करता है। इसमें न केवल आगामी यात्रा के व्यय की चिन्ता, रोग का कष्ट, स्वास्थ्य लाभ के साथ आर्थिक सहायता की प्रसन्नता है वरन् कृपालु, अभिभावक एवं प्रशंसक विद्वान् मित्र मिलने की प्रसन्नता का गम्भीर विचार भी है। सम्पर्कों की श्रृंखलाएँ ही नहीं वरन् मन जोड़ने वाली घटनाएँ और आनन्दपूरित क्षणों की खोज से उपेक्षा का व्यवहार क्यों किया गया? इस निर्मलता, मृदुता, श्रद्धा, प्रेम और मेल एवं आत्मीयता को विधिवत रूप से लिखित रूप में लाने के स्थान पर वरीयता लखनऊ, इलाहाबाद और बनारस को प्राप्त हुई, बाँदा और बाँदा-क्षेत्र को नहीं। इस प्रमुख मानवीय सज्जनता एवं भारतीय स्तर के भावनात्मक सम्बन्धों की उपेक्षा क्यों की गई, यह विस्मय तथा आश्चर्य का विषय है। ग़ालिब के जीवन में उनकी सर्वाधिक दीर्घ यात्रा का यह वह पड़ाव है जहाँ वे विधिवत उपचार कराते हैं, नवीन स्फूर्ति से संयुक्त होकर यात्रा की आवश्यक वस्तुएँ बाँधते हैं। ध्यान दीजिए कि बाँदा में न केवल अवशेष यात्रा की पूर्ण व्यवस्था होती है वरन् कलकत्ता के प्रवास काल में भी वांछित वस्तुएँ उपलब्ध कराई जाती हैं और फिर दिल्ली तक वापस पहुँचने की व्यवस्था भी की जाती है। और उन सबका केन्द्रबिन्दु है दीवान मो. अली।

महत्त्व, उपादेयता एवं गम्भीरता की जो रूपरेखा बनती है उसमें आधुनिक गवेषणात्मक परिदृश्य में बाँदा से कलकत्ता और फिर लौटते समय दिल्ली तक कुशलतापूर्वक पहुँचने की गाथा दीवान मो. अली को ग़ालिब द्वारा लिखे गए पत्रों से पुष्ट हो जाती है। इसका श्रेय सैयद अकबर अली तिरमिजी की पुस्तक Persian Letters of Ghalib को प्राप्त होता है। खोज को अतिरिक्त बल प्रदान करने में लतीफुज्जमाँ और परतव रुहेला ने अपने-अपने नाम अंकित कराए हैं। इन श्लाघनीय महानुभावों की अत्यधिक सम्मानयोग्य सेवाओं के सम्बन्ध में 'कुल्लियात-ए-मकतूबात-ए-फारसी ग़ालिब' में जमील जालिबी लिखते हैं—

> "शास्त्रीय साहित्य का वह अनमोल भाण्डार जो डेढ़ सौ वर्ष से
> बन्द पड़ा था, सहसा खुल गया है।

"वरन् इक्कीसवीं शताब्दी में इस विशेष बिन्दु पर कार्य करने के लिये द्वार खुलते हैं।"

मैंने सर्वप्रथम ग़ालिब के बाँदा तक पहुँचने के सम्पूर्ण विवरण को इस पुस्तक में सम्मिलित करके यात्रा को सर्वांग पूर्ण गाथा का रूप देने का प्रयास किया है। दूसरे यह कि वह आदरणीय व्यक्ति जो बाँदा के नवाब तथा ग़ालिब, दोनों को प्रिय था उनके व्यक्तित्व तथा पीढ़ियों तक विस्तृत ग़ालिब से सामीप्य की गाथा लिखी है और तथ्यों एवं साक्ष्यों से यह स्पष्ट करने का प्रयास किया है कि दीवान मो. अली के नाम केवल तीन-साढ़े तीन वर्ष में लिखे गए तीन दर्जन से अधिक पत्र न केवल ऐतिहासिक महत्त्व रखते हैं वरन् उस काल के काव्य-परिदृश्य के भी ऋणी हैं।

वर्त्तमान काल के अन्वेषकों तथा समीक्षकों ने Persian Letters of Ghalib के प्रकाशन का स्वागत किया परन्तु उपर्युक्त पाण्डुलिपि की प्राप्ति की पृष्ठभूमि की परतों को खँगालने का उद्योग नहीं किया। पत्र-प्राप्तकर्त्ता और पत्र-लेखक के मध्य स्पष्ट होने वाले निकट सम्पर्क को स्वीकार करने पर भी यह जानने का प्रयास नहीं किया गया कि मो. अली साहब कौन थे? उनकी साहित्य-सम्पदा कहाँ और किस दशा में है? उस साहित्यप्रेमी मित्र ने बाँदा में विद्यमान ग़ालिब के परिजनों से कहीं आगे बढ़कर ग़ालिब की सहायता क्यों की? और क्यों अपने मित्रों तथा परिजनों से भी इस विषय में निरन्तर निवेदन करता रहा? अनेक अर्थों एवं भावों की निधि के रहस्य को भेदने में दैवी गुणसम्पन्न व्यक्ति की उपेक्षा क्यों की गई? इसका कोई सन्तोषजनक उत्तर तथा आधार नहीं था, जिसे खोजा जाना आवश्यक था।

उपर्युक्त शीर्षक के अन्तर्गत प्रकाशित अपनी इस पुस्तक में मैंने जो कारण खोजे हैं, वे इन तर्कों पर आधारित हैं कि ग़ालिब के जीवन में प्रकाशित होने वाले पत्रों में उनकी इच्छा के अनुरूप वे आठ पत्र पाठकों के समक्ष थे जो दीवान मो. अली के नाम थे और जिनके अध्ययन से पत्र-प्राप्तकर्त्ता और बाँदा प्रवास पर कोई विशेष प्रकाश नहीं पड़ता था। इनमें बाँदा और वहाँ के परिजनों की चर्चा इस कारण से भी प्रसंगवश हुई कि वे 1857 में कोपभाजन बने और पलायन का मार्ग पकड़ा। दूसरा कारण यह समझ में आता है कि दीवान मो. अली के जीवन और उनके साहित्यिक कृतित्व पर इसलिये कम ध्यान दिया गया क्योंकि उनका देहान्त 1831 में हो गया था। इसलिये सामग्री सरलता से उपलब्ध नहीं थी और 'ज्यों-त्यों', 'गिरते-पड़ते' हमारे अधिकांश अन्वेषक और समीक्षक कार्य के पक्षधर नहीं, यद्यपि दो-चार ऐसे

सिरफिरे दिखाई दे ही जाते हैं जिन्होंने चिन्तन-मनन के नये द्वार खोले हैं और जिनके प्रयासों के फलस्वरूप ऐसी पाण्डुलिपियाँ तथा सामग्री सार्वजनिक हो जाय। अब इस दिशा में नये सिरे से कार्य करना अपरिहार्य है।

ग़ालिब की कलकत्ता यात्रा के आरम्भ होने से इस समय (दिसम्बर 2020) तक के फलक को समक्ष रखें तो इस सुदीर्घ अवधि के साक्ष्यों के दो भाग हो सकते हैं। प्रथम 'पंज आहंग' से 1969 तक और द्वितीय सैयद अकबर अली तिरमिजी की खोज 'नामा हाए फारसी ग़ालिब' से आज तक। प्रथम भाग के अन्तर्गत एक शताब्दी से अधिक समय तक यही चर्चा होती रही कि वे कष्टों के काल में प्रतिकूल दिशा में उपचार एवं सहायता के लिये अपने परिजनों के पास बाँदा गए। साक्ष्य विद्यमान हैं कि वे एक-डेढ़ माह में लगभग ठीक हो गए और शीघ्र ही वांछित धनराशि भी प्राप्त हो गई तो फिर आगामी तीन-चार माह वहाँ प्रवास क्यों किया? द्वितीय भाग बाँदा में मिले नये मित्र मो. अली पर आधारित है। साहित्य-प्रेमी और विद्वानों का सम्मान करने वाले दीवान मो. अली उपचार एवं सहायता का माध्यम बनते हैं। सामीप्य शीघ्र ही मित्रता में परिवर्तित हो जाता है परन्तु वयोवृद्ध एवं युवा की यह मित्रता आवश्यकतावश अथवा किसी कारणवश अस्तित्व में नहीं आई थी वरन् मानसिक एवं चिन्तनपरक एकरूपता ने शीघ्र ही अन्तरंगता के स्तर छू लिए थे। ग़ालिब के अहंकार एवं अहम्मन्यता का मो. अली सम्मान करते थे और ग़ालिब उनके विद्वत्तापूर्ण चिन्तन तथा फारसी पर अधिकार को रुचिपूर्ण दृष्टि से देखते थे। इसके अतिरिक्त उनके निस्वार्थ कृपापूर्ण परामर्श को व्यवहार में लाते थे जिसका संज्ञान 37 उपलब्ध पत्रों से होता है।

ग़ालिब की महानता उनके विद्वत्तापूर्ण चिन्तन एवं विवेक और कलापरक पकड़ की ऋणी है जिसमें प्रभाव के साथ आधुनिकता एवं नवीनता है। उनके फ़ारसी तथा उर्दू पत्रों में पृथक् शैली प्रकट होती है। ऐसे असंख्य पत्र हैं जिनमें उन्होंने अपने मन की बात कही है परन्तु दीवान मो. अली के नाम लिखे गए फारसी पत्रों में, जो विगत दशकों में तिरमिजी, लतीफुज्जमाँ खाँ और परतव रुहेला के माध्यम से उर्दू पाठक तक भी पहुँचे हैं, आन्तरिक दशाओं एवं भावनाओं के साथ अनुभव और अपने कष्टों एवं समस्याओं से निकलने की कार्य-पद्धति के अनेक संकेत हैं। तीस-बत्तीस वर्ष की अवस्था में ग़ालिब की लेखनी से कागज पर उभरने वाले ये बहुमूल्य संकेत आज असंख्य कहानियों का ताना-बाना बुनने में सहायक सिद्ध हो रहे हैं। इसके अतिरिक्त

उनके अल्पज्ञात परन्तु महत्त्वपूर्ण पत्र-प्राप्तकर्त्ता के अनुकरणीय व्यक्तित्व से भी परिचित करा रहे हैं।

पूर्व अध्यक्ष, उर्दू विभाग
अलीगढ़ मुस्लिम विश्वविद्यालय
अलीगढ़

प्रो. सग़ीर अफ़राहीम
safraheim@yahoo.in

बुन्देलखण्ड का केन्द्र बाँदा

भारतीय उपमहाद्वीप के अन्य क्षेत्रों की भाँति बुन्देलखण्ड का भी अपना एक इतिहास है जिसके प्रमाण पुरातत्त्व पर कार्य करने वाले विद्वानों के अन्वेषणों में प्राप्त होते हैं।[1] आर्य कबीलों के आगमन और फिर उनके प्रभुत्व के उपरान्त यहाँ के ऐतिहासिक और भौगोलिक परिदृश्य परिवर्तित होते रहे हैं। यह भाग कभी भारत के मध्य क्षेत्र 'मध्य देश' में सम्मिलित था। एन.एस. बोस (हिस्ट्री ऑफ चन्देलाज, 1954) और सैयद मो. इलियास मगरिबी (तारीख-ए-बुन्देलखण्ड, 1978) के अनुसार उत्तर में यमुना नदी, दक्षिण में विन्ध्य पर्वत की शृंखला थी जो पश्चिम से पूर्व तक विस्तृत थी और उसके दोनों किनारों पर चम्बल और नर्मदा नदियाँ अवस्थित थीं। भारत में मुसलमानों के आगमन के पश्चात् ये सीमाएँ परिवर्तित होती रहीं। लम्बे समय के उपरान्त शुष्क चटियल पहाड़ियों से घिरा हुआ क्षेत्र बुन्देलखण्ड के नाम से उभरता है और आगरा के राजधानी बनने के पश्चात् इस अगम तपते हुए क्षेत्र की ओर ध्यान आकर्षित होता है। यहाँ के प्राचीन निवासी सनातनधर्मी थे। अत्यधिक संख्या में बने हुए उनके मन्दिरों में शंकर भगवान् को प्रमुखता प्राप्त रही है। ऋग्वेद के सन्दर्भ से यह भी प्रसिद्ध है कि यही वह स्थान है जहाँ समुद्रमन्थन में निकला हुआ विष पीने के पश्चात् शंकरजी ने निवास किया था।

इतिहास, सभ्यता और संस्कृति की दृष्टि से बुन्देलखण्ड का प्रमुख भाग बाँदा प्राचीन काल से ही बुन्देली सरदारों का लक्ष्य रहा। वीरता, निष्ठा और जानतोड़ प्रयासों के चर्चे थे। धार्मिक उदारता के आधार पर दूर-दूर के लोग सुख-चैन, शान्ति और ज्ञान-ध्यान के लिये यात्रा का संकल्प करते जिसके कारण अप्रत्यक्ष रूप से यहाँ अनेक परिवर्तन हुए। उनके चि आज भी पंचमुखी शिव मन्दिर, कालिंजर दुर्ग और आस-पास की घाटियों में विद्यमान हैं। अन्वेषकों ने इसके प्रमाण महमूद गजनवी, कुतुबुद्दीन ऐबक, तुगलक काल और मुगलों के काल में खोजे हैं। काल-परिवर्तन

का जो दूसरा परिदृश्य उभरता है वह मुगलों के दुर्बल होते ही बुन्देलों पर मराठों का प्रभुत्व स्थापित होने का है। इस परिदृश्य में बाँदा, झाँसी और जालौन की छोटी-छोटी रियासतें उभरती हैं।

मध्य भारत से अस्तित्व में आने वाला बुन्देली क्षेत्र क्योंकि अत्यन्त दुर्गम मार्गों से भरा हुआ था इसलिये उत्तरी भारत के शासकों ने इस ओर गम्भीरता से ध्यान नहीं दिया। जब सिकन्दर लोदी ने अस्थायी रूप से राजधानी बनाने हेतु आगरा का चयन किया तो बुन्देलखण्ड से निकटता बढ़ी। मुगल साम्राज्य की स्थापना के पश्चात् इस क्षेत्र से विस्तृत सम्पर्क हुआ। सभ्यता, संस्कृति और भाषा एवं साहित्य पर भी ध्यान दिया जाने लगा और यह चटियल क्षेत्र भी गंगा-जमुनी संस्कृति से अभिसिंचित होने लगा।

प्रसिद्ध सूफी सन्त और उर्दू साहित्यकार शिवव्रत लाल वर्मन तथा विख्यात अन्वेषक प्रोफेसर अन्सारुल्ला ने इस बात के प्रमाण प्रस्तुत किए हैं कि बुन्देलखण्ड के राजा छत्रसाल के काल (1674 से 1739) में प्रसिद्ध सूफी महामुनि स्वामी प्राणनाथ यहाँ पधारे थे जिनके कृतित्व से प्रभावित होकर राजा छत्रसाल उनके शिष्य हो गए थे। महामुनि प्राणनाथ संस्कृत के अतिरिक्त अरबी और फारसी की अच्छी समझ एवं सूफी शायरी में रुचि रखते थे। वे प्रणामी (धामी) सम्प्रदाय के अन्तर्गत जनता को एकता तथा रागानता की शिक्षा देते और अपने मत के उपदेश बुन्देली में भी देते। शिवव्रत लाल वर्मन और अन्सारुल्ला ने उपर्युक्त पृष्ठभूमि में यह परिणाम निकाला है कि प्रणामी मत के प्रचार-प्रसार द्वारा बुन्देली भाषा पर अरबी, फारसी और उर्दू शब्दों का प्रभाव पड़ा और वे धीरे-धीरे जनभाषा का रूप ग्रहण करते गए जो उर्दू भाषा एवं साहित्य के वातावरण को व्यापक करने में सहायक हुए।

प्राचीन एवं आधुनिक बुन्देलखण्ड और उनके प्रसिद्ध जनपदों की चर्चा से पृथक् रहते हुए मात्र जनपद बाँदा को भौगोलिक दृष्टि से देखें तो शुष्क चटियल पहाड़ियों से घिरा हुआ यह क्षेत्र अपने सीमित संसाधनों के कारण पिछड़ा रहा है।[2] ऐतिहासिक दृष्टि से[3] भी यह क्षेत्र उपेक्षित रहा है। इसके उत्तर में यमुना नदी, दक्षिण में विन्ध्याचल पर्वत, पूर्व में फतहपुर और हमीरपुर, पश्चिम में कालिंजर एवं वर्तमान मध्य प्रदेश का क्षेत्र है। कमान के रूप में दिखाई देने वाला कामदगिरि पर्वत, जिसे चित्रकूट गिरि भी कहते हैं, भौगोलिक दृष्टि से भी अत्यन्त महत्त्वपूर्ण है। समीप में ही केन नदी के अतिरिक्त बेतवा, बाघिन, पयस्विनी, पहुज, धसान नामक छोटी-छोटी सहायक नदियाँ हैं जो विभिन्न मार्गों से होती हुई यमुना नदी में मिल जाती हैं। बाँदा नगर से लगभग तीस

कोस की दूरी पर प्रसिद्ध तीर्थस्थल चित्रकूट है। पहाड़ों के मध्य से आरम्भ होने वाले मार्ग, अर्थात् राजापुर (जिला बाँदा) में बैठकर तुलसीदास ने 'रामचरितमानस' लिखा। 'रामचरितमानस' के अतिरिक्त 'कवितावली', 'दोहावली' और 'विनय पत्रिका' में भी इसका उल्लेख है। इस 'रामगिरि' का उल्लेख कालिदास ने भी 'रघुवंश' और 'मेघदूत' में सुन्दर रूप से किया है। चित्रकूट का उल्लेख वाल्मीकि के 'रामायण' में भी है। कालिंजर के ऐतिहासिक दुर्ग और उसके आसपास की विस्तृत चर्चा प्रसिद्ध इतिहासकार एवं यात्री अबुल रेहान अल बरूनी ने भी की है। प्राचीन काल में यह सम्पूर्ण क्षेत्र चन्देलों के अधिकार में रहा, फिर पेशवा बाजीराव (1699-1740) के शौर्य के फलस्वरूप उपर्युक्त क्षेत्र बुन्देला राजा छत्रसाल के शासन में आ गया।

राजा छत्रसाल ने अपने देहान्त (1739) से पूर्व बुन्देलखण्ड को तीन भागों में विभाजित कर दिया था। दो भाग अपने दोनों पुत्रों और तीसरा भाग अपने मुँहबोले पुत्र मराठा सरदार बाजीराव पेशवा को दे दिया था। राजा छत्रसाल और फिर अगले वर्ष ही बाजीराव पेशवा की आँखें मुँदते ही गृहयुद्ध आरम्भ हो गया। पानीपत युद्ध के पश्चात् मराठा सेना आन्तरिक व्यवस्था एवं अस्तव्यस्त वातावरण को सुधारने का प्रयास कर रही थी। ऐसे में इस गृहयुद्ध को समाप्त करने के लिये पेशवा सरकार ने अली बहादुर प्रथम[4] को आक्रमण करने का आदेश दिया जिसने अपनी कार्यकुशलता एवं शूरवीरता से सम्पूर्ण क्षेत्र पर विजय प्राप्त करके मराठा शासन में सम्मिलित कर दिया। प्रसन्न होकर पेशवा ने उन्हें बाँदा का क्षेत्र और नवाब की उपाधि प्रदान की।

पेशवा बाजीराव ने अपने बड़ों की इच्छा से रानी काशीबाई एवं रानी राधाबाई से तथा अपनी इच्छा से मस्तानी बेगम से विवाह किया था। मस्तानी बेगम के पिता राजपूत (महाराजा छत्रसाल) एवं माता मुस्लिम थीं। युद्ध-कला से परिचित मस्तानी बेगम नृत्यांगना तथा गायिका भी थीं। उन्हें अध्यात्म से विशेष लगाव था। उनके पुत्र शमशेर बहादुर प्रथम ने अपने राज्य की सीमा भरतपुर तक बढ़ा ली थी। शमशेर बहादुर प्रथम के देहान्त के पश्चात् उनके पुत्र अली बहादुर प्रथम ने 1790 में बाँदा पर विजय प्राप्त की थी। उनके प्रयासों से नवाबी युग की स्थापना हो सकी थी। अली बहादुर प्रथम ने दो विवाह किए—पहला पेशवा घराने से, दूसरा आगरे के ईरानी मूल के मुस्लिम घराने से। यह बेगम मिर्जा असदुल्ला खाँ ग़ालिब की मामी की सगी बहन थी और साहित्यिक अभिरुचि-सम्पन्न थीं। उनके तीन पुत्र नवाब शमशेर बहादुर द्वितीय, नवाब जुल्फिकार अली बहादुर और जगत बहादुर थे। 1802 में सहसा अली बहादुर प्रथम का

देहान्त हो गया अतः उनकी पूना की पहली पत्नी से उत्पन्न पुत्र शमशेर बहादुर द्वितीय सिंहासनारूढ़ हुए। यह काल वही है जब मराठे अंग्रेजों से समझौता कर लेते हैं और युद्ध दण्ड के रूप में उनको बुन्देलखण्ड का क्षेत्र सौंप देते हैं। इसके फलस्वरूप 1804 ई. में शमशेर बहादुर एक स्वतन्त्र नवाब न रहकर अंग्रेजों के पेंशन प्राप्त नवाब हो जाते हैं। अपनी इस पीड़ा को छिपाने के लिये वे साहित्य, संस्कृति एवं निर्माण पर ध्यान केन्द्रित करते हैं। इसके अतिरिक्त अपने सौतेले भाई जुल्फिकार अली, जो बचपन से ही अत्यन्त कुशाग्र बुद्धि तथा उनको अत्यन्त प्रिय था, की शिक्षा-दीक्षा के लिये दूर-दूर के विद्वानों को बाँदा बुलवाते हैं। 1823 में शमशेर बहादुर द्वितीय के देहान्त के पश्चात् जुल्फिकार अली नवाब होते हैं और 1849 तक बाँदा पर शासन करते हैं। काव्य-साहित्य के साथ-साथ संगीत में भी नवाब साहब की रुचि थी।[5] उनके काल में सामाजिक एवं सांस्कृतिक संस्थानों का विकास हुआ। रानी लक्ष्मीबाई से हाथ पर राखी बँधवाकर वे उनके भाई बन गए थे। इस सम्बन्ध का उनके पुत्र अली बहादुर द्वितीय 'अली' ने भी सुन्दरता से निर्वहन किया। नवाब जुल्फिकार अली के शासन-काल में ग़ालिब बाँदा पधारे थे। उनका काल सुख-शान्ति का रहा। देश में फैली हुई दुर्दशा में किसी सीमा तक कमी होने से यहाँ विद्वान् आते रहते थे। नवाब जुल्फिकार अली ने उर्दू भाषा के प्रचार-प्रसार पर पर्याप्त ध्यान दिया। सआदत यार खाँ रंगीन,[6] नादिर बरेलवी,[7] मुनीर शिकोहाबादी[8] कुछ समय के लिये यहाँ आए परन्तु ग़ालिब के अस्थायी निवास ने बाँदा के साहित्यिक वातावरण को पुष्ट किया, विश्वसनीय बनाया।

सन्दर्भ

1. जॉन ब्रन्टन और उनके भाई विलियम ब्रन्टन के अतिरिक्त जनरल कनिंघम और एच.जी. वेल्स ने भी इसका उल्लेख किया है। आर.डी. बनर्जी, दयाराम साहनी, डॉ. रामशरण शर्मा ने इसके ऐतिहासिक प्रमाण खोजे हैं। डॉ. दयाल शंकर शास्त्री और डॉ. ईश्वरदत्त शैल ने संस्कृत साहित्य के इतिहास में इस भूभाग का वस्तुनिष्ठ अध्ययन किया है।
2. बाँदा और उसके आसपास के क्षेत्र के पूर्वकालिक इतिहास के सम्बन्ध में कहा जाता है कि यहाँ नदियों, पहाड़ियों और सघन वनों के कारण मानवीय बसासत नाममात्र को थी। मात्र इस देश के प्राचीन निवासी कोल, गोंड, भील इन वनों में कहीं-कहीं बसते थे। यहाँ सामान्यतः साधु-सन्तों का आगमन होता था। सभ्य

काल में अन्य क्षेत्रों में हुए युद्धों में पराजित योद्धा पलायन करके इस क्षेत्र में अपना शेष जीवन गुमनामी में व्यतीत करने के लिये आ बसते थे क्योंकि अपने देश को लौटना उनके लिये लज्जास्पद हुआ करता था। यहाँ की दशा ईसा की चौदहवीं शताब्दी से सुधरनी आरम्भ हुई।

3. पुरातत्त्व, भाषा विज्ञान और भूगोल के शोधकर्त्ताओं के अनुसार आर्य कबीलों ने अपने अधिकार क्षेत्रों में जो सोलह जनपद स्थापित किए थे वे कुरु, पांचाल, शूरसेन, वत्स, कौशल, मल्ल, अंग, काशी, मगध, वज्जी, चेदि, मत्स्य, अश्मक, अवन्ती, गान्धार, कम्बोज हैं। इनमें ग्यारहवें जनपद चेदि का क्षेत्र बाँदा के निकट केन नदी के किनारे था। इसका कुछ भाग अशोक महान् के राज्य में भी सम्मिलित था। धीरे-धीरे युद्धों से होता हुआ बाँदा और उसके आसपास का क्षेत्र चन्देलों के पास आ गया।

4. बाबू देवी प्रसाद (भूगोल जिला बाँदा), पण्डित किशन नारायण (बुन्देलखण्ड और जालौन का इतिहास), पण्डित श्याम लाल (बुन्देलखण्ड का इतिहास), सैयद मो. इलियास मगरिबी (बुन्देलखण्ड का इतिहास) और अन्सारुल्ला (भाषा एवं साहित्य का इतिहास) ने यह उल्लेख किया है कि अली बहादुर प्रथम ने गुलाम कादिर रुहेला को बन्दी बनाकर सिंधिया के माध्यम से देहली सरकार के समक्ष प्रस्तुत कराया था। दिल्ली के बादशाह ने प्रसन्न होकर उन्हें प्रतिष्ठित उपाधियाँ प्रदान करने के साथ उनके वंश के चार शवों को शाही कब्रिस्तान में दफन किए जाने की अनुमति प्रदान की थी। अतः नवाब अली बहादुर प्रथम, नवाब शमशेर बहादुर द्वितीय और नवाब जुल्फिकार अली बहादुर को दिल्ली के शाही कब्रिस्तान में दफन किया गया।

5. 1834 में एन. आगस्टस विलार्ड ने भारतीय संगीत से सम्बन्धित A Treatise on the Music of Hindoostan शीर्षक पुस्तक लिखी जो कलकत्ता के बैपटिस्ट प्रेस से प्रकाशित हुई थी। यह पुस्तक तत्कालीन गवर्नर जनरल लॉर्ड विलियम बैंटिंग की पत्नी के नाम समर्पित थी। इस प्रसिद्ध पुस्तक में शताधिक पृष्ठ शास्त्रीय संगीत से सम्बन्धित हैं। इसी भाग में नवाब ज़ुल्फिकार अली की संगीत में अभिरुचि का विस्तृत उल्लेख है।

6. रंगीन बाँदा में दिसम्बर 1827 से मध्य 1833 तक रहे। यद्यपि वे अपने स्वभाव और व्यापार के कारण कहीं स्थायी रूप से नहीं रह पाते थे परन्तु नवाब के

सामीप्य और उनके प्रमुख सहायक शमशेर खान के कारण बाँदा में रहे। उनके कुछ प्रसिद्ध शेर निम्नांकित हैं—

मैं इक जा दिल लगाता नहीं।
मुझे रहना इक जा का भाता नहीं॥
चला अब हाथ से है मेरा बस गया।
कि बाँदा में हूँ आकर फँस गया॥
बरस दो से इस जा पे पाबन्द हूँ।
मैं पाबन्द हूँ एक खुद सन्द हूँ॥

7. मिर्जा अब्बास बेग नादिर बरेलवी नवाब जुल्फिकार अली के शासन के अन्तिम काल में बाँदा पधारे थे। नवाब अली बहादुर द्वितीय के काल में उनकी हत्या हो गई थी। मुनीर शिकोहाबादी ने उनकी हत्या पर एक ऐतिहासिक कतआ लिखा था जो उनके समग्र में पृ.सं. 487 पर प्रकाशित है।
8. मुनीर शिकोहाबादी कई बार बाँदा आए। पहली बार जब नवाब जुल्फिकार अली के पुत्र ने कुरआन कंठस्थ किया तो समारोह में सम्मिलित होने के लिये, दूसरी बार नवाब साहब के देहान्त और अली बहादुर द्वितीय के राज्यारोहण के अवसर पर और तीसरी बार 1850 में आए और यहाँ उन्होंने छह वर्ष रहकर अपना दीवान 'मुन्तखब उल आलम' तैयार किया।

❑❑

ग़ालिब की कलकत्ता यात्रा के कारण

रौ में है रख़्श-ए-उम्र कहाँ देखिये थमे।
नै हाथ बाग पर है न पा है रकाब में॥

ग़ालिब आगरा,[1] फिरोजपुर झिरका, रामपुर[2] की यात्राएँ करते ही रहे परन्तु कलकत्ता यात्रा कई कारणों से स्मरणीय बन गई है। यह यात्रा भ्रमण में रुचि के कारण नहीं वरन् विवशता में की गई थी जिसके सकारात्मक परिणामों की प्रतीक्षा उन्हें जीवन के अन्तिम क्षणों तक रही।[3] इतिहास साक्षी है कि होश सँभालते ही ग़ालिब के समक्ष सबसे बड़ी समस्या पेंशन के पुनरारम्भ की थी। यह समस्या लोहारू के नवाब अहमद बख्श की उत्पन्न की हुई थी जिन्होंने वंश से बाहर के एक व्यक्ति मिर्जा हाजी[4] को पेंशन का अधिकारी बनवाकर ग़ालिब और उनके भाई के स्वत्व का हनन किया था। इसी स्वत्व-हनन के विरुद्ध ग़ालिब निरन्तर स्मरण कराते रहे।

योजनाबद्ध यात्रा तो ग़ालिब के पूर्वजों ने भी कभी नहीं की थी। वे तलवार के धनी थे और ये कलम के सिपाही थे–

सौ पुश्त से है पेशा-ए-आबा सिपहगिरी।
कुछ शायरी ज़रिया-ए-इज़्ज़त नहीं मुझे॥

इसीलिये यात्रा वृत्तान्त का यह लेखक जहाँ-जहाँ गया वहाँ-वहाँ के सौन्दर्य, महत्ता, ऐतिहासिक, भोगौलिक, सामाजिक तथा सामुदायिक पक्षों को मात्र अपनी मसनवियों, रुबाइयों, गजलों ही नहीं वरन् पत्रों में भी समेटते हुए उन्हें कलापूर्ण रूप से मिश्रित कर दिया है। ग़ालिब की रचनाएँ विभिन्न समुदायों में परस्पर विरोधी सांस्कृतिक तत्त्वों से कुछ इस प्रकार परिचित कराती हैं जैसे उनमें भारतीय दिलों की धड़कनें बन्दी हो गई हों।

ग़ालिब ने उनतीस-तीस वर्ष की अवस्था[6] में अपने जीवन की यह लम्बी यात्रा की। क्यों की, यह सर्वविदित है। जब ग़ालिब पाँच वर्ष के थे तो उनके पिता मिर्जा

अब्दुल्ला बेग खाँ उर्फ मिर्जा दूल्हा का अलवर (राजगढ़) में एक सैन्य अभियान के मध्य गोली लगने से देहान्त हो गया था। उनके नि:सन्तान चाचा नसरुल्ला बेग भाई के बच्चों के पालन-पोषण का पूरा ध्यान रखते थे। ब्रिटिश सेना में कार्यरत उनके चाचा मिर्जा नसरुल्ला बेग लगभग चार वर्ष उपरान्त एक दुर्घटना में घायल हुए और कुछ दिनों पश्चात् चल बसे। ('पंज आहंग' में सम्मिलित सिराजुद्दीन अहमद को लिखे गए ग़ालिब के पत्र में उल्लेख है कि नसरुल्ला बेग का निधन अपने बड़े भाई के देहान्त के लगभग पाँच वर्ष पश्चात् हुआ था।) लोहारू के शासक नवाब अहमद बख्श खाँ, जिन पर मृतकों के उत्तराधिकारियों की देखभाल का दायित्व था और जो नाते में नसरुल्ला बेग के ससुर थे (कुछ पुस्तकों में उल्लेख प्राप्त होता है कि नवाब अहमद बख्श की बहन नसरुल्ला बेग को ब्याही थी), उन्होंने अत्यन्त चातुर्य से मृतकों के उत्तराधिकारियों के लिये आर्थिक सहायता के आदेश निर्गमित करा लिए। लॉर्ड लैक ने मई सन् 1806 में उनके आश्रितों को दस हजार रुपये की वृत्ति स्वीकार की जिसमें स्व. नसरुल्ला बेग के घर की महिलाएँ, ग़ालिब और उनके छोटे भाई मिर्जा यूसुफ खाँ भागीदार थे। परन्तु 7 जून 1806 को नवाब अहमद बख्श ने अपने स्वार्थ के दृष्टिगत लॉर्ड लैक से एक और पत्र प्राप्त किया जिसके अनुसार वृत्ति की धनराशि आधी अर्थात् पाँच हजार रह गई और उसमें भी अहमद बख्श ने अपने प्रभाव तथा सम्बन्धों से ख्वाजा हाजी के नाम दो हजार रुपये, नसरुल्ला बेग की माता एवं बहनों को पन्द्रह सौ तथा इसके अतिरिक्त ग़ालिब और उनके भाई को भी पन्द्रह सौ रुपये पेंशन में सम्मिलित करा दिए।

ग़ालिब के कथनानुसार उपर्युक्त पत्र कूटरचित था। इसके द्वारा अन्य लोगों की पेंशन में वृद्धि तथा ग़ालिब की पेंशन कम हो गई थी। उस समय ग़ालिब नौ वर्ष के थे। चार वर्ष पश्चात् लोहारू फिरोजपुर झिरका के शासक नवाब अहमद बख्श खाँ के छोटे भाई नवाब इलाही बख्श खाँ मारूफ की पुत्री उमराव बेगम से ग़ालिब का विवाह हुआ।[7] आशा थी कि फिरोजपुर झिरका और लोहारू के नवाब अहमद बख्श ने वंश से पृथक् जो ख्वाजा हाजी का नाम पेंशन में सम्मिलित करा दिया था अब वह निरस्त कर दिया जायगा परन्तु ऐसा नहीं हो सका वरन् ख्वाजा हाजी के देहान्त के पश्चात् पेंशन उनके बच्चों को अन्तरित हो गई। इस अन्यायपूर्ण व्यवहार के विरुद्ध ग़ालिब विवशतया न्यायालय की शरण में गए।

दिल्ली, जो एक नगर नहीं वरन् एक स्कूल था उसकी स्मृतियों के झरोकों से निकलते हुए ग़ालिब ईस्ट इंडिया कम्पनी के बसाए हुए आधुनिक नगर अर्थात् कलकत्ता की ओर चलते हैं। हाली से लेकर अन्सारुल्ला तक सबने इसकी चर्चा की

है कि ग़ालिब ने फिरोजपुर झिरका में निराश होकर कलकत्ता जाने का विचार किया। यद्यपि कुछ शोधकर्त्ताओं का कथन है कि ऋणदाताओं के भय से दिल्ली न जाकर फिरोजपुर झिरका से ही कलकत्ता की यात्रा आरम्भ की। कुछ लोग इस पर एकमत हैं कि वे फर्रूखाबाद होते हुए कानपुर पहुँचे और वहाँ अस्वस्थ हो गए। परन्तु सब इस पर एकमत हैं कि वे लखनऊ का वातावरण और परिस्थितियाँ अनुकूल न होने के कारण बाँदा गए। इस प्रकार झिरका, भरतपुर, फर्रूखाबाद, कानपुर, लखनऊ, बाँदा, इलाहाबाद, बनारस, अजीमाबाद और मुर्शिदाबाद होते हुए ग़ालिब कलकत्ता पहुँचे। उन्होंने यह लम्बी यात्रा तीन वर्ष से अधिक समय में पूर्ण की।[8] आधुनिक सुविधाओं से सम्पन्न तकनीकी के इस काल में नयी पीढ़ी की दृष्टि में यह ढाई-तीन हजार किलोमीटर की दूरी कोई महत्त्व नहीं रखती परन्तु लगभग तीन सौ वर्ष पूर्व जब वातावरण में सिन्दबाद, हातिम ताई या तिलिस्मी यात्रा की गूँज बनी हुई थी, ग़ालिब-जैसे बाँके शायर के लिये कलकत्ता यात्रा लम्बी वरन् अत्यन्त लम्बी थी। इसके प्रामाणिक और दूरगामी प्रभावों के सन्दर्भ से 'ग़ालिबनामा' में शेख मो. इकराम लिखते हैं–

> "प्रथम दृष्ट्या मिर्जा की कलकत्ता यात्रा निरर्थक सिद्ध हुई और सम्पत्ति प्राप्त करने के समस्त प्रयास निष्फल हुए। परन्तु मिर्जा के निरीक्षण के विस्तार और मानसिक संरचना के लिये कलकत्ता की यात्रा अत्यन्त लाभदायक रही। एक तो निर्धनता में भाँति-भाँति के कष्ट उठाकर जो भिन्न-भिन्न प्रकार के व्यक्तियों का अनुभव होता है, वह हुआ। ...उन्होंने कलकत्ता यात्रा के पश्चात् लम्बे समय तक उर्दू शेर अत्यल्प लिखे हैं परन्तु इसके पूर्वापर के फारसी शेरों में जो अन्तर है वह उनके मन-मस्तिष्क की उस पुष्टता को स्पष्ट करता है जो इस तीन वर्ष की अवधि में उन्हें प्राप्त हुई।" (पृ. 81-82)

सन्दर्भ

1. 1812-13 में जब ग़ालिब आगरा से दिल्ली आकर स्थायी रूप से निवास करने लगते हैं तब दिल्ली का सम्राट् अकबर शाह द्वितीय तथा कम्पनी का रेजीडेंट ऑक्टरलोनी (Ochterloney) था।
2. पहली बार 19 जनवरी 1860 को तथा दूसरी बार 7 अक्टूबर 1865 को गए।

3. अपनों की हठधर्मी, छल और तत्कालीन अधिकारियों की उपेक्षा और विवेकहीन व्यवहार के कारण मुकदमा बार बार निरस्त होता रहा परन्तु ग़ालिब के मस्तिष्क से उचित पेंशन प्राप्ति का विचार समाप्त नहीं हुआ। सन् 1831 में लॉर्ड विलियम बेंटिंग ने ग़ालिब के विरुद्ध निर्णय दिया। उन्होंने कोर्ट ऑफ डायरेक्टर्स, लन्दन में अपना प्रार्थनापत्र भेजा, साम्राज्ञी विक्टोरिया से अपील की। सन् 1857 के पश्चात् भी वे निरन्तर पत्र व्यवहार करते हुए सत्य एवं न्याय की दुहाई देते रहे। अन्ततः 4 मई 1860 से किसी प्रकार सरकारी पेंशन पूर्ववत् प्राप्त हो सकी।

4. मिर्जा हाजी (ख्वाजा हाजी) ग़ालिब के घराने में कार्मिक या सहायक के रूप में थे। परन्तु उनका विवाह मिर्जा जीवन बेग की पुत्री, मिर्जा अकबर बेग और मिर्जा अफजल बेग की बहन असीरुन्निसा बेगम से हुआ था इस कारण उनका प्रभाव, पद और प्रतिष्ठा धीरे-धीरे परिवर्तित होती गई।

5. ग़ालिब के दादा मिर्जा फौकान बेग मिर्जा जीवन बेग सहित अपने कुछ साथियों के साथ अठारहवीं शताब्दी के मध्य में समरकन्द (बदख्शाँ) से भारत आए। लाहौर में नवाब मुईनुल मुल्क (1748–1753) के यहाँ नियुक्त हुए। सहसा नवाब का देहान्त होने के पश्चात् आजीविका के सम्बन्ध में आसपास प्रयास करते रहे। कुछ समय के लिये दिल्ली में शाह आलम द्वितीय के राजकर्मचारी हुए। वहाँ से त्यागपत्र देने के अनन्तर अवध, निजाम हैदराबाद और राजपुताना में गए और अन्ततः अलवर के राजा बख्तावर सिंह की सेना में स्थायी सेवा स्वीकार कर ली, परन्तु आवास आगरा (अकबराबाद) में ही रखा। यहीं ख्वाजा गुलाम हुसैन की पुत्री इज्जतुन्निसा से उनका विवाह हुआ।

6. मिर्जा असदुल्ला खाँ ग़ालिब उर्फ मिर्जा नौशा 27 दिसम्बर 1797 तदनुसार 8 रजब 1212 हि. को आगरा में उत्पन्न हुए और 15 फरवरी 1869 तदनुसार 2 जीकादा 1285 हि. को इस असार संसार से चल बसे। दो दिन पश्चात् दिल्ली के 'अकमल-उल-अखबार' में यह समाचार प्रकाशित हुआ—

> "स्वर्गवासी श्रीमान् दो-तीन माह अस्वस्थ रहे। दुर्बलता एवं अशक्ति के आघात सहे। देहान्त से आठ दिन पूर्व खाना-पीना बन्द कर दिया, इस असार संसार से नितान्त विरक्त हो गए। अन्ततः 15 फरवरी 1869, सोमवार को दोपहर ढले इस श्रेष्ठ एवं प्रतापी सूर्य का अवसान हुआ।"

7. लोहारू के शासक नवाब अमीनुद्दीन अहमद खाँ की चचेरी बहन उमराव बेगम

से 9 अगस्त 1810 को विवाह हुआ। सात बच्चे हुए परन्तु कोई जीवित नहीं रहा। अधिकांशतः दुधमुहें ही स्वर्ग सिधार गए। अतः उमराव बेगम ने अपने सगे भांजे जैनुल आबिदीन खाँ आरिफ को गोद ले लिया। यही नहीं उनके भी दोनों बच्चों बाकर अली और हुसैन अली का पालन–पोषण ग़ालिब और उनकी पत्नी ने किया। श्रीमतीजी का देहान्त 4 फरवरी 1870 को हुआ।

8. यात्रा के विचार का मूल कारण वंशगत पेंशन में बाहरी व्यक्ति के सम्मिलित होने को समाप्त कराना था। अपनी पुस्तक 'ग़ालिबनामा' में शेख मो. इकराम ने 'गमे–रोजगार' शीर्षक से पेंशन के विवाद का विवरण प्रस्तुत करते हुए लिखा है–

> "ग़ालिब का फारसी रिसाला अन्त 1825 में लिखा गया और यद्यपि इससे ग़ालिब की सम्पत्ति के विवादों पर कोई प्रकाश नहीं पड़ता परन्तु सम्भवतः उनका आरम्भ इसी काल में हो गया था। नवाब अहमद बख्श रईस फिरोजपुर झिरका एवं लोहारू के तीन पुत्र थे—नवाब अमीनुद्दीन, नवाब जियाउद्दीन नैयर दरख्शाँ और इन दोनों के सौतेले भाई एवं प्रसिद्ध शायर दाग के पिता नवाब शम्सुद्दीन। नवाब अहमद बख्श ने 1822 में अंग्रेजी सरकार एवं महाराजा अलवर की अनुमति से नवाब शम्सुद्दीन को समस्त सम्पत्ति का उत्तराधिकारी घोषित किया था परन्तु इस निर्णय से अन्य भाई प्रसन्न नहीं थे। इसलिये पीछे चलकर इसमें परिवर्तन हुआ और फरवरी 1825 में अपने पिता के संकेत पर नवाब शम्सुद्दीन ने कुछ शर्तों के अधीन लोहारू परगना अपने भाइयों के नाम अन्तरित कर दिया और अन्ततः अक्तूबर 1826 में शेष सम्पत्ति की व्यवस्था अपने हाथों में ली।
>
> "क्योंकि मिर्जा की जागीर भी नवाब अहमद बख्श की जागीर में सम्मिलित हो गई थी इसलिये स्पष्ट है कि मिर्जा को भी अपने स्वत्वहनन का विचार उसी समय आया होगा जब नवाब अहमद बख्श ने अपनी जागीर के सम्बन्ध में अन्तिम निर्णय लिया। मिर्जा को जागीर अपने चाचा नसरुल्ला खाँ बहादुर का उत्तराधिकारी होने के कारण मिली थी, जिनके देहावसान पर उनकी जागीर नवाब अहमद बख्श की जागीर में सम्मिलित हो गई थी और

नवाब ने उसके बदले में उनके उत्तराधिकारियों की देखभाल का दायित्व लिया था। मिर्जा नसरुल्ला खाँ के कोई सन्तान नहीं थी और उनके उत्तराधिकारी मिर्जा ग़ालिब, मिर्जा यूसुफ, मृतक की माता एवं बहनें थीं। मिर्जा ग़ालिब का कहना था कि मिर्जा नसरुल्ला के सगे भागीदारों के लिये दस हजार रुपये वार्षिक पेंशन निर्धारित हुई थी परन्तु नवाब मात्र तीन हजार देते थे जिनमें मिर्जा का भाग केवल साढ़े सात सौ रुपये था। प्रारम्भ में तो नवाब से उनके अच्छे सम्बन्ध थे और नवाब उनकी सहायता और देखभाल करते रहे परन्तु 1826 के लगभग मतभेद उभरे। मिर्जा के ससुर मिर्जा इलाही बख्श मारूफ, जो नवाब के भाई थे, इस वर्ष ही चल बसे और सम्भव है कि उनके देहान्त के पश्चात् नवाब से मिर्जा के सम्बन्ध दृढ़ न रह गए हों। ...ग़ालिब के स्वाभिमानी स्वभाव के लिये आजीविका की कठिनाई, भाई की अस्वस्थता, साहूकारों के तकाजे एवं अन्य कष्ट असहनीय थे। मित्रों ने परामर्श दिया कि नवाब से अपना दुःख-दर्द कहो। बहुत सम्भव है कि वे सहायता करें। अतः मिर्जा दिल्ली से फिरोजपुर झिरका गए। उन दिनों नवाब अलवर में था और अपनी उलझनों में उलझा हुआ था इसलिये मिर्जा को फिरोजपुर झिरका रुकना पड़ा।" (पृ. 65-67)

अपनी प्रकृति के अनुरूप ग़ालिब पहले तो फिरोजपुर झिरका में रहकर अपने घर में ही समस्या का समाधान करने की सम्भावना खोजते रहे परन्तु अपनों के पक्षपातपूर्ण व्यवहार से निराश होकर अंग्रेजों के दरबार में प्रार्थना पत्र देने के लिये व्यवस्थित रूप से 1827 के प्रारम्भिक काल में राजधानी कलकत्ता के लिये प्रस्थान करते हैं। 20 फरवरी 1828 को वे कलकत्ता पहुँचते हैं। 22 फरवरी को दीवान मो. अली (सदर अमीन बाँदा) के सिफारिशी पत्र के साथ हुगली के नवाब सैयद अकबर अली खाँ तबातबाई के घर पहुँचते हैं। उन्होंने 28 अप्रैल को गवर्नर जनरल के सम्मुख एक विस्तृत प्रार्थनापत्र प्रस्तुत किया। जून में मदरसा आलिया के मुशायरों में सम्मिलित हुए। विभिन्न अंग्रेज अधिकारियों से मिलने का प्रयास किया, उनकी प्रशंसा में शेर कहे। थक-हारकर नवम्बर 1829 में दिल्ली लौट आए।

❑❑

ग़ालिब : बाँदा आगमन तथा मार्ग का चयन

अपने एक लेख 'ग़ालिब का एक मशहूर तारीखी सफर' में शेख मो. इस्माईल पानीपती लिखते हैं—

> "लम्बे समय तक लखनऊ में रहने पर भी जब राजकीय सहायता-प्राप्ति से निराश हो गए तो 26 जीकादा 1242 हि. तदनुसार 21 जून 1827 को लखनऊ से कानपुर के लिये प्रस्थान किया...और चार दिन पश्चात् कानपुर पहुँचे।" (मासिक नुकूश, लाहौर, अंक 11, 1969, पृ. 4-8)

यह कथन इस्माईल पानीपती ने अल्ताफ हुसैन हाली की प्रसिद्ध पुस्तक 'यादगारे ग़ालिब' से उद्धृत किया है जिसमें हाली ने इस प्रसंग की चर्चा विस्तार से की है। अन्य शोधकर्त्ताओं ने भी लगभग यही विचार ग्रहण किया है। वर्त्तमान काल में प्रो. खलीक अंजुम 'ग़ालिब का सफर-ए-कलकत्ता और कलकत्ते का अदबी मार्का' में लिखते हैं—

> "26 जीकादा 1242 हि. तदनुसार 21 जून 1827, दिन शुक्रवार को ग़ालिब ने लखनऊ से प्रस्थान किया। चौथे दिन कानपुर पहुँचे। कुछ दिन विश्राम करके वे कलकत्ते के विचार से बाँदा के लिये चले। ग़ालिब ने कलकत्ता जाने का निश्चय लखनऊ में उस समय कर लिया था जब वे चार्ल्स मैटकॉफ से भेंट करने में असफल हो गए थे।" (पृ. 40)

इस यात्रा के सम्बन्ध में खलीक अंजुम ने जो अन्य बातें लिखी हैं वे निम्नानुसार हैं—

1. ग़ालिब जून 1827 के अन्त या जुलाई के आरम्भ में बाँदा पहुँच गए। (पृ. 42)

2. जब ग़ालिब बाँदा पहुँचे तो वे अत्यन्त अस्वस्थ थे। (पृ. 42)
3. ग़ालिब ने नवाब जुल्फिकार अली की अतिथिशाला में छह माह निवास किया। (पृ. 43)
4. बाँदा से कलकत्ता जाने के लिये अच्छी बड़ी धनराशि की आवश्यकता थी और ग़ालिब के पास कुछ नहीं था। (पृ. 43)
5. बाँदा में छह माह व्यतीत करके, स्वस्थ होकर और नवाब जुल्फिकार अली खाँ के साहूकार अमीकिरण से दो हजार रुपये लेकर एवं यात्रा का सामान लेकर ग़ालिब ने कलकत्ता की यात्रा हेतु प्रस्थान किया। (पृ. 44)

ये समस्त सूचनाएँ सालिहा बेगम कुरेशी की पुस्तक 'बाँदा और ग़ालिब' से ग्रहण करने को स्पष्ट रूप से स्वीकार करते हुए खलीक अंजुम लिखते हैं–

> "ग़ालिब की बाँदा यात्रा और बाँदा प्रवास पर मो. मुश्ताक शारिक का एक आलेख और सालिहा बेगम कुरेशी की एक पुस्तक छपी है। इस पुस्तक और आलेख में पहली बार ग़ालिब और बाँदा के विवरण का विस्तार से उल्लेख किया गया है। मैंने यहाँ इस लेख एवं पुस्तक से लाभ उठाया है।" (पृ. 41)

खलीक अंजुम ने लिखा है कि 1994 में प्रकाशित होने वाली सालिहा बेगम की पुस्तक में पहली बार ग़ालिब और बाँदा का विस्तृत उल्लेख किया गया है। यह सूचना नितान्त शुद्ध है। परन्तु उपर्युक्त पुस्तक के सन्दर्भ से निवेदन है कि इसकी कुछ सामग्री उनको मैंने उपलब्ध कराई थी, जिसकी स्वीकारोक्ति उन्होंने अपनी भूमिका में निम्नांकित शब्दों में की है–

> "...मैं अपने वरिष्ठ प्रो. मौ. अन्सारुल्ला, डॉ. सग़ीर अफराहीम (अलीगढ़), श्री कालिदास गुप्ता रिजा (बम्बई) की अत्यन्त आभारी हूँ कि उनके द्वारा उपलब्ध कराई गई सूचनाओं का मैंने इस लेख में पर्याप्त उपयोग किया है।" (पृ. 20)

यहाँ दो बातों का स्पष्टीकरण आवश्यक समझता हूँ। पहली यह कि लेखिका ने अत्यन्त श्रमसाध्य कार्य किया है। दूसरी बात सामग्री उपलब्ध कराने की तो वह विषय में रुचि एवं पारिवारिक सम्बन्धों पर आधारित है। सालिहा बेगम के पिता एहसानुल

हक कुरेशी, जो साहित्य संसार में एहसान आवारा के नाम से प्रसिद्ध थे उनसे बाँदा में मेरी निरन्तर साहित्यिक चर्चा हुआ करती थी। जब सन् 1990 में मेरा विवाह बाँदा में हुआ तो एहसान आवारा सीमा बेगम अर्थात् 'मोहसिन मेंशन' की ओर से आमन्त्रित थे परन्तु बाराती के रूप में मात्र इसलिये हमारे साथ-साथ रहे क्योंकि वे मेरे पूर्वजों से भली-भाँति परिचित थे। अगस्त 1990 के पश्चात् मेरा बाँदा जाना निरन्तर होता था। सामान्यतः अलीगढ़ से अपनी मातृभूमि उन्नाव, वहाँ से कानपुर, बिंदकी होते हुए बाँदा पहुँचता। मेरे पहुँचने की सूचना प्राप्त होते ही एहसान आवारा किसी न किसी साहित्यकार या पुरातत्त्व से सम्बन्धित व्यक्ति के साथ अवश्य आते। उनके पूछने पर मैंने उन्हें ग़ालिब और ग़ालिब से सम्बन्धित व्यक्तियों के सन्दर्भ में अनेक सूचनाएँ उपलब्ध कराईं—अपने घर से, भोपाल में इश्तियाक आरिफ, कानपुर में सैयद अबू मो. साकिब, अबुल खैर कशफी और अबुल हसनात हक्की से। आशय यही कि एहसान साहब शोध, सम्पादन एवं अनुवाद के सम्बन्ध से कुछ न कुछ सामग्री मुझसे मँगाया करते और अपनी रचनाओं में उसकी चर्चा भी अवश्य करते थे।

विषयान्तर से पृथक् होते हुए निवेदन है कि ग़ालिब लखनऊ से कानपुर कैसे, किस प्रकार और कितने दिन में पहुँचे। ध्यान दीजिए कि दूरी मात्र पच्चीस-तीस कोस की, बाँदा की अपेक्षा मार्ग अत्यन्त उत्कृष्ट एवं व्यस्त। यात्रा के सम्बन्ध से क्षेत्र की आधारभूत वास्तविकताओं से अपरिचित होने के आधार पर इस यात्रा को लिपिबद्ध करने वाले साहित्यकारों में कतिपय भ्रम उत्पन्न हुए जिनके निराकरण के प्रयास कभी-कभी होते रहे हैं। यह लेख उनकी ही श्रृंखला में है, सम्भव है बात स्पष्ट हो सके।

1. ग़ालिब ने दिल्ली से कलकत्ता के लिये प्रस्थान किया।
2. कानपुर पहुँचकर अस्वस्थ हो गए और वहाँ कई दिन विश्राम किया।
3. सर चार्ल्स मैटकॉफ (दिल्ली के रेजीडेंट) से भेंट करने में असफल रहने के पश्चात् अतिरिक्त आशा की प्रत्याशा में लखनऊ चले गए।
4. अवध और लखनऊ स्कूल को निकट से देखने, मित्रों से मिलने की एक दबी-दबी इच्छा भी थी।
5. वे वहाँ गाजीउद्दीन हैदर[1] और आगा मीर[2] से भेंट करने के इच्छुक थे।

लखनऊ के विद्वानों ने ग़ालिब का स्वागत किया। वहाँ दो-ढाई मास प्रवास के समय उन्होंने अनुभव किया कि लखनऊ की रेजीडेंसी में बैठा हुआ रेजीडेंट मात्र अंग्रेज कम्पनी का शुभचिन्तक है। दरबार के षड्यन्त्रों में नित्यप्रति वृद्धि हो रही थी। ऐसे में

जिनसे ग़ालिब को आशाएँ थीं उनकी उपेक्षा ने उन्हें अपने परिजनों,[3] विशेषकर बाँदा के नवाब जुल्फिकार अली बहादुर (1800-1849) का स्मरण कराया। भौगोलिक परिस्थितियों की दृष्टि से उस समय प्रचलित यात्रा के साधनों एवं मार्गों पर दृष्टिपात करें तो लखनऊ से बाँदा के लिये दो मार्ग थे। एक पुरवा, मौरावाँ, कानपुर, फतेहपुर होते हुए और दूसरा न्यूतनी, सफीपुर, कानपुर, फतेहपुर, बाँदा। जगतमोहन लाल रवाँ के दादा बख्शी महीलाल, जो पुरवा, मौरावाँ के प्रभावशाली व्यक्ति थे, उनके अनुसार– 'ग़ालिब हमारे क्षेत्र से नहीं गए थे जबकि यह निकट का मार्ग था।'[4] वे न्यूतनी से कानपुर पहुँचे। प्रो. अन्सारुल्ला के अनुसार नवाब पटकापुर के यहाँ रात्रि-विश्राम किया। इसी प्रकार उन्होंने कानपुर से बाँदा के लिये घाटमपुर, हमीरपुर के निकट परन्तु भयंकर मार्ग के स्थान पर फतेहपुर से चिल्ला तारा (जो अब चिल्ला घाट कहलाता है) वाले मार्ग का चयन किया।

अप्रैल 1827 के प्रथम सप्ताह में ग़ालिब दिल्ली की सीमा से बाहर निकलते हैं। थकान से चूर, यात्रा से दुखी लक्ष्य-प्राप्ति के लिये कुछ दिन कानपुर में रुकते हैं। (ध्यातव्य है कि यह कानपुर में कुछ दिन रुकना लखनऊ जाने से पूर्व का है। लखनऊ से लौटते समय वे यहाँ केवल एक दिन रुके थे।) लखनऊ में लगभग ढाई मास व्यतीत करके जून के अन्त में बाँदा यात्रा का विचार करते हैं जहाँ का नवतपा प्रसिद्ध है। उन्हें लखनऊ में ज्ञात हो चुका था कि इन दिनों में वहाँ के लोग सामान्यत: घर से बाहर नहीं निकलते हैं परन्तु बाँकी शान रखने वाले सुकुमार शायर ग़ालिब प्रेम, सामीप्य एवं आवश्यकता की दृष्टि से समस्त कष्टों को सहन करने का साहस करते हैं। यह साहस उनके व्यक्तित्व को और निखारता तथा रचनाओं में एक नवीन उत्साह, भाव तथा आवेग उत्पन्न करता है।

27 जून 1827 (26 जीकादा 1242 हि.), दिन शुक्रवार को ग़ालिब तड़के ही लखनऊ से बिदा होते हैं और 29 जून, दिन रविवार को कानुपर पहुँचते हैं। एक दिन कानपुर और एक दिन फतेहपुर में रुकते हुए 2 जुलाई की रात्रि के अन्तिम प्रहर में बाँदा पहुँचते हैं। निर्माणाधीन भवन[5] के निकट कुछ समय व्यतीत करते हैं और सबेरे बाँदा के सदर अमीन दीवान मो. अली[6] अपनी कोठी में उनका स्वागत करते हैं। दोनों परस्पर परिचित नहीं थे। क्योंकि मो. अली काव्य एवं साहित्य में रुचि तथा फारसी भाषा पर अधिकार रखते थे इसलिये सम्भव है कि वे मिर्जा के व्यक्तित्व एवं रचनाओं से अप्रत्यक्ष रूप से परिचित हों। यह भी सम्भव है कि ग़ालिब ने लखनऊ से बाँदा के

लिये जिस मार्ग का चयन किया था उसकी चर्चा मीर करम अली[7] से की हो इसलिये मीर करम अली उन्हें सबसे पहले दीवान मो. अली की कोठी पर लेकर आते हैं क्योंकि वे उनकी मातृभूमि से होते हुए आ रहे थे। इसीलिये ये सम्भावनाएँ पुष्ट हैं अन्यथा उस प्रकार के विधिवत प्रमाण उपलब्ध नहीं हैं जिस प्रकार बाँदा से कलकत्ता और फिर लौटने की सम्पूर्ण कथा दीवान मो. अली को लिखे ग़ालिब के पत्रों के रूप में उपलब्ध है। इस प्रकार दीवान मो. अली कलकत्ता यात्रा की सम्पूर्ण कथा की पहली कड़ी बनकर उभरते हैं जिन्हें ग़ालिब बाँदा से बिदाई, आगामी पड़ाव, कलकत्ता प्रवास, वापसी और दिल्ली पहुँचने से सम्बन्धित पल-पल की सूचना देते रहते हैं अन्यथा बाँदा तक पहुँचने के इक्का-दुक्का प्रमाण थे, जैसे ग़ालिब का यह कथन—

> "...मेरे पूर्वजों और नवाब जुल्फिकार अली बहादुर के पारस्परिक सम्बन्ध अत्यन्त पुराने थे। स्वयं मेरे मन में भी नवाब के लिये अत्यधिक प्रेम एवं लगाव था। इसलिये ज्यों-त्यों गिरता-पड़ता बाँदा (बुन्देलखण्ड) पहुँच गया। यहाँ मैं लगभग छह मास रहा, नवाब साहब के मकान पर।[8] खुदा की कृपा और नवाब की सहानुभूति, सेवा-सुश्रूषा एवं ध्यान रखने से मुझे इस भयंकर रोग से मुक्ति मिली।" ('जिक्रे ग़ालिब', मालिक राम, पंचम संस्करण, 1979, पृ. 42-43 के सन्दर्भ से)

(ii)

बाँदा आगमन और मार्ग चयन ही नहीं, ग़ालिब की यात्रा-कथा का सम्पूर्ण चित्र कलकत्ता यात्रा के दीर्घ काल पश्चात् उभरा है। यह अवधि लगभग डेढ़ शताब्दी पर विस्तृत है। अत्यन्त स्पष्ट, उज्ज्वल एवं रंगारंग चित्र 'नामा हाय फारसी ग़ालिब' का ऋणी है जो 1969 में प्रकाशित हुई। Persian Letters of Ghalib के प्रकाशित होने से पूर्व मो. अली के नाम ग़ालिब के आठ संक्षिप्त पत्र उपलब्ध थे जिनके सहारे उपर्युक्त यात्रा-कथा का ताना-बाना बुना जाता था और सम्भवतः इसी आधार पर बाँदा और बाँदा से सम्बन्धित व्यक्तियों की चर्चा नाममात्र को होती थी। परन्तु सैयद अली हसन खाँ और सैयद मो. रफी नकवी के एकाकी प्रयास से तैयार पाण्डुलिपि, जो उपेक्षित पड़ी थी ध्यानाकर्षण का केन्द्र बनी। फारसी के इन दुर्लभ पत्रों को खोज निकालने का श्रेय सैयद अकबर अली तिरमिजी को है और उनकी साज-सज्जा का कार्य लतीफुज्जमाँ खाँ और परतव रुहेला ने सम्पन्न किया।

कलकत्ता यात्रा के एक सौ चालीस वर्ष उपरान्त प्रकाशित होने वाले दो सौ एक पृष्ठ के इस संग्रह में ग़ालिब के इकत्तीस[9] पत्र हैं जिनमें से 29 दीवान मो. अली को सम्बोधित हैं। फ़ारसी में लिखे गए इन पत्रों के माध्यम से मैंने धुँधलके में पड़ी हुई उन बिखरी हुई कड़ियों को जोड़ने का प्रयास किया है जिनमें बाँदा से कलकत्ता जाने, कलकत्ता में प्रवास करने और वहाँ से दिल्ली वापस आने की वह रोचक तथा प्रभावशाली कथा गुम्फित है जो पत्र-लेखक तथा पत्र-प्राप्तकर्त्ता के व्यक्तित्व को निखारती है और ग़ालिब-युग की रोचक परिस्थितियों से परिचित कराती है।

सन्दर्भ

1. 1814 में नवाब सआदत अली खाँ के देहान्त के पश्चात् उनके पुत्र गाजिउद्दीन हैदर अवध के नवाब के रूप में सिंहासनारूढ़ हुए। 19 अक्टूबर 1827 को उनका देहान्त हुआ और मोती महल के निकट नजफ अशरफ में दफनाए गए। उनकी उत्कट साहित्यिक अभिरुचि के कारण भी ग़ालिब प्रतिष्ठित पद का सम्मान पाने के इच्छुक थे।
2. मोतमिद्दौला नवाब सैयद मो. खाँ बहादुर उर्फ आगा मीर नवाब गाजीउद्दीन हैदर के मन्त्री थे परन्तु समस्त विषयों में हस्तक्षेप रखते थे। षड्यन्त्रों की क्रिया-प्रतिक्रिया के परिणामस्वरूप पदच्युत हुए। 17 अक्टूबर 1829 को खिन्न होकर कानपुर चले गए। 7 मई 1832 को कानपुर में देहान्त हुआ। ग़ालिब ने उनके सम्मान में एक कसीदा लिखा था जिसकी अपनी पृथक् कथा है।
3. (i) मिर्जा जव्वाद अली बेग उर्फ मिर्जा मुगल ग़ालिब के भांजे अर्थात् मिर्जा अकबर बेग और छोटी खानम के पुत्र जिनका विवाह मुंशी खलीलुल्ला, दिल्ली के मुफ्ती की पुत्री मुनव्वर जमानी के साथ हुआ था।
   (ii) ग़ालिब के मामा के पुत्र मिर्जा उजबक जान जिन्हें ग़ालिब की माता ने दूध पिलाया था।
   (iii) ग़ालिब के मामा मिर्जा असीर बेग।
   (iv) नवाब जुल्फिकार अली मिर्जा ग़ालिब की सगी मामी की बहन के पुत्र थे।
4. मोनोग्राफ, जगत मोहन लाल रवाँ, राष्ट्रीय उर्दू संवर्द्धन परिषद्, नई दिल्ली, 2016
5. उस समय बस्ती के एक ओर तालाब को पक्का करने का कार्य आरम्भ हो चुका था तो दूसरी ओर बारादरी, कुछ दूर आगे के भाग में नजर बाग (जहाँ वर्त्तमान में

बाजार बन गया है) और पीछे की ओर बड़े क्षेत्र में विस्तृत ऐश बाग का निर्माण हो रहा था जिसे सन् 1951 में उत्तर प्रदेश सरकार के सिंचाई विभाग ने क्रय कर लिया और वर्त्तमान में वहाँ डिवीजन कार्यालय स्थापित है।

6. ग़ालिब ने अपने पत्रों में मो. अली को मौलवी मो. अली खाँ लिखा है। सम्भवत: इस कारण से कि उस काल में विद्वानों एवं शिक्षित व्यक्तियों को मौलवी कहा जाता था और सम्पन्न व्यक्तियों के नाम में खान लगाने की परम्परा बन गई थी। वंश से मो. अली सैयद थे। उनका मूलस्थान अवध प्रान्त का न्यूतनी नामक वह क्षेत्र था जहाँ अनेक विद्वानों ने जन्म लिया। वहाँ उनके पूर्वजों ने रहना आरम्भ किया और फिर धीरे-धीरे संदीला, जिला हरदोई में स्थानान्तरित हो गए। उन्होंने लखनऊ में शिक्षा प्राप्त की। उनकी माता कस्बा मोहान, जिला उन्नाव के शेखों के कुल से थीं जहाँ उनकी सम्पत्ति वर्त्तमान में भी स्थित है। आज भी संदीला में मो. अली का घर दीवान साहब की कोठी के नाम से जाना जाता है। वे अंग्रेजी सरकार द्वारा नियुक्त पदों पर पदोन्नत होते हुए दीवान अर्थात् मन्त्री के पद तक पहुँचे। सरकारी रिकार्ड में उनके नाम के साथ दीवान लिखा हुआ है।

7. (i) नवाब जुल्फिकार अली के विशेष कर्मचारी जिनकी पहुँच महल के आन्तरिक भाग तक थी।

   (ii) दीवान मो. अली अंग्रेजों द्वारा उच्च राजकीय पदों पर प्रतिष्ठित थे। अत्यन्त धार्मिक और दानशील थे। तड़के ही भ्रमण करने के अभ्यस्त थे। मीर करम अली दीवान मो. अली के प्रिय थे। वे प्रात:-संध्या उनकी हवेली में आवश्यक रूप से उपस्थित रहते थे।

8. वे नवाब साहब के महल में नाममात्र को ही रहते क्योंकि उनका अधिकांश समय दीवान मो. अली के साथ व्यतीत होता। वे कलकत्ता से लौटते समय तो विधिवत रूप से दीवान मो. अली के घर पर ही ठहरे, मात्र सलाम करने के लिये महल में उपस्थित होते थे।

9. 'नामा हाय फारसी ग़ालिब' (Persian Letters of Ghalib) में सैयद अकबर अली तिरमिजी ने पाँच परिशिष्टों के अतिरिक्त चौंतीस पत्रों की चर्चा की है। सम्पादन की दृष्टि से संग्रह में एक पत्र दो गद्य खण्डों के साथ है। ये गद्य खण्ड कलकत्ता में ग़ालिब के साहित्यिक संघर्ष के सम्बन्ध में हैं। एक पत्र मुंशी सैयद अली हसन खाँ को उनके मित्र सैयद अफजल अली, तहसीलदार कालिंजर,

जिला बाँदा ने उपर्युक्त पत्रों की प्राप्ति के सम्बन्ध में लिखा है। सैयद अली हसन खाँ कस्बा आरा, जिला इलाहाबाद के निवासी थे। उन्होंने ही 1839 में उपर्युक्त पत्रों की प्रतिलिपि की थी। शेष 31 पत्रों में दो पत्र सैयद अकबर अली खाँ तबातबाई और 29 पत्र दीवान मो. अली के नाम हैं।

❑❑

दीवान मो. अली: ग़ालिब के महत्त्वपूर्ण पत्र-प्राप्तकर्त्ता संक्षिप्त परिचय

(जनवरी 1773-नवम्बर 1831)

ग़ालिब-अध्येताओं में अधिकांश अब भी दीवान मो. अली के व्यक्तित्व से पूर्णतया परिचित नहीं हैं। ग़ालिब-विशेषज्ञों में दीवान मो. अली का जीवन-क्रम और उनके उल्लेखों का संज्ञान व्यापक नहीं है क्योंकि प्राचीन पोथियों में उनका उल्लेख मात्र प्रसंगवश ही किया गया है। 'नामा हाए फारसी ग़ालिब' पर कार्य करने वालों (सैयद अकबर अली तिरमिजी, लतीफुज्जमाँ खाँ, परतव रुहेला, तनवीर अहमद अलवी) को भी उनका जीवन-क्रम ज्ञात नहीं हो सका। यह लेख इस महत्त्वपूर्ण ज्ञान की रिक्तिपूर्ति का एक तुच्छ सा प्रयास है। 'पंज आहंग' और 'कुल्लियात-ए-मकतूबात-ए-फारसी ग़ालिब' में मो. अली से सम्बन्धित जिन उपाधियों एवं सम्मानित शब्दों का प्रयोग किया गया है उनसे ग़ालिब की दृष्टि में मो. अली के महत्त्व एवं ज्ञान के स्तर का पर्याप्त अनुमान किया जा सकता है। पत्र-लेखक ने पत्र-प्राप्तकर्त्ता को जो उपाधियाँ लिखीं उनसे श्रद्धा एवं प्रेम, शील-संकोच तथा आदर-सम्मान अभिव्यक्त होता है।

1. किबला-ए-जानो-दिल, खुदा आपको सलामत रखे... (पत्रांक-2)
2. किबला-ओ-काबा-ए-दो जहाँ की खिदमत में... (पत्रांक-3)
3. दोनों जहाँ के किबला-ओ-काबा... (पत्रांक-4)
4. ऐ किबलागाह, ऐ बेकसों की पनाह... (पत्रांक-5)
5. आगही की सल्तनत के हाकिम और सालिकों के मखदूम व पनाहगाह.... (पत्रांक-9)
6. किबलापरस्तों के किबला और जूयाने-हक के काबा... (पत्रांक-10)
7. रूह-ओ-खिरद के किबला और असद के जिस्म-ओ-जाँ के काबा... (पत्रांक-12)

37 पत्रों में से कोई भी पत्र उठा लीजिए, मेरे करमफर्मा, मेरे मखदूम, फैज मआब, मुरब्बी–ए–बेकसाँ से आरम्भ होकर अधिकांश हद्दे–अदब, मतीओ फरमाबरदार जैसे वाक्यों पर समाप्त होते हैं।

जब भी ग़ालिब ने पत्र–प्राप्तकर्त्ता का नाम लिया है तो उनको मौलवी साहब या मो. अली खाँ कहकर सम्बोधित किया है, जबकि मो. अली पितृ–पक्ष की ओर से सैयद और मातृ–पक्ष की ओर से शेख थे। अर्थात् उनकी वंश परम्परा सैयदों और शेखों से जुड़ती है जिनमें से अधिकांश सुन्नी थे। ननिहाल और ददिहाल के अधिकांश परिजन अवध प्रान्त के निवासी थे और रसूल के वंशजों के प्रेमी थे। पिता अकबर अली कस्बा संदीला, जिला हरदोई के और माता कस्बा मोहान, जिला उन्नाव की थीं। इन दोनों स्थानों पर अब भी उनकी सम्पत्तियाँ अवस्थित हैं। विशेषकर संदीला में मो. अली का घर आज भी 'दीवान साहब की कोठी' के नाम से जाना जाता है।

दीवान मो. अली ने फारसी और अरबी की शिक्षा लखनऊ में प्राप्त की थी। बाईस वर्ष की अवस्था में वहीं सरकारी नौकरी मिल गई। शीघ्र ही छतरपुर (बुन्देलखण्ड) में अंग्रेजों की ओर से नियुक्त रेजीडेंट के प्रधान लिपिक हो गए। चार वर्ष पश्चात् बाँदा में सदर अमीन के पद पर नियुक्त हुए और फिर दीवान अर्थात् मन्त्री के पद तक पहुँचे। सत्ताईस वर्ष की अवस्था में मो. अली बाँदा आए और आयु के अट्ठावन वर्ष भी पूर्ण नहीं कर पाए थे कि नवम्बर 1831 में देहान्त हो गया। बाँदा नगर उन्हें इस सीमा तक अच्छा लगा कि उसे द्वितीय घर बना लिया और भूमि–सम्पत्ति क्रय की। सरकारी कचहरी (वर्त्तमान राजकीय महिला इंटर कॉलेज) के पीछे, बलखंडी नाके के निकट 1790 में भूमि क्रय करके वर्त्तमान हवेली की नींव रखी गई।[1] यह हवेली वर्त्तमान में वहाँ के मुख्य बाजार के मध्य में है और यहाँ अब भी उनके वंशज विद्यमान हैं। हवेली में एक बड़ा कमरा ग़ालिब के नाम से विशेष रूप से सम्बद्ध है। दीवानजी अपनी गम्भीरता और गुणग्राहकता के कारण मौलवी और मुफ्ती कहलाते थे। सम्पन्न एवं दानशील होने के कारण अंग्रेज उनको खान बहादुर कहते थे। सरकारी रिकार्ड में उनके नाम के साथ दीवान लिखा है। अत: मैंने मौलवी या खाँ साहब के सम्बोधनों से पृथक् रहते हुए उनको दीवान मो. अली लिखा है। अंग्रेजी सरकार से पेंशन प्राप्त नवाब बाँदा जुल्फिकार अली से उनका अत्यन्त निकट सम्बन्ध था। नवाब बाँदा, उनके आत्मीय, अंग्रेज अधिकारी दीवानजी की दूरदर्शिता, धार्मिकता और आतिथ्य के प्रशंसक थे। जब ग़ालिब बाँदा पधारे तो उनकी अवस्था लगभग 29 वर्ष और नवाब

बाँदा जुल्फिकार अली 27 वर्ष के थे जबकि दीवान मो. अली अपनी आयु के 53 वर्ष व्यतीत कर चुके थे। उन्होंने अपनी उदारता और गंगा-जमुनी सभ्यता को अन्तिम साँस तक निभाया। आपकी कब्र वर्त्तमान राजकीय महिला इंटर कॉलेज के सामने, पद्माकर चौराहे के दाहिने आबादी से घिरे हुए कब्रिस्तान में विद्यमान है जिस पर उनके नाम का शिलालेख लगा है। यह कभी बहुत बड़ा मैदान था। आपके क्रय किए हुए इसी मैदान में आपको दफन किया गया था। आपके मजार से कुछ दूर पर एक ओर हनुमान् मन्दिर तथा दूसरी ओर शियाओं की मस्जिद है।

जुलाई 1827 में दीवान मो. अली की ग़ालिब से भेंट हुई और नवम्बर 1831 में उनका देहान्त हो गया। सामीप्य, अभिरुचि और आकर्षण का अनुमान इस तथ्य से लगाया जा सकता है कि मात्र चार वर्ष में ग़ालिब ने उनको जो पत्र लिखे उनमें से 37 उपलब्ध हैं। दीवानजी के वंशजों का कथन है कि कुछ और भी पत्र थे जो जर्जर अवस्था में थे और जिन्हें भारत-विभाजन से पूर्व ठीक कराकर जिल्द बाँधने के लिये दफ्तरी को दे दिया गया था। परन्तु अब उनका कुछ पता नहीं मिलता। आशा है कि यह सम्पदा कभी न कभी अवश्य ही मिल जाएगी क्योंकि उन पत्रों से उस काल का सम्पूर्ण परिदृश्य, सभ्यता, संस्कृति, सामाजिक बातें पाठकों के संज्ञान में आ सकती हैं।

ग़ालिब का मो. अली से कोई पूर्व परिचय या पत्र-व्यवहार नहीं था। वे विवशता में, अपने परिजनों से मिलने, उपचार कराने और कलकत्ता यात्रा के लिये उनसे आर्थिक सहायता प्राप्त करने के लिये बाँदा आए थे परन्तु जिस व्यक्ति के वे प्रशंसक हो गए वह दीवान मो. अली थे। पत्र साक्षी हैं कि नवाब जुल्फिकार अली, मिर्जा उजबक बेग और मिर्जा मुगल ने उस सीमा तक उनकी देखभाल नहीं की जितनी सहानुभूति एवं प्रेम दीवान मो. अली से प्राप्त हुआ। लगभग एक माह पश्चात् जब उन्हें शारीरिक कष्टों से मुक्ति मिली तो उनका अधिकांश समय दीवानजी के साथ व्यतीत होता था। वर्षा का आनन्द लेते, भ्रमण के लिये महल से विपरीत दिशा में लगभग पाँच किलोमीटर दूर केन नदी के किनारे जाते और घंटों आनन्द लेते। यह नदी स्वच्छ उज्ज्वल जल और उसमें प्राप्त होने वाले वनस्पति पत्थरों के कारण अत्यन्त प्रसिद्ध थी। अब उसका पाट अत्यन्त कम हो गया है परन्तु वनस्पति पत्थर, जो अँगूठियों तथा अन्य आभूषणों के अतिरिक्त सज्जा एवं प्रसाधन में काम आते हैं, आज भी दूर-दूर तक भेजे जाते हैं। ग़ालिब नवाब के महल से पहाड़ी की ओर या फिर केन नदी की ओर आते, शान्तिपूर्ण वातावरण में दूर जाने वाले श्रद्धालुओं को देखते जिनका मुँह चित्रकूट की ओर होता।

श्रीराम ने वनवास के समय सीताजी और लक्ष्मण के साथ यहाँ निवास किया, परिक्रमा की। रहीम खानखाना अपने कष्ट के काल में शान्ति प्राप्त करने यहाँ आए थे—

चित्रकूट में रम रहे रहिमन अवध नरेश।
जेहि पे विपदा परत है वह आवत इह देश॥

ग़ालिब ने फारसी में सर्वाधिक पत्र दो व्यक्तियों को लिखे। अपने पुरातन मित्र मौलवी अब्दुल करीम के भतीजे सिराजुद्दीन अहमद को 52 पत्र लिखे जबकि मात्र चार वर्ष की अवधि में दीवान मो. अली को 37 पत्र लिखे हैं। (अभी और पत्र भी प्राप्त हो सकते हैं।) संख्या में कम होने पर भी दीवान मो. अली इस दृष्टि से प्रधानता रखते हैं कि उन्होंने कलकत्ता-निवासी अपने परिजनों को पत्र लिखे कि वे ग़ालिब की यथासम्भव सहायता करें। ग़ालिब ने अपने पत्रों में इसे पुनः-पुनः स्वीकार किया है। उदाहरणार्थ अपने स्वर्गवासी बड़े भाई सिराजुद्दीन अली (सदर न्यायालय कलकत्ता के प्रधान काजी, जिनका देहान्त 1823 में हो गया था) की धर्मपत्नी और उनके भांजे मौलवी सैयद विलायत हसन को पत्र लिखे। मौलवी सैयद विलायत हसन कलकत्ता की कचहरी में सरकारी कर्मचारी थे। पीछे चलकर काजी-उल-कजा के पद पर प्रतिष्ठित हुए। स्वयं ग़ालिब ने उन्हें तीन पत्र लिखे। चचेरे भाई सैयद नूरुद्दीन अली, जो सहावल रियासत (फैजाबाद) में उपमन्त्री (वकील) थे और जिनके मित्र कलकत्ता कचहरी में थे, उन्होंने नवाब सैयद अकबर अली तबातबाई को भी पत्र लिखे क्योंकि वे स्वर्गीय बड़े भाई सिराजुद्दीन अली के घनिष्ट मित्र थे। ग़ालिब ने उन्हें फारसी में पाँच पत्र लिखे हैं।

दीवान मो. अली के केवल एक पुत्री फातिमा थीं जिनका विवाह शेख मुमताज़उज्जमाँ से हुआ। यहं विवाह ग़ालिब के बाँदा आने से कई वर्ष पूर्व हो चुका था। शेख मुमताज़उज्जमाँ के पुत्र शेख़ शफ़िउज़्ज़मा, उनके पुत्र यूसुफुज्जमाँ ऑनरेरी जुडीशियल मैजिस्ट्रेट थे। उनकी गिनती बाँदा ही नहीं वरन् उत्तर प्रदेश के प्रमुख रईसों में होती थी और उन्होंने अंग्रेज सरकार को कई बार ऋण दिया अतः उन्हें सरकार की ओर से 'नोट वाले' की उपाधि भी प्राप्त हुई। यूसुफुज्जमाँ ने बाँदा के नवाब की सम्पत्ति को अंग्रेजों के कोप से बचाया और पीछे चलकर उसका अधिकांश भाग लोकहित के लिये न्यस्त कर दिया। उनके एक पुत्र मसूदुज्जमाँ और दो पुत्रियाँ इफ्फतुन्निसा और इस्मतुन्निसा थीं। खान बहादुर मसूदुज्जमाँ बाँदा में 5 अप्रैल 1890 को उत्पन्न हुए और 68 वर्ष की अवस्था में 20 जनवरी 1958 को बाँदा में ही देहान्त हुआ। वे एम.ए.ओ.

कॉलेज, अलीगढ़ से प्रारम्भिक शिक्षा प्राप्त करने के पश्चात् लन्दन चले गए। कैम्ब्रिज विश्वविद्यालय से बैरिस्टर की उपाधि प्राप्त करके 1914 में बाँदा वापस आए। वे अपने समय के प्रसिद्ध राजनेता थे। यू.पी. कौंसिल के सदस्य और अंग्रेज सरकार में मन्त्री भी रहे। मसूदुज्जमाँ के पाँच पुत्र अनवारुज्जमाँ एडवोकेट, वलीउज्जमाँ, असदुज्जमाँ, हादीउज्जमाँ और अशरफुज्जमाँ (डॉक्टर) थे। इस्मतुन्निसा का विवाह नाजिरयार जंग बहादुर (मुख्य न्यायाधीश, हैदराबाद उच्च न्यायालय) से हुआ। उनके एक पुत्री हामिदा और तीन पुत्र मुजफ्फरुद्दीन, गाजीउद्दीन और कमालुद्दीन थे। हामिदा का विवाह मेजर जनरल हबीबुल्ला से हुआ और वे स्वयं भी राजनीतिक क्षेत्र में सक्रिय रहीं। बेगम हामिदा हबीबुल्ला यू.पी. की मन्त्री, यू.पी. एसेम्बली की सदस्य और राज्य सभा की सदस्य रहीं। वे दो बार उत्तर प्रदेश उर्दू अकादमी की अध्यक्ष भी रहीं। हामिदा हबीबुल्ला के पुत्र वजाहत हबीबुल्ला जम्मू-कश्मीर कैडर के आई.ए.एस. अधिकारी और राष्ट्रीय अल्पसंख्यक आयोग के अध्यक्ष भी रहे।

शेख यूसुफुज्जमाँ की दूसरी पुत्री इफ्फतुन्निसा का विवाह मौलाना अब्दुल माजिद दरियाबादी से हुआ। उनके चार पुत्रियाँ हुईं। राफतुन्निसा, जिनका विवाह हकीम अब्दुल कवी से हुआ। हुमैरा खातून का विवाह हबीब अहमद किदवाई से, जुहैरा खातून का विवाह प्रोफेसर हाशिम किदवाई से और जाहिदा खातून अब्दुल अलीम किदवाई की पत्नी हुईं। इफ्फतुन्निसा के नातियों ने ज्ञान, साहित्य, पत्रकारिता और शिक्षण में प्रसिद्धि प्राप्त की। इस सूची में डॉ. सलीम किदवाई (जे.एन.यू.), प्रो. अब्दुल रहीम किदवाई (अलीगढ़ मुस्लिम विश्वविद्यालय), प्रो. शाफे किदवाई (अलीगढ़ मुस्लिम विश्वविद्यालय), नाफे किदवाई (प्रसिद्ध पत्रकार) और रशीद किदवाई (प्रसिद्ध अंग्रेजी पत्रकार एवं समीक्षक) आदि सम्मिलित हैं। मसूदुज्जमाँ की नातिन रेहाना खातून, जिनका विवाह गोरखपुर में हुआ, उनके पुत्र उमैर अहमद के कई अंग्रेजी उपन्यास भारत और विदेश से प्रकाशित हुए हैं। इनमें The stay tell state, Jimmy the terrorist (Penguin, 2010), Encounters (Tora Press, Penguin India, 2009), Sense Terra (Short Stories, Pages Editor, 2008) सम्मिलित हैं। ये सभी धार्मिक एवं सांसारिक विद्याओं में निष्णात्, सम्पन्न, साहित्यप्रेमी और ग़ालिब के प्रेमी हैं।

वास्तव में दीवान मो. अली के जीवन की घटनाएँ और उनके कुल से सम्बन्धित विवरण की चर्चा ग़ालिब-शोध के शीश पर ऋण है और यह लेख (पुस्तक) इस ऋण

से उऋण होने का प्रथम प्रयास है। मैंने ग़ालिब के एक ऐसे पत्र-प्राप्तकर्त्ता को चर्चा का विषय बनाया है जिन पर उपेक्षा की धुंध छाई हुई है। आशा है कि इससे ग़ालिब के बाँदा प्रवास के कुछ अदृश्य पक्षों तक पहुँच सम्भव हो सकेगी।

सन्दर्भ

1. कुछ शोधकर्त्ताओं ने अपने शोध में यह उल्लेख किया है कि सदर अमीन मो. अली ने यह वैभवशाली हवेली क्रय की थी, जो तथ्यात्मक नहीं है। दीवान मो. अली ने छतरपुर की नौकरी के मध्य ही यह भूमि क्रय कर ली थी और फिर इसका निर्माण भी आरम्भ करा दिया था।

❑❑

ग़ालिब के अल्पज्ञात पत्र-प्राप्तकर्त्ता:उपलब्ध पत्र

(पंज आहंग से नामा हाए फारसी ग़ालिब तक)

ग़ालिब-अध्येताओं ने मिर्जा के पत्रों पर तो सार्थक चर्चा की है परन्तु दुर्भाग्य से पत्र-प्राप्तकर्त्ता दीवान मो. अली,[1] सदर अमीन, बाँदा के सम्बन्ध में किसी ने विस्तृत विवरण लिपिबद्ध नहीं किया है, यद्यपि उनके नाम ग़ालिब के 37 पत्र उपलब्ध हैं जिनसे उनके महत्त्व का अनुमान किया जा सकता है। यदि गम्भीर शोधपरक सूक्ष्म दृष्टि से इस दिशा में ध्यान दिया जाता तो अनेक सभ्यता, सांस्कृतिक एवं सामाजिक विषय ही नहीं, राजनीतिक तथा आर्थिक तथ्य भी उद्घाटित होते। दीवान मो. अली के नाम ग़ालिब के पत्र सर्वप्रथम 'पंज आहंग' में दृष्टिपथ में आते हैं। 126 फारसी पत्रों पर आधारित यह प्रारम्भिक संग्रह 1849 में किला-ए-मुअल्ला के सुल्तानी प्रेस से प्रकाशित हुआ था। इसमें दीवान मो. अली के नाम फारसी में सात पत्र हैं। इसका द्वितीय संस्करण 1853 में दारुल इस्लाम प्रेस, दिल्ली से प्रकाशित हुआ जिसमें एक पत्र की वृद्धि हुई। शेख मो. इकराम, एहसान आवारा बाँदवी और अन्सारुल्ला नजर इस बात पर एकमत हैं कि जब ग़ालिब ने 'पंज आहंग' सम्पादित की तो उसमें शेरों के साथ फारसी पत्र भी सम्मिलित थे। फिर मिर्जा अली बख्श ने अन्य गद्य रचनाओं को एकत्रित करके 'पंज आहंग' सम्पादित की। 'पंज आहंग' प्रकाशित कराने की कथा पर डॉ. मो. यार गोंदिल ने शोध एवं समीक्षा संग्रह 'मेयार', अंक 7 (उर्दू विभाग, अन्तर्राष्ट्रीय इस्लामी विश्वविद्यालय, इस्लामाबाद, पाकिस्तान, जनवरी-जून 2012) में वस्तुनिष्ठ चर्चा की है। वे अपने लेख 'ग़ालिब के बाज बयानात का तनकीदी जायजा' में लिखते हैं—

> ...ग़ालिब अपनी कतिपय रचनाओं के प्रकाशन के समय समाचार पत्रों में पद्य एवं गद्य में विज्ञापन भी अन्य व्यक्तियों के नाम से भेजा करते थे। 'पंज आहंग' के प्रकाशन के सन्दर्भ से

एक विज्ञापन 'असअदुल अखबार', आगरा में 12 मार्च 1849 को प्रकाशित हुआ। विज्ञापन कुछ इस प्रकार है—'पंज आहंग, लेखक हजरत मिर्जा असदुल्ला खाँ साहब बहादुर ग़ालिब, में प्रकाशित काव्यबद्ध विज्ञापन की प्रतिलिपि। जो अप्रैल में मूल्य भेजे तो तीन रुपये और जो इसके पश्चात् भेजे तो चार रुपये देने पड़ेंगे।

मुज़दा ऐ रहरवान-ए-राहे-सुख़न। पाया संजान-ए-दस्तगाह- ए-सुख़न॥
तय करद राह-ए-शौक़ ज़ूद अज़ूद।आन पहुँची है मंज़िल-ए- मक़सूद॥
पासहैअब सवाद-ए-आज़म-ए-नस्र।देखिएचलकेनज़्म-ए-आलम-ए-नस्र॥
सबको इसका सवाद अरज़ानी। चश्म-ए-बीनश हो जिससे नूरानी॥
है ये वो गुलशन हमेशा बहार। बारवर जिसका सरो गुल-ए-बेख़ार॥
इससे अन्दाज़-ए-शौकत-ए-तहरीर। अख़्ज़ करता है आसमाँ का दबीर॥
थे ज़हूरी ओ उरफ़ी ओ तालिब। अपने अपने ज़माने में ग़ालिब॥
न ज़हूरी है और न तालिब है। असदुल्ला ख़ाँ ग़ालिब है॥
इससे जो कोई बहरावर होगा। सीना-ए-गंजीना-ए-गुहर होगा॥
मैं जो हूँ दर पए हुसूल-ए-शरफ़। नाम आली है ग़ुलाम-ए-नजफ़॥

गुप्त न रहे कि यह विज्ञापन दिल्ली से मेरे एक आदरणीय व्यक्ति ने डाक द्वारा समाचार-पत्र में प्रकाशित करने के उद्देश्य से मेरे पास भेजा है। (अकबर अली खाँ, 'ग़ालिब अपने मआसिर अखबारात में', लेख, नुकूश-ए-ग़ालिब, पृ. 642)

उपर्युक्त काव्यबद्ध विज्ञापन में 33 शेर सम्मिलित हैं। शब्दों के ग्रथन और शैली के आधार पर ये शेर ग़ालिब की कला की ओर संकेत कर रहे हैं। ऐसी काव्यात्मक अत्युक्ति शायर को शोभा देती है। किसी अन्य में औरों के लिये ऐसी भावना उत्पन्न होना लगभग असम्भव है। वास्तविकता यह है कि यह काव्यबद्ध विज्ञापन ग़ालिब की मूल प्रकृति है। बाँदा के सिंहासनासीन नवाब अली बहादुर को सम्बोधित अपने पत्र में ग़ालिब ने लिखा है—

"यदि पंज आहंग मेरी रचना न होती तो कहता कि यह पुस्तक फारसी के लिये 'विधि' का आदेश रखती है और सूक्ष्म एवं कोमल बिन्दुओं, दुर्लभ ग्रन्थन और स्पष्ट एवं मधुर शब्दों का मूल्यवान भाण्डार है।"

यह विज्ञापन काजी अब्दुल वदूद ने अपनी पुस्तक 'मासिरे-ग़ालिब' में उद्धृत

किया है और इसके सम्बन्ध में लिखा है—

> "लक्षणों से स्पष्ट है कि यह विज्ञापन स्वयं ग़ालिब का काव्यबद्ध किया हुआ है यद्यपि गुलाम नजफ खाँ की ओर से है जो ग़ालिब के शिष्य थे।" (मेयार, भाग-7, पृ. 50)

सम्पादन की प्रक्रिया से होते हुए 'पंज आहंग' और 'आहंग-ए-पंजुम' पर पर्याप्त चर्चा हुई है। इस महत्त्वपूर्ण पुस्तक के प्रथम भाग में फारसी पत्र-लेखन के सम्बन्ध में विस्तृत चर्चा उपलब्ध है। द्वितीय भाग में फारसी धातुओं एवं पारिभाषिक शब्दावली की चर्चा है। तृतीय भाग में चुने हुए फारसी शेरों पर विशेष ध्यान है। चतुर्थ भाग में पुस्तकों की समीक्षा और लेखों पर बल है और पंचम भाग का केन्द्रबिन्दु मिर्जा के फारसी पत्र हैं। समय-समय पर चौथे तथा विशेष रूप से पाँचवें अध्याय में वृद्धि होती रही। शेख मो. इकराम कहते हैं—

> "पुस्तक का सर्वाधिक मूल्यवान भाग मिर्जा के वे फारसी पत्र हैं जिनमें से अधिकांश 1826 से 1852 तक लिखे गए हैं। ये पत्र ग़ालिब के जीवनी लेखक के लिये एक मूल्यवान भाण्डार हैं। अन्य किसी पुस्तक से मिर्जा के इन सत्ताईस वर्षों के प्रयासों, कष्टों और उनके वातावरण का सटीक अनुमान नहीं हो सकता जितना इन पत्रों के अध्ययन से।" (ग़ालिबनामा, पृ. 92)

फरवरी 1969 में ग़ालिब के देहान्त के सौ वर्ष पूर्ण होने पर उनकी महानता, महत्ता एवं उपादेयता को उजागर करने के लिये अनेक रचनात्मक कार्य किए गए। प्रारम्भिक एवं विस्तारित व्याख्याताओं में रशीद अहमद सिद्दीकी, मालिक राम, काजी अब्दुल वदूद आदि अनेक श्रेष्ठ व्यक्तित्व दिखाई देते हैं। 'नुकूश' से लेकर 'शबिस्तान' तक भारत एवं पाकिस्तान की अधिकांश पत्रिकाएँ अपने विशेषांक प्रकाशित करती हैं। शताब्दी समारोह के इस वातावरण में डॉ. मो. अन्सारुल्ला की 'ग़ालिब बिब्लियोग्राफी', पृथ्वी चन्द्र की 'मकतूबात-ए-ग़ालिब' और परतव रुहेला की 'आहंग- ए-पंजुम' भी सम्मिलित हैं। न्यूनाधिक सबने ही स्वीकार किया है कि 'पंज आहंग', भाग पाँच में सम्मिलित फारसी पत्रों को उर्दू गद्य में अनूदित करना दूध की नहर निकालने से कम नहीं है। इस विषय[2] पर विस्तृत एवं युक्तिसंगत चर्चा करने वाले पृथ्वी चन्द्र 'मकतूबात-ए-ग़ालिब' की भूमिका में लिखते हैं—

"...तथ्य यह है कि 'आहंग-ए-पंजुम' विशेष रूप से महत्त्वपूर्ण है क्योंकि इसमें ग़ालिब के वे पत्र हैं जो उन्होंने गदर से पूर्व अपने मित्रों तथा परिजनों को लिखे थे और यही उनकी जीवन-गाथा के पृष्ठ हैं क्योंकि जब हम इन पत्रों का अध्ययन करते हैं तो ग़ालिब जीते-जागते, चलते-फिरते, हँसते-बोलते, रोते-बिसूरते, आभार-शिकायत करते हुए हमारे समक्ष आ जाते हैं। इसके अतिरिक्त 1848 के उपरान्त की परिस्थितियाँ तथा घटनाएँ ग़ालिब के उर्दू पत्रों में विस्तार से मिल जाती हैं परन्तु कलकत्ता यात्रा (1826) से लेकर दो बार की सरकारी नौकरी तक की परिस्थितियों से परिचय प्राप्त करने के लिये इन फारसी पत्रों का अत्यधिक महत्त्व है। यही वे पत्र हैं जिनके द्वारा नवाब अहमद बख्श की प्रेरणा से पेंशन की अपील करने हेतु कलकत्ता जाने का विचार, लखनऊ का प्रवास, बाँदा की अस्वस्थता, इलाहाबाद होते हुए बनारस पहुँचना, ईस्ट इंडिया कम्पनी के अधिकारियों से भेंटें, कार्य की सफलता के लिये सिफारिश के माध्यमों का प्रयोग आदि सब कुछ इन पत्रों में उपलब्ध है। कहीं-कहीं साहित्य एवं ज्ञान के बिन्दु भी पाए जाते हैं और हास्य का पुट भी झलकता है। इसके अतिरिक्त वर्णन का सौन्दर्य, लेखन का प्रवाह, फारसी शब्दावली पर अधिकार, मुहावरों के प्रयोग की योग्यता, उपमा एवं रूपकों की अछूती शैली, भाषा एवं साहित्य की कौन सी विशेषता है जो इन पत्रों में नहीं है।" (पृ.8)

'पंज आहंग' के प्रथम प्रकाशन के लगभग एक सौ बीस वर्ष पश्चात् 'नामा हाए फारसी ग़ालिब' (Persian Letters of Ghalib), जिसे सैयद अकबर अली तिरमिजी ने 1969 में सम्पादित किया, उसमें मो. अली के नाम ग़ालिब के 29 पत्र सम्मिलित हैं। अन्यथा इससे पूर्व 'कुल्लियात-ए-नस्र ग़ालिब' (पंज आहंग सहित) के जितने भी संस्करण प्रकाशित हुए उनमें दीवान मो. अली के नाम लिखे गए फारसी के मात्र 8 पत्र उपलब्ध हैं। ग़ालिब के शताब्दी समारोह के दृष्टिगत पंज आहंग (आहंग-ए-पंजुम), मासिर-ए-ग़ालिब, बाग-ए-दो दर, मुतफर्रिकात-ए-ग़ालिब,

नामा हाए फारसी पर ध्यान देते हुए इन संग्रहों तथा इनमें सम्मिलित ज्ञान, साहित्य एवं अत्यन्त सूचनापरक पत्रों के कई साहित्यकारों ने उर्दू में अनुवाद किए परन्तु परतव रुहेला (आहंग-ए-पंजुम 2004, ग़ालिब के मुन्तखब फारसी मकतूबात 2006 और 2009, कुल्लियात-ए-मकतूबात-ए-फारसी ग़ालिब 2010), लतीफुज्जमाँ (मकतूबात-ए-ग़ालिब दिसम्बर 1995) और तनवीर अहमद अलवी (नक्श-ए-नीमरुख 2002) के अनुवाद अधिक प्रसिद्ध हुए हैं। मो. अन्सारुल्ला, सैयद मो. इलियास मगरिबी, मो. मुश्ताक शारिक मेरठी, सालिहा बेगम कुरेशी और एहसान आवारा बाँदवी ने भी इस दिशा में ध्यान दिया है। यहाँ अध्ययन के लिये परतव रुहेला के अनुवाद (कुल्लियात-ए-मकतूबात-ए-फारसी ग़ालिब, 2010) को विशेषत: केन्द्र[3] में रखा गया है। पुष्टि के लिये अन्य अन्वेषकों के अनुवाद भी दृष्टि में रहे हैं। पहले कुछ पत्रांश उपाधियों एवं सम्बोधनों की नवीनता एवं विचित्रता की दृष्टि से देखें—

ग़ालिब का पहला पत्र—

> "ऐ ईश्वरभक्तों के केन्द्रबिन्दु और ऐ सत्यशोधकों के केन्द्र, खुदा आपको कुशल रखे, अत्यधिक सम्मानित को अपना स्मरण कराना कल्याण-प्राप्ति के लिये अपरिहार्य मानकर दर्शन-प्राप्ति की इच्छा को अभिव्यक्त करना मैं सफलता का समारोह समझता हूँ..."

दूसरा पत्र देखें—

> "मन-प्राण से सम्मानित, खुदा आपको कुशल रखे। प्रणाम एवं दण्डवत करने के उपरान्त यह भक्त अपनी दशा कहता है..."

तीसरा पत्र—

> "दोनों लोकों में सम्मानित श्रीमान् मौलवी साहब की सेवा में प्रणाम। खुदा आपका उच्च संरक्षण बनाए रखे। प्रणाम के उपरान्त यह निवेदन है कि खुदा की कृपा है कि अभी मेरे (अस्तित्व की) मुट्ठी भर राख से खुदा के प्रकाश की कृपा का सम्बन्ध विच्छेद नहीं हुआ है..."

चतुर्थ पत्र—

> "दोनों लोकों में सम्मानित श्रीमान् मौलवी साहब, खुदा आपका

उच्च संरक्षण बनाए रखे। एक युग हुआ कि मेरी साँस उस कल्याण स्रोत की विरहाग्नि में जल रही है और मेरा ललाट उस चौखट की इच्छा में झुक रहा है..."

पत्र संख्या 8—

"मेरे अतिशय पूज्य और सम्पदा प्रदान करने वाले की सेवा में, खुदा उनका उच्च संरक्षण बनाए रखे। मैं निछावर हो जाऊँ और अपने प्राण उनकी चरण-रज पर न्यौछावर कर दूँ। मैं नहीं जानता कि क्या निवेदन करूँ और किस रूप में लिखना आरम्भ करूँ। न स्मरण करने का आभार पूर्णता को पहुँचता है और न सम्मान बढ़ाने का आभार शब्दों की सीमा में आता है..."

पत्र संख्या 9—

"ज्ञान-साम्राज्य के शासक और साधकों के स्वामी तथा शरणदाता (खुदा आपको) कुशल रखे..."

पत्र संख्या 18—

"खुदा की सौगन्ध, ये दासता के पत्र लिखते समय मेरे मन में दर्शनों की अभिलाषा बलवती हो रही है इसलिये उपाधियों एवं सम्मानों को स्थान शेष नहीं रहता। परन्तु प्रायः ऐसा भी होता है कि कथन असम्बद्ध हो जाता है क्योंकि मेरी इच्छा होती है कि लिखने में बातचीत जैसी स्थिति हो। मुझे न तो लेख के आरम्भ एवं अन्त का विचार होता है और न ही बात बढ़ने की चिन्ता होती है। मैं वार्त्तालाप की ऊँच-नीच का स्तर निर्धारित करता हूँ और इस वादी में बगटुट चलता हूँ। अब मन में यह उलझन है कि मेरी जो दशा है वह आपसे छिपी न रहे..."

पत्र संख्या 24—

"अतिशय पूज्य, श्रेष्ठ आनन्दों के स्वामी! (यह दास) आप पर न्यौछावर होता है, अपने प्राण इस पवित्र हथेली की धूल पर न्यौछावर करता है और यह नहीं समझता कि क्या निवेदन करे और कौन से लेखन के रूप में समक्ष आए। आपके स्मरण करने की असीम कृपा है और आपकी गुणग्राहकता का धन्यवाद इस

लेख से अनुमानित नहीं..."

पत्र संख्या 25–

"अतिशय पूज्य, श्रेष्ठ आनन्दों के स्वामी! (यह दास) दण्डवत करता है और निवेदन करता है कि इससे पूर्व कुछ पत्र प्रेषित किए गए हैं। जानता हूँ कि उनमें से प्रत्येक पत्र अपने समय पर आपकी दृष्टि में आकर उद्देश्य का प्रतिबिम्ब बना होगा। उस बात का शेष जो उन पत्रों से सम्बन्ध रखता है, यह है कि..."

ध्यातव्य है कि जुलाई 1827 में दीवान मो. अली की भेंट ग़ालिब से होती है और नवम्बर 1831 में उनका देहान्त हो जाता है। आकर्षण तथा सामीप्य का अनुमान मात्र इससे लगाया जा सकता है कि केवल चार वर्ष में ग़ालिब ने उन्हें जो पत्र लिखे उनमें से 37 फारसी पत्र उपलब्ध हैं। (इस दृष्टि से भी पत्र-प्राप्तकर्त्ता सर्वाधिक महत्त्वपूर्ण हैं कि इतनी अल्प अवधि में उनको इतने अधिक पत्र लिखे गए।) लतीफुज्जमाँ खाँ की पुस्तक 'मकतूबात-ए-ग़ालिब'[4] की प्रस्तावना में काजी अब्दुल वदूद लिखते हैं–

"सैयद अकबर अली तिरमिजी ने ग़ालिब के फारसी पत्र खोजे हैं जो ग़ालिब की कलकत्ता यात्रा के सम्बन्ध में हमारे ज्ञान में महत्त्वपूर्ण तथा तथ्यात्मक वृद्धि करते हैं। उन्होंने विस्तृत परिचय के साथ इन पत्रों को संकलित किया है और अत्यन्त परिश्रम से शायर के कथनों का उस वाह्य साक्ष्य से तुलनात्मक अध्ययन किया है जो भारत सरकार के सरकारी रिकार्ड में उपलब्ध है। उनका यह प्रयास प्रशंसनीय है क्योंकि शायर के मस्तिष्क पर जो विभिन्न प्रभाव पड़ रहे थे उन्होंने उनका अन्वेषण किया है। यद्यपि शायर की शैली पर फोर्ट विलियम कॉलेज के प्रभाव के सम्बन्ध में मुझे सन्देह है, इसके अतिरिक्त तिरमिजी साहब ने इन पत्रों को काल-क्रम देने में अत्यन्त सूक्ष्मदृष्टि से कार्य किया है। मूल पाठ का निर्धारण, उन पत्रों में आने वाले व्यक्तियों एवं स्थानों के नाम के निर्धारण के सम्बन्ध में अत्यन्त दूरदृष्टि से कार्य किया है। ...मुझे विश्वास है कि ग़ालिब पर शोध के नये द्वार खुलेंगे।" (पृ. 5)

"ग़ालिब का सफर कलकत्ता और कलकत्ते का अदबी मार्का" में प्रो. खलीक अंजुम लिखते हैं–

> "ग़ालिब ने कलकत्ता से नवाब मो. अली खाँ के नाम जो पत्र लिखे हैं और जिन्हें सैयद अकबर अली तिरमिजी ने 'नामा हाए फारसी ग़ालिब' के नाम से संकलित करके प्रकाशित करा दिया है, ग़ालिब की कलकत्ता यात्रा और कलकत्ता प्रवास की परिस्थितियों के सम्बन्ध में सर्वाधिक महत्त्वपूर्ण सामग्री का स्तर रखते हैं।" (पृ. 43)

ग़ालिब और मो. अली का पहले से कोई परिचय तथा पत्र–व्यवहार नहीं था और यह क्रम दीवान साहब के देहान्त के पश्चात् समाप्त हो गया। ग़ालिब के उपर्युक्त पत्रों के अतिरिक्त दीवान मो. अली के वे पत्र भी अत्यन्त महत्त्वपूर्ण हैं जो उन्होंने अपने परिजनों[5] को इस निर्देश के साथ लिखे थे कि वे कलकत्ता में ग़ालिब की यथासम्भव सहायता करें और जिसे ग़ालिब ने अपने पत्रों में अत्यन्त प्रेम एवं आत्मीयता के साथ स्वीकार किया है। उदाहरण के लिये बेगम सिराजुद्दीन अली और मौलवी विलायत हसन के अतिरिक्त हुगली के नवाब सैयद अली अकबर खाँ तबातबाई और नूरुद्दीन अली, जो काकोरी के निवासी थे और रियासत सहावल (फैजाबाद) के उपमन्त्री (वकील) थे, की विस्तृत चर्चा है। वास्तव में ये वे मित्र थे जो ग़ालिब के समस्त विषयों में पूरी रुचि ले रहे थे और सैयद अकबर अली तिरमिजी के कथनानुसार–

> "उनकी शिष्टता, सभ्यता, विवेक, चाल–ढाल, शालीनता, बर्ताव और व्यवहार से अत्यन्त प्रभावित हुए और कलकत्ता से जो पत्र बाँदा के मौलवी मो. अली खाँ को लिखे हैं उनमें उनकी प्रशंसा लिखी है।" (पृ. 21)

दीवान मो. अली को लिखे गए पत्र संख्या 8 का यह उद्धरण देखें–

> "सच तो यह है कि यदि इस भटकने के क्रम में आप तक न पहुँचता तो मेरी शिथिलता को मरहम और मेरी टूटन को औषधि कहाँ से मिलती। यदि न्याय का सम्बन्ध हाथ से न छोड़ूँ तो मैं समझता हूँ कि मीर करम अली[6] की प्रशंसा करने का कर्त्तव्य पूर्ण नहीं कर सकता क्योंकि उन्होंने ही मुझे इस द्वार से परिचित कराया और इस लक्ष्य तक पहुँचाने के लिये वही मार्गदर्शक बने

हैं। मैं भला इस योग्य कहाँ कि श्रीमान्‌जी के कर्मचारियों की भी प्रशंसा कर सकूँ। कदापि नहीं, कदापि नहीं।

"तेरी प्रशंसा के लिये मौन ही प्रशंसा की अन्तिम सीमा है।"

पत्र संख्या 3 का निम्नांकित उद्धरण देखें–

"...आपकी सहानुभूति और आपकी दयालुता के आभार के अतिरिक्त अन्य जो कुछ भी कहा जाय वह असंगत है। खुदा आपको कुशल रखे और उन कृपाओं का फल जो आपने मात्र खुदा के मार्ग में बिना किसी पूर्व परिचय के मुझ जैसे उस अकिंचन व्यक्ति पर की हैं और अब भी करते रहते हैं जिसे न कोई ढंग है और जो असहायता में भी अपना उदाहरण स्वयं ही है, खुदा आपको इस संसार की कृपाएँ प्रदान करे। अधिक आदर की अन्तिम सीमा।"

उपाधियों तथा सम्मानसूचक सम्बोधनों की दृष्टि से ही नहीं वरन् उपर्युक्त पत्रों से अन्य परिस्थितियों का विवरण भी ज्ञात होता है। पत्र संख्या 6 से उस प्रार्थनापत्र पर प्रकाश पड़ता है जो मौलवी विलायत हसन के पत्र से संलग्न करके प्रेषित किया गया था और कहीं नष्ट हो गया था। (उसे सम्भवतः मिर्जा अफजल बेग[7] ने लुप्त करा दिया था)–

"...दो माह पर दस दिन और चढ़ गए कि श्रीमानजी के कृपापत्र की स्याही प्रतीक्षारत नयन के लिये सुरमा नहीं बन सकी। जिलहिज्जा के प्रथम दिवस का लिखा हुआ निवेदन पत्र और उपर्युक्त माह के आठवें दिन का लिखा प्रार्थनापत्र, जो मौलवी सैयद विलायत हसन के पत्र में संलग्न करके प्रेषित किया गया था, कैसे कहूँ कि नष्ट हो गया और श्रीमानजी की कृपादृष्टि में नहीं आया। काश, परमपूज्य श्रीमानजी के कृपापूर्ण आँचल की कोर पर मैं उपेक्षा के बेल–बूटे काढ़ सकता ताकि मन इस कष्ट से मुक्ति पा जाता..."

पत्र संख्या 7 में मुकदमे से सम्बन्धित विलम्ब का कारण बताते हैं कि विलियम बेली बर्मा चले गए हैं। दूसरे अधिकारी कलकत्ता से पश्चिम की ओर अवस्थित एक आखेटस्थल मालदा को भ्रमण एवं आखेट के लिये गए हैं और प्रधान लिपिक आठ

माह की छुट्टी पर नदी के मार्ग से लखनऊ गए हैं—

> "इस नगर के अन्य समाचारों में से यह है कि विलियम बेली साहब, जो कौंसिल के उच्च सदस्य हैं और पूर्व काल में वाइस प्रेजीडेंट भी थे, अभी ब्रह्मा (बर्मा) चले गए हैं और लॉर्ड विलियम कौंडिश बैंटिंग की गवर्नरी के प्रताप से अपना राजसी निवास मालदा बनाकर भ्रमण एवं आखेट के लिये चले गए हैं जो कलकत्ता से पश्चिम की ओर एक आखेटस्थल है। जनसामान्य के स्वामी मौलवी मो. अब्दुल करीम, फारसी कार्यालय के प्रधान लिपिक आठ माह की छुट्टी पर नदी मार्ग से लखनऊ के लिये प्रस्थान कर गए। सम्भव है अब तक अजीमाबाद पहुँच चुके हों।..."

उपर्युक्त पत्रों में निजी विषयों के साथ-साथ साहित्यिक चर्चा भी उपलब्ध है। पत्र संख्या 13 का निम्नांकित अंश देखें—

> "...आशा करता हूँ कि श्रीमानजी उपर्युक्त मतले को विस्मृत करके ये दो मिसरे उसके स्थान पर लिख लेंगे। दूसरे यह कि खुदा साक्षी है वह कसीदा जो मैंने आगा मीर की प्रशंसा में लिखा है, मेरे कुल के लिये अपयश का कलंक है। अब मजा यह है कि उन एक सौ दस शेरों को कागज से मिटा भी नहीं सकता (क्योंकि) मुर्शिदाबाद के नवाब भी सैयद वंश से हैं। इस कसीदे को उनके नाम से प्रसिद्ध कर रहा हूँ, यद्यपि मैं उनकी सेवा में अब तक उपस्थित नहीं हो सका हूँ। ...परन्तु हुमायूँ जाह की प्रशंसा करना मुझे स्वीकार है। अपेक्षा करता हूँ कि जब तक श्रीमन्त के नाम से सम्बद्ध शेरों को... (अनुमानतः—इस कसीदे में सम्मिलित न कर लूँ) यह कसीदा किसी को नहीं दिखाएँगे और बड़ों की भाँति अपने से छोटों के दोषों को छिपाएँगे। वह कृपापत्र जो... (अनुमानतः—आप मुझे प्रेषित करें) उस पर पता इस प्रकार होना चाहिए। नगर कलकत्ता, निकट चैत बाजार, शिमला बाजार के अन्दर, तालाब के निकट, असद को मिले।

चरणचुम्बन की इच्छा के अतिरिक्त और क्या निवेदन करूँ!

मो. असदुल्ला"

मीर सिफात अली खाँ के माध्यम से बाँदा के लाला कांजी मल[8] की चर्चा पत्र संख्या 8 में उपलब्ध है–

> "...छिपा न रहे कि यह प्रार्थनापत्र रमजान माह के छठे दिन लिखकर उसी दिन मीर सिफात अली खान के माध्यम से लाला कांजी मल को भेज दिया गया। खुदा उनको शक्ति दे कि वे अपने पत्र के साथ संलग्न करके बाँदा भेज दें।"

अपनी भावज (काजी उल कजा सिराज अली की पत्नी, जिनका देहान्त 1823 में हो गया था) के नाम लिखे दीवान मो. अली के पत्र, जिसमें ग़ालिब की यथासम्भव सहायता करने हेतु कहा गया था, उसकी विस्तृत चर्चा पत्र संख्या 14 में उपलब्ध है। वे लिखते हैं–

> "...एक साहब प्रकट हुए और मुझे अन्तःपुर में ले जाकर परदे के पीछे बैठा दिया। श्रीमन्त बेगम साहिबा ने कृपापूर्वक सीधे मुझसे बातचीत की और आपका भी पर्याप्त हाल पूछा और कुछ मेरे भटकने का उद्देश्य भी ज्ञात किया और कहा कि मेरा भांजा मौलवी विलायत हसन (इस समय) उपस्थित नहीं है। वह जिस समय भी आया तो आपके पास पहुँचेगा और आपके ठहरने के लिये इसी भवन में व्यवस्था कर देगा। शिमला बाजार नगर तथा सरकारी कार्यालयों से दूर है।..."

अवस्था में दो वर्ष छोटे भाई मिर्जा यूसुफ के स्वस्थ होने की सूचना से ग़ालिब को जो प्रसन्नता प्राप्त हुई उसे वे अपने कृपालु दीवान मो. अली से बाँटते हुए पत्र संख्या 14 में लिखते हैं–

> "...आशा करता हूँ कि आप भी मेरे निवेदन पर उसको अपना पुत्र समझकर प्रंसन्न होंगे और प्रार्थना करेंगे कि उसकी अवशेष आत्मविस्मृति निःशेष हो जाए।"

बाँदा में ग़ालिब के परिजनों और उनके कुशल–क्षेम की सूचना भी उपर्युक्त पत्र से प्राप्त होती है। पत्र संख्या 15 का निम्नांकित अंश देखें–

> "...मन तो करता था कि कुछ पंक्तियाँ अपनी कष्टप्रद दशा के

सम्बन्ध में भी लिखूँ परन्तु क्योंकि पिछले पत्र में इस क्रम में थोड़ा-बहुत पूर्व में ही लिख चुका हूँ और उस पत्र का अन्य पत्रों के प्रतिकूल उत्तर ही प्राप्त नहीं हुआ अथवा (फिर ऐसा होगा कि) उसका उत्तर प्राप्त हो गया (अर्थात् मना हो गया), प्रत्येक दशा में उद्देश्य एक ही है। इसलिये इस पत्र में उसकी उपेक्षा करता हूँ परन्तु इस निवेदन-पत्र के साथ ही एक पत्र मिर्जा अमीर बेग खाँ[7] के नाम, जो नवाब जुल्फिकार बहादुर के (खुदा उनका प्रताप बनाए रखे) मौसा हैं, खुले लिफाफे में भेज रहा हूँ। आशा है कि आप इसको भली प्रकार परखकर और ध्यानपूर्वक पढ़कर पत्र-प्राप्तकर्त्ता को पहुँचा देंगे। दर्शन प्राप्ति के निवेदन के अतिरिक्त कहने को कुछ नहीं है।

-मो. असदुल्ला"

पत्र संख्या 16 का निम्नांकित दीर्घ उद्धरण देखें-

"आपको ज्ञात ही होगा कि मैं अकिंचन रिक्त हाथों की किस दशा में घर में झाड़ू फेरकर मातृभूमि और उसके निवासियों से बिदा होकर जब बाँदा पहुँचा तो मैंने नवाब साहब से दो हजार रुपये ऋण माँगा... (अनुमानतः -जो उन्होंने) दे दिया। मन में मैंने सोचा कि ग़ालिब, यह भी सन्तोष की बात है, ले और चल! यदि तेरे मुकदमे की सुनवाई कलकत्ता में नहीं होगी...उलटे पाँवों पलटकर, कलंदरों का चोला पहनकर भटकना आरम्भ कर देना। किसी भी रूप में...होकर थोड़े-बहुत गरम कपड़े क्रय किए और वन-रेगिस्तान पार करता हुआ कलकत्ता पहुँच गया। जिस दिन पहुँचा हूँ... (अनुमानतः -मेरे पास) छह सौ रुपये (शेष) थे। शाबान, रमजान, शव्वाल और जीकादा तो व्यतीत हो गए, जिलहिज्जा भी आ गया। यदि आकाश से कोई आकस्मिक विपत्ति नहीं टूटी तो (सम्प्रति) मैं दो माह के लिये आजीविका की चिन्ता से मुक्त हूँ। नवाब साहब से सहायता की क्षीण-सी आशा का भ्रम था... (अनुमानतः -परन्तु) संकेत (अनुमानतः -आशावर्द्धक नहीं हैं) क्योंकि जब कभी मैंने

एक पत्र आपको प्रेषित किया तो पहले एक पत्र नवाब साहब को और एक पत्र अन्य मित्रों एवं आत्मीयों को... (अनुमानतः —भेजा है)। यदि आपकी सेवा में पाँच पत्र पहुँचे हैं तो उनके पास भी पाँच पत्र ही पहुँचे हैं। परन्तु कोई आवाज नहीं आई और किसी ने कोई उत्तर... (अनुमानतः —नहीं दिया) यहाँ तक कि मीर करम अली ने सम्पूर्ण विस्तार अथवा संक्षिप्त... एक उत्तर भी नहीं भेजा। मन में आता था कि नवाब साहब से (फिर) सहायता माँगूँ और एक हजार रुपये और ऋण ले लूँ परन्तु हृदय काँपने लगा तथा यह अपेक्षा भी स्वप्न हो गई। आशा करता हूँ कि आप कष्ट उठाकर तथा इस सम्बन्ध में तनिक सा प्रयास करके मीर करम अली को अपने पास एकान्त में बैठाकर उससे मन की बात तथा आन्तरिक दशा और सारी खरी-खोटी ज्ञात कर लेंगे ताकि पता तो चले कि नवाब साहब... (अनुमानतः —नवाब साहब के परिजनों) का मेरे सम्बन्ध में क्या विचार है। मैंने नवाब साहब और उनके निकटस्थों से भी इस मुकदमे को छिपाकर नहीं रखा वरन् प्रत्येक पत्र तथा प्रत्येक प्रार्थनापत्र में लिखा है कि... परचम नवाब अली जनाब, पहाड़ के सम्मुख एक तिनका आ गया है। आप मेरी सहायता से हाथ नहीं खींचेंगे क्योंकि (आपका) हाथ पीठ पर होने से... शत्रु को मिटा देने वाली (अनुमानतः —सहायता के बल पर) अहमद बख्श खाँ और उनके शुभचिन्तकों के आधार पर मैं धन्यवाद की पुकार उच्च करा दूँगा (परन्तु उन्होंने) कोई कृपा नहीं की और 'हाँ' या 'ना' कुछ भी नहीं कहा। यहाँ पर... (अनुमानतः—यह परदेसी निराश) तथा पराधीन... (अनुमानतः—हो गया)। अच्छा-भला मित्रों की मित्रता से निकला तो शत्रुओं की शत्रुता में फँस गया। कहने का आशय यह (कि) ...नवाब की सरकार की दशा मीर करम अली द्वारा या जिससे भी (ज्ञात) कर सकें और जो कुछ (ज्ञात करना) चाहें ज्ञात करके सूचना दें और इन पत्रों में से (किसी) एक पत्र के भी उत्तर को महत्त्वहीन न समझें क्योंकि

> दो माह की अवधि कुछ भी नहीं है। विवशता में इस स्थान से अपने एकाकीपन को... उस घाटी में ले जाऊँगा। श्रीमानजी के कृपापत्र की प्रतीक्षा है और बस!..."

पत्र संख्या 17 का अन्तिम परिच्छेद देखें—

> "आशा करता हूँ कि इस पत्र का उत्तर शीघ्र देने की कृपा करेंगे और वर्त्तमान परिस्थितियों से मुझे अवगत कराएँगे। मीर करम अली के लिये भी एक पत्र इसी लिफाफे में रख रहा हूँ। आपके कर्मचारी इतना कष्ट करें कि मीर साहब को बुला लें और इस पत्र का कथ्य उनकी बुद्धि में इस सतर्कता से डालें कि उनके अन्तर्ज्ञान को हस्तक्षेप करने की शक्ति न रहे और (इसके अतिरिक्त यह कि) उनसे बलात् उत्तर प्राप्त करके भी अपने कृपापत्र के साथ मुझे भेज दें। भाइयों, परिजनों तथा बच्चों को यथायोग्य स्वीकार हो..."

पत्रों के उद्धरणों से स्पष्ट है कि बाँदा में दीवान मो. अली को वे अपना बड़ा, संरक्षक, शुभचिन्तक समझते थे और उन पर अपने परिजनों से अधिक विश्वास करते, निस्संकोच प्रेम की गुप्त बातें करते, परामर्श लेते, आवश्यकताओं को खोल बताते थे। पत्र संख्या 17 का निम्नांकित उद्धरण देखें—

> "...वह मुझ पर...ऋण है। भले ही उसका भुगतान मैं करूँ या आप उससे पूर्णकर्त्तव्य हों। इससे मेरी विनम्रता में कोई कमी नहीं होती और यदि दूसरे पक्ष का विश्वास कर लिया जाय तो आपके ठेके के व्यापार की कुव्यवस्था और उसमें आपके शत्रुओं को घाटा होने की आशंका मन को उद्विग्न करती है। परन्तु क्योंकि आवश्यकता मुझसे अधिक शक्तिशाली है और मैं अत्यधिक दुर्बल हूँ (इसलिये) इसके स्वीकार करने में... (अनुमानतः —लाज अनुभव नहीं करता) यद्यपि मैं जानता हूँ कि समय की आवश्यकताएँ सरकार के तकाजों के कष्टों और इस प्रकार के हंगामों के सिरदर्द में यह रुपया भेजना सरल नहीं था तथापि यह भी वास्तविकता है कि यदि यह धनराशि न पहुँचती तो मेरी दशा अकथनीय हो जाती..."

मीर करम अली का गिला-शिकवा और भाइयों की निस्पृहता का संज्ञान पत्र संख्या 19 से होता है तो पत्र संख्या 22 में हुगली की परिस्थितियों के साथ सैयद अली अकबर खाँ तबातबाई की सांत्वना, स्नेह और शील की चर्चा है। इसके अतिरिक्त यह भी ज्ञात होता है कि उनकी छोटी पुत्री का विवाह शीघ्र होने वाला है जिसमें उनके सम्मिलित होने के लिये तबातबाई ने निवेदन किया है। दीवान मो. अली को मिर्जा लिखते हैं कि मैं नवाब साहब के लिये भी एक पत्र भेज रहा हूँ। उन्हें किसी प्रकार से इसकी सूचना भी भिजवाइये कि यहाँ इस अकिंचन का किस प्रकार सम्मान हो रहा है ताकि नवाब साहब के संज्ञान में आ सके और वे भी मेरी ओर ध्यान दे सकें।

नवाब जुल्फिकार अली और मिर्जा ग़ालिब के मध्य जो दूरी उत्पन्न हो रही थी उसके अनेक संकेत उपर्युक्त पत्रों में प्राप्त होते हैं। पत्र संख्या 26 और 30 के निम्नांकित उद्धरणों का अवलोकन करें-

> "काश, नवाब जुल्फिकार बहादुर को यह प्रेरणा हो कि वे अमीन करण (अमीकरण मेहता) से एक हजार रुपये और दिलवा दें। सोच रहा हूँ कि निवेदनपरक एक आवेदन श्रीमान् नवाब साहब की सेवा में लिखूँ और उसे अपने पत्र से संलग्न करके श्रीमान्जी की सेवा में भिजवा दूँ और आप उसको देखकर मिर्जा मुगल बेग के छोटे भाई मिर्जा उजबक खान[10] को ताकि इसी प्रकार भाई... (अपूर्ण)। अपने पास बुलाकर भली प्रकार समझा दें और इस बात पर सहमत कर लें कि वे इस मुकदमे को ठीक करने की व्यवस्था करें..." (पृ. 164)

एक पत्र और देखें-

> "...कृपा करने वाले खुदा के भक्तो, मेरी ओर से निश्चिन्त रहें कि (मेरी) व्याकुलता की दशा ऐसी नहीं कि विवशता में... (अनुमानतः-ऋण लेने का) आग्रह... करूँ और नवाब की सभा के सदस्यों के समक्ष भीख माँगने को हाथ पसारूँ। आशा करता हूँ कि आप भविष्य में उन लोगों से इस सम्बन्ध में कोई बात नहीं करेंगे, परन्तु इस भेद के आवरण के परिचित अच्छे से समझते हैं..." (पृ. 169)

मनमुटाव होने के कारण ग़ालिब ने कुछ समय के लिये नवाब जुल्फिकार अली को पत्र लिखना बन्द कर दिया था परन्तु अपने अन्य परिजनों को कभी-कभी लिखते रहते थे। परन्तु दीवान मो. अली के देहान्त (1831) के पश्चात् उनकी पुत्री और अन्य सम्बन्धियों की कुशल-क्षेम अवश्य पूछते रहते थे।

भले ही कुछ देर में परन्तु नवाब साहब को यह अनुभव हो चुका था कि ग़ालिब उनसे अप्रसन्न हैं इसलिये जब वे अपने किसी विशेष कार्य के लिये दिल्ली गए तो ग़ालिब से मिलने गए। विलायत हसन को लिखे एक पत्र से दोनों बातों की पुष्टि होती है—

> "...गोप्य न रहे कि इन दिनों नवाब जुल्फिकार अली खाँ बहादुर कुछ विशेष व्यक्तियों के साथ बाँदा से दिल्ली आए और पुरातन मित्रता का विचार करते हुए मेरे घर भी आए। जब प्रत्येक प्रकार की बातों के मध्य सैयद नूरुद्दीन अली की कुशल-मंगल के सम्बन्ध में पूछताछ भी की तो (उन्होंने) मौलवी मो. अली खाँ के बच्चों के बाँदा में न होने और उनके पारस्परिक वैमनस्य का वर्णन इस प्रकार किया कि मेरा हृदय शोकसंतप्त और मन मलिन हो गया। विवशता में हृदय की आकुलता को शान्त करने के लिये मैंने सोचा कि स्वामी द्वारा प्रदत्त लेखनी के चमकते हुए चि ों की गति द्वारा मैं इस कथा से परिचय प्राप्त करूँ और इस समूह के पारस्परिक संघर्ष का कारण और स्वामी के अनाथ पुत्र के कार्य के अन्तिम परिणाम से परिचित हो जाऊँ..." (कुल्लियात-ए-मकतूबात-ए-फारसी ग़ालिब, पृ. 116)

बाँदा के दीर्घ प्रवास और फिर तीन-साढ़े तीन वर्ष तक निरन्तर पत्राचार ने मिर्जा को दीवान मो. अली के इस सीमा तक समीप कर दिया था कि वे अपने व्यक्तिगत जीवन और व्यक्तिगत विषयों तक की सूचना देते रहते थे। कलकत्ता यात्रा और वहाँ की व्यस्तताओं के अतिरिक्त आगरा और दिल्ली की समस्याएँ हों या भाई यूसुफ की चर्चा, बेगम साहिबा के परामर्श हों या प्रेम की गोपनीय बातें। निकटता और अपनेपन के लिये पत्र संख्या 27 का निम्नांकित अन्तिम परिच्छेद देखें—

> "...मैं दिल्ली से आए हुए अपनी चाची के पत्र को इस पत्र के साथ संलग्न कर रहा हूँ। पढ़ने के पश्चात् फाड़ दें और जल एवं अग्नि को सौंप दें!"

बाँदा से कलकत्ता की ओर बढ़ते हुए ग़ालिब समस्त विवरण से पूर्णरूपेण परिचित कराते हैं और जब कलकत्ता से लौट रहे हैं तो उसके विवरण की सूचना भी देते हैं। पत्र संख्या 32 का निम्नांकित उद्धरण देखें—

> "...दो माह में बाँदा पहुँच जाऊँगा और श्रीमान्जी के चरणों की धूल पर अपने प्राण न्यौछावर कर दूँगा। यदि इन दिनों में कृपापत्र प्रेषित कर दिया गया है या मेरे पत्र के प्राप्त होने से पूर्व डाक में छोड़ा जायगा तो प्रत्येक दशा में डाक के नियमानुसार आपकी सेवा में वापस पहुँच जायगा... (अनुमानतः —मेरे इस) पत्र के पहुँचने के पश्चात् (कृपापूर्वक) मुझे और कोई पत्र मत लिखिएगा। परिजनों को यथायोग्य पहुँचे।
>
> "और यह कि यदि मेरी अनुपस्थिति में कोई पत्र मेरे नाम का, या आपके सेवकों के नाम का दिल्ली या कलकत्ता से आपकी सेवा में पहुँचे तो उसको पढ़ने के पश्चात् अपने पास सुरक्षित रख लीजिएगा क्योंकि मुझ व्याकुल का यही प्रस्ताव है। ध्यान रहे कि दिल्ली से जो पत्र आएगा वह भाई मौलवी मो. फजल हक[11] का होगा और कलकत्ते का पत्र मौलवी अब्दुल करीम के भतीजे, मेरे स्वामी मौलवी सिराजुद्दीन अहमद की ओर से (होगा), जो फारसी-घर कार्यालय के सदस्यों एवं सम्मानितों में भी सम्मिलित हैं। तथ्य यह है कि मैंने इन आदरणीय से यह निवेदन किया है कि यदि कोई नयी बात हो तो एक पत्र चाहे मेरे नाम पर और चाहे आदरणीय मौलवी साहब के सेवकों के नाम पर लिखकर बाँदा भेज दिया जाय और इसी प्रकार का एक निवेदन मौलवी फजल साहब की सेवा में भी लिखा है। (इसका) उद्देश्य यह है कि जब मैं बाँदा पहुँचूँ तो मुझे प्रतीक्षा का कष्ट उठाए बिना दोनों स्थानों की परिस्थितियाँ ज्ञात हो जायँ। (ये समस्त बातें मैंने) आपको सूचना देने के लिये लिख दी हैं। आशा करता हूँ कि यदि इन दोनों आदरणीयों में से किसी एक का पत्र भी आपको मिले तो लेखक को उसका उत्तर अवश्य लिखेंगे क्योंकि मैंने इन दोनों आदरणीयों को, एक को वाणी से

और दूसरे को लिखकर आपसे भेंट का इच्छुक और आपके प्रेम से परिचित बना दिया है।"

सन्दर्भ

1. ग़ालिब ने उन्हें अपने अधिकांश पत्रों में मौलवी मो. अली खाँ लिखा है। वे पितृ-पक्ष से सैयद और मातृ-पक्ष से शेख थे। दीवान मो. अली अपनी गम्भीरता एवं विद्याव्यसन के कारण मौलवी और मुफ्ती कहलाते थे। सरकारी नौकरी के कारण वे पहले सदर अमीन और फिर दीवान कहलाए। सरकारी रिकार्ड में उनके नाम के साथ दीवान लिखा है अतः मैंने भी प्रस्तुत पुस्तक में उन्हें दीवान मौ. अली लिखा है।
2. 'फ़्रिक-ए-ग़ालिब', 'मसनवियात-ए-ग़ालिब', 'मुरक्का-ए-ग़ालिब', 'जागीर-ए-ग़ालिब', 'नक्श-ए-ग़ालिब', 'मकतूबात-ए-ग़ालिब' और 'दीवान-ए-ग़ालिब की हिन्दी शरह' पृथ्वी चन्द्र की महत्त्वपूर्ण पुस्तकें हैं।
3. नामा हाए फारसी ग़ालिब के अनुवाद के लिये परतव रुहेला के दृष्टिगत सैयद अकबर अली तिरमिजी की सम्पादित वह प्रति थी जो पहली बार ग़ालिब अकादमी, निजामुद्दीन, नई दिल्ली-13, भारत से 1969 में प्रकाशित हुई। इसे पूर्ण करने में उन्होंने निरन्तर ग़ालिब-विशेषज्ञों से सहायता ली है जिसे उन्होंने स्वीकार भी किया है। इस प्रति की महत्त्वपूर्ण बात सम्पादक का 54 पृष्ठों पर विस्तृत अंग्रेजी में लिखा वह प्राक्कथन है जो इसके महत्त्व में वृद्धि करता है और पाठ के सैकड़ों तथ्य समझने में सहायक है।
4. अलफैसल, पुस्तक प्रकाशक एवं विक्रेता, गजनी स्ट्रीट, उर्दू बाजार, लाहौर, दिसम्बर 1995
5. दीवान मो. अली के वे परिजन जिन्हें उन्होंने ग़ालिब की सहायता के लिये कहा—

   (i) सिराजुद्दीन अली—दीवान मो. अली के भाई और कलकत्ता के मुख्य न्यायालय में काजी उल कजा, पीछे चलकर सर्वोच्च काजी के पद पर प्रतिष्ठित हुए। ग़ालिब के कलकत्ता पहुँचने से पाँच वर्ष पूर्व 1823 में उनका देहान्त हो गया था।

   (ii) मौलवी सैयद विलायत हसन— स्व. सिराजुद्दीन अली की धर्मपत्नी के

भांजे थे और कलकत्ता की कचहरी में सरकारी सेवा में थे। पीछे चलकर काजी उल कजा के पद पर प्रतिष्ठित हुए। इन्हें ग़ालिब ने तीन पत्र लिखे।

(iii) नवाब सैयद अकबर अली तबातबाई–सैयद अली तकी के पुत्र और सैयद गुलाम हुसैन तबातबाई के भाई थे। इनके पिता ने हुगली बन्दरगाह के निकट इमामबाड़ा निर्मित करवा दिया था। इनके पुत्र ने तीर्थयात्रियों के लिये इमामबाड़े से संलग्न सराय बनवाई। इनके नाम लिखे ग़ालिब के पाँच पत्र उपलब्ध हैं।

(iv) नूरुद्दीन अली–दीवान मो. अली के चचेरे भाई थे और सहावल रियासत (फैजाबाद) के उपमन्त्री (वकील) थे। नौकरी से त्यागपत्र देने के पश्चात् काकोरी में स्थायी रूप से निवास करने लगे थे।

6. नवाब जुल्फिकार अली के विशेष कर्मचारी और दीवान मो. अली के यहाँ प्रातः–संध्या उपस्थिति अंकित करने वाले मीर करम अली दीवानजी के अत्यन्त आत्मीय थे।

7. मिर्जा जीवन बेग के छोटे पुत्र। अकबर शाह द्वितीय के वकील के रूप में 1827 में कलकत्ता गए थे। वे वहाँ अपने भांजों की सुरक्षा में ग़ालिब पर भयंकर आक्रमण करते रहते थे। उनका विवाह हकीम मोमिन खाँ मोमिन की भांजी से हुआ था। 15 नवम्बर 1830 को कलकत्ता से दिल्ली लौट आए। 3 अगस्त 1831 को देहान्त हुआ।

8. सेठजी का पूरा नाम लाला अमीकरण मेहता है। इनके पूर्वज लाला इज्जतकरण मेहता अली बहादुर प्रथम के काल में गुजरात से बाँदा आए थे। ये लोग नवाबों के साहूकार थे। नवाब जुल्फिकार अली ने ग़ालिब को लाला अमीकरण मेहता से दो हजार रुपये अपनी जमानत पर ऋण के रूप में दिलवाए थे। लालाजी के वंशज अब भी बाँदा के मुहल्ले अलीगंज में विद्यमान हैं।

9. मिर्जा ग़ालिब के मामा।

10. मिर्जा मुगल और मिर्जा उजबक खान ग़ालिब के मामा के पुत्र थे। उजबक खान को ग़ालिब की माता ने दूध पिलाया था। ग़ालिब के बाँदा प्रवास के काल में राजसी महल के निवासी थे।

11. सर सैयद अहमद खाँ ने मौलाना फजल हक का जन्म 1211 हि. में लिखा है। दिल्ली के रेजीडेंट कार्यालय में सरिश्तादार के पद पर नियुक्त थे। वे ग़ालिब के मित्र ही नहीं, अभिभावक और सहायक भी थे।

मो. अली के नाम ग़ालिब के पत्र: वस्तुनिष्ठ अध्ययन

गुलाम रसूल मेहर् के अनुसार ग़ालिब के 126 फारसी पत्रों का प्रथम संग्रह 'पंज आहंग'[1] 13 रमजान 1265 हि. तदनुसार 2 अगस्त 1849 को किला मुअल्ला के मतबा सुल्तानी से प्रकाशित हुआ। इसमें दीवान मो. अली के नाम लिखे सात पत्र हैं। द्वितीय संस्करण अप्रैल 1853 में मतबा दारुस्सलाम, दिल्ली से प्रकाशित हुआ जिसमें उनके नाम लिखे गए एक पत्र की वृद्धि हुई। ग़ालिब के देहान्त (15 फरवरी 1869) के पश्चात् इस दिशा में ध्यान दिया गया और उनके अन्य पत्रों के साथ 'कुल्लियात-ए-नस्र गालिब' (पंज आहंग सहित) 1869 में नवलकिशोर प्रेस, लखनऊ से प्रकाशित हुआ। 1888 तक इसके पाँच संस्करण और प्रकाशित हुए।[2] इनमें दीवान मो. अली के नाम लिखे गए ग़ालिब के वही आठ फारसी पत्र विद्यमान हैं परन्तु एक शताब्दी पश्चात् सैयद अकबर अली तिरमिजी के अन्वेषण एवं संकलन से परिदृश्य परिवर्तित होता है। सैयद अली हसन खाँ और सैयद मो. रफी नकवी के प्रयासों से प्रतिलिपि की गई, बिना किसी सहायता के तैयार की गई पाण्डुलिपि, जो दीर्घकाल से धूल-धूसरित पड़ी थी, उनके अन्वेषण द्वारा प्रकाश में आई। अंग्रेजी में सुदीर्घ तथा विस्तृत परिचय लिखा तथा अत्यन्त परिश्रम और गवेषणा के पश्चात् उसे 'नामा हाए फारसी ग़ालिब' (Persian Letters of Ghalib) के रूप में सम्पादित किया और 1969 में पहली बार ग़ालिब अकादमी, निजामुद्दीन, नई दिल्ली से प्रकाशित कराया। लतीफुज्जमाँ खाँ, डॉ. तनवीर अहमद अलवी और परतव रुहेला ने फारसी पत्रों और अंग्रेजी की दीर्घ भूमिका को उर्दू में ढाला। अन्वेषकों और समीक्षकों, विशेषकर प्रो. अन्सारुल्ला, प्रो. हनीफ नकवी और प्रो. शमीम हनफी ने इस नयी खोज पर खुले मन से चर्चा की। उपर्युक्त संकलन में मो. अली के नाम ग़ालिब के 29 पत्र सम्मिलित हैं। सैयद अकबर अली तिरमिजी ने लिखा है कि राष्ट्रीय अभिलेखागार,

दिल्ली ने यह पाण्डुलिपि 1960 में कड़ा, मानिकपुर (इलाहाबाद) के मो. रफी नकवी से प्राप्त की थी जो दीवान मो. अली के परिवार से निकट सम्बन्ध रखने वाले सैयद अली हसन, सिविल जज, जिला बाँदा ने 1840 के आसपास तैयार की थी। फिर यह पाण्डुलिपि परगना बदोसा और कालिंजर के तहसीलदारों, विशेषकर सैयद मो. अफजल के माध्यम से सैयद रफी नकवी तक पहुँची। यहाँ मैं ग़ालिब के फारसी पत्रों के अन्य संग्रहों 'बाग-ए-दो दर', 'मासिर-ए-ग़ालिब' या 'मुतफर्रिकात-ए-ग़ालिब' की चर्चा नहीं कर रहा हूँ क्योंकि उनमें दीवान मो. अली के नाम लिखा कोई पत्र उपलब्ध नहीं है।

कई विद्वानों ने फारसी पत्रों के उर्दू में अनुवाद किए परन्तु परतव रुहेला, लतीफुज्जमाँ और तनवीर अहमद अलवी के अनुवाद अधिक प्रसिद्ध हुए हैं। मो. अन्सारुल्ला, सैयद मो. इलियास मगरिबी, मो. मुश्ताक शारिक मेरठी, सालिहा बेगम कुरेशी और एहसान आवारा बाँदवी ने भी इस दिशा में ध्यान दिया है परन्तु परतव रुहेला ने 'नामा हाए फारसी' के साथ-साथ ग़ालिब के समस्त फारसी पत्रों को 'कुल्लियात-ए-मकतूबात-ए-फारसी ग़ालिब' का शीर्षक देकर एक बड़ा कार्य सम्पादित किया है। उन्होंने उर्दू अनुवाद के साथ-साथ फारसी पत्रों का पाठ और पत्र-प्राप्तकर्त्ताओं के जीवन-परिचय को जिस मनोयोग से प्रस्तुत किया है उसका अन्य उदाहरण प्राप्त होना कठिन है। (तथापि उन्हें भी दीवान मो. अली का जीवन-परिचय प्राप्त नहीं हो सका परन्तु जो औपचारिक सूचनाएँ सैयद अकबर अली तिरमिजी और हनीफ नकवी के माध्यम से उपलब्ध हो सकीं, अंकित कर दी हैं।) सम्प्रति उपलब्ध 2010 के इस संस्करण में परतव रुहेला ने ग़ालिब के उन समस्त 37 पत्रों (पंज आहंग-8, नामा हाए फारसी ग़ालिब-29) पर भी विस्तृत चर्चा की है जो दीवान मो. अली को लिखे गए हैं। जहाँ-जहाँ सन्देह उत्पन्न हो सकता है उसका स्पष्टीकरण भी किया है। उदाहरणार्थ—

> "...विभिन्न संग्रहों में कई पत्र एक ही पत्र-प्राप्तकर्त्ता के नाम हैं और साझे हैं। प्रतीत होता है कि ग़ालिब ने द्वितीय तथा तृतीय संस्करण में इनके पाठ को परिवर्तित कर दिया है। संयोग है कि ये पत्र साझे होते हुए भी पाठ की दृष्टि से इतने भिन्न हैं कि उन्हें साझा स्वीकार नहीं किया जा सकता।" (पृ. x)

स्वयं ग़ालिब द्वारा प्रकाशित कराए गए पत्रों की तुलना Persian Letters of

Ghalib और परतव रुहेला[3] की 'कुल्लियात-ए-मकतूबात-ए-फारसी ग़ालिब' में प्रकाशित पत्रों से की जाय तो यह तथ्य स्पष्ट होता है कि मिर्जा ने अपने समय में ही इन पत्रों को प्रकाशित कराते समय उनके पाठ से छेड़छाड़ की और उनके कुछ अंशों को हटा भी दिया था। वे हटाए गए अंश अब पाठकों के समक्ष आ गए हैं तो मिर्जा के बाँदा आगमन के कारणों के साथ उनकी सोच तथा मित्र मण्डली पर भी प्रकाश पड़ता है। न जाने क्यों मिर्जा ने उन्हें हटाकर उन पर आवरण डाल दिया था (यह पृथक् शोध का विषय है)।[4] यद्यपि इससे न केवल उनके बुन्देलखण्ड से सम्पर्कों का ज्ञान होता है वरन् उनके व्यक्तित्व में अतिरिक्त निखार भी आ जाता है। इस समस्या को उनके पत्रों द्वारा ही समझने का प्रयास करते हैं। यहाँ हम 1969 में प्रकाशित 'नामा हाए फारसी ग़ालिब' के पहले ही पत्र की सर्वप्रथम चर्चा इसलिये करेंगे ताकि दीवान मो. अली और मिर्जा के मध्य मीर करम अली[5] की भूमिका को प्रस्तुत कर सकें। इसकी चर्चा 'कुल्लियात-ए-नस्र ग़ालिब' (पंज आहंग सहित) में उपलब्ध नहीं है। सम्भवत: यह पत्र मिर्जा ने नवाबी अतिथिशाला से मीर करम अली के हाथ मो. अली को भिजवाया होगा। मिर्जा लिखते हैं—

> "ज्ञान-साम्राज्य के शासक और साधकों के स्वामी एवं संरक्षक, खुदा आपको कुशल रखे। वन्दना एवं प्रशंसा के उपहार अर्पित करने के उपरान्त निवेदन यह है कि मीर शफीक साहब, मीर करम अली साहब प्राय: आपके न पधारने पर आपत्ति करते रहते हैं और इस अप्रिय दशा तथा दूषित प्रकृति की अपनी मोती बरसाने वाली वाणी से प्रशंसा करते हैं..." (पृ. 127)

मिर्जा ने इसके साथ दो दीर्घ पत्रों की प्रतिलिपियाँ भी संलग्न की हैं जिनमें एक आगा मीर, मन्त्री लखनऊ नवाब के नाम है और दूसरा मौलाना फजल हक खैराबादी के नाम है। कथ्य से अनुमान होता है कि पत्र-व्यवहार का क्रम मिर्जा ने बाँदा से ही आरम्भ कर दिया था। अब 'कुल्लियात-ए-नस्र ग़ालिब' (पंज आहंग सहित), 1875 में सम्मिलित फारसी पत्रों के साथ 'नामा हाए फारसी ग़ालिब', 1969 में उपलब्ध पत्रों की चर्चा परिदृश्य को और भी स्पष्ट कर देती है—

1. मिर्जा का यह पत्र बाँदा से कलकत्ता के लिये प्रस्थान करने के पश्चात् जिला बाँदा के कस्बे चिल्ला तारा से लिखा गया है। मिर्जा सराय में ठहरे हुए हैं और लिख रहे हैं—

"इस पत्र को ले जाने वाला व्यक्ति जो संयोग से मिल गया, स्वयं इस बात की साक्षी देगा कि यह मैंने किन परिस्थितियों में लिखा है। जैसे-तैसे बृहस्पतिवार को मोडा पहुँचा। शनिवार तक विश्राम किया, रविवार को चला। एक रात एक गाँव में व्यतीत करके अगले दिन चिल्ला तारा पहुँचा। खुदा की कृपा है कि सिरदर्द तथा बुखार जाता रहा। आप चिन्ता न करें, धैर्य रखें। आज रात चिल्ला तारा में व्यतीत करके खुदा की इच्छा हुई और जीवन शेष रहा तो सेज होते हुए फतहपुर का मार्ग पूर्ण कर लूँगा।"

'नामा हाए फारसी ग़ालिब' में यह पत्र इसी प्रकार प्रकाशित है परन्तु 'कुल्लियात-ए-नस्र ग़ालिब' और 'नामा हाए फारसी ग़ालिब' के अनुवादों में अनुवादक सज्जनों ने आधारभूत तथ्य न जानने के कारण 'मोडा/मोडह' को मौदहा या मौदा अनुवाद किया और 'सेज' को न समझने के कारण उसे अनुवाद में लुप्त कर दिया है। वास्तव में मोडह बाँदा नगर से उत्तर की ओर लगभग दस मील पर बाँदा-चिल्ला तारा मार्ग पर अवस्थित है। ग़ालिब के आगमन अर्थात् 1827 में यहाँ दो-चार झोंपड़े, घोड़े, बैल, ऊँट बाँधने का स्थान और एक कुँआ अवश्य होगा क्योंकि यहाँ सामान्यतः यात्री विश्राम करते थे। यह मिर्जा ग़ालिब का पहला पड़ाव था। वह बड़ी बैलगाड़ी, जिसे यहाँ लढ़ी कहा जाता है, से यात्रा कर रहे थे। तीन सेवक, एक कहार, एक साईस और घोड़ा तथा सामान साथ में था। मिर्जा ने यह पत्र एक अपरिचित यात्री के हाथ भेजा था परन्तु इस कथ्य का एक विस्तृत पत्र और है जो चिल्ला तारा से गाड़ीवानों के हाथ दीवान मो. अली को भेजा गया।

2. उसमें ग़ालिब लिखते हैं—

"मन-प्राण के स्वामी, कुशल। स्थिति यह है कि बाँदा में जो बुखार और सिरदर्द था वह अब नहीं है परन्तु दुर्बलता शेष है। चिन्ता की कोई बात नहीं है क्योंकि यह मेरी जीवन-संगिनी है और अपनी निष्ठा का निर्वहन कर रही है। अब तो यह मेरा द्वितीय स्वभाव बन गया है। जैसे-तैसे मोडह से निकला और बैलगाड़ी, जिसको यहाँ लढ़िया कहते हैं, जो सामान्यतः सामान ढोने के कार्य में प्रयुक्त होती है, उस पर चला क्योंकि यह मुझसे भी अधिक दुर्बल है, धीरे-धीरे चलती है..."

'नामा हाए फारसी ग़ालिब' में सम्मिलित यह पत्र कथ्य की अपेक्षा से वैसा ही है जैसा 'कुल्लियात-ए-नस्र ग़ालिब' में है परन्तु क्रमबद्धता में कुछ परिवर्तन हुआ है। परन्तु अन्त की कुछ पंक्तियाँ मिर्जा ने कुल्लियात में सम्मिलित नहीं की हैं, उन्हें हटा दिया है। जबकि 'नामा हाए फारसी ग़ालिब' में उपलब्ध हैं। इसमें मिर्जा ने बाँदा के कुछ मित्रों को सलाम लिखा है। मिर्जा ने लिखा है—

> "श्रीमान् शाह गुलाम जिकरिया साहब और खान इनाम अहमद खाँ साहब, जिनके उपकार प्रत्येक छोटे-बड़े पर हैं और श्रीमान् मो. सालेह अली उर्फ मिर्जाई को मेरा दिली सलाम स्वीकार हो।"

मिर्जा ने ऐसा क्यों किया? सम्भवतः उन्हें यह रुचिकर न हो कि बाँदा में मो. अली या नवाब साहब के अतिरिक्त किसी अन्य का नाम आए। परन्तु कारण कुछ भी रहा हो, मिर्जा ने इन पंक्तियों को हटवा दिया। अब रहा प्रश्न सम्बन्धों का, तो जहाँ तक गुलाम शाह जिकरिया की चर्चा है, ये बाँदा के निकट अवस्थित नगर करबई शाह में विद्यमान एक शीया दरगाह के सज्जादानशीन थे। जब मुनीर शिकोहाबादी बाँदा में थे (1849 से 1858) तो उनके सम्बन्ध भी करबाई शाह के सज्जादानशीन से थे और उनके पुत्र उत्पन्न होने पर उन्होंने ऐतिहासिक कतए भी लिखे थे जो 'कुल्लियात-ए-मुनीर' में किनारे पर लिखे हैं। सज्जादानशीन का मो. अली के पास आना-जाना था, वहीं मिर्जा से भेंट हुई होगी। रहे अन्य सज्जन, ये भी सम्भवतः सरकारी कर्मचारी होंगे और दीवान साहब के पास उठते-बैठते होंगे। मिर्जा ने बाँदा से चिल्ला तारा पहुँचने और नाव द्वारा यात्रा करने की चर्चा अन्य पत्रों में भी की है परन्तु उन्हें मिर्जा ने 'कुल्लियात-ए-नस्र ग़ालिब' में सम्मिलित नहीं किया है। परन्तु 'नामा हाए फारसी ग़ालिब' में ये पत्र उपलब्ध हैं। इसमें मिर्जा लिखते हैं (1) : (पत्र संख्या 3/3, नामा हाए फारसी, 1969)

> "...कि चिल्ला तारा तक क्या बीती, इसका विवरण दो पत्रों में भेज चुका हूँ। नाव के द्वारा नवें दिन इलाहाबाद पहुँचा। यद्यपि आँतों में वायु भर जाने से अत्यन्त व्याकुल रहा..."

आगे चलकर इलाहाबाद से अप्रसन्नता की चर्चा है। वे गाड़ी की खोज में दिन व्यतीत करके तत्काल बनारस के लिये चल देते हैं। बनारस पहुँचकर पहले एक सराय में विश्राम करते हैं। फिर एक मकान में कमरा लेकर ठहर जाते हैं। वहाँ एक सौ आठ शेरों पर आधारित फारसी मसनवी 'चिराग-ए-दैर' की रचना करते हैं। इसी पत्र में मिर्जा आगे लिखते हैं—

"यद्यपि मुकदमा पेंशन का होता और शत्रुओं के कारण मेरे मन को कष्ट न होता तो मैं अपना दीन-धर्म छोड़ देता, तस्बीह तोड़ डालता, गले में जनेऊ डालकर माथे पर तिलक लगाकर गंगा के किनारे बैठा रहता। उस समय तक जब तक मेरे शरीर का मैल धुल न जाता और मैं बूँद-बूँद बनकर इस नदी में घुल न जाता।"

3. यह पत्र 'कुल्लियात-ए-नस्र ग़ालिब' में सम्मिलित है। इससे अनुमान होता है कि यह बनारस से ही लिखा गया होगा। इसमें मिर्जा बताते हैं कि यहाँ नाव के लिये मल्लाह अधिक पैसा माँगते हैं। कोई कलकत्ता तक के सौ रुपये माँग रहा है और पटना तक के बीस रुपये से अधिक माँगता है अतः क्यों न घोड़े पर सवार होकर यात्रा पूरी की जाय–

"...खुदा आपको कुशल रखे। मुझ-जैसे व्यक्ति के लिये जिससे आप पूर्व परिचित भी नहीं थे, उस पर खुदा के लिये अत्यन्त कृपा बनाए रखी और आप अब भी जैसे भी सम्भव हो, निरन्तर सहायता कर रहे हैं। खुदा आपको इसका प्रतिफल प्रदान करेगा।"

परन्तु यह पत्र 'नामा हाए फारसी ग़ालिब' में नहीं है। सम्भव है यह पाण्डुलिपि तैयार करते समय नष्ट हो गया हो क्योंकि 'नामा हाए फारसी ग़ालिब' की पाण्डुलिपि बाँदा में मुंशी अली हसन खाँ ने दीवान मो. अली खाँ, सदर अमीन बाँदा के वंशजों से मूल पत्र प्राप्त करके उनकी प्रतिलिपियों से तैयार की थी। इसलिये सम्भव है उन्हें यह पत्र उसमें न मिला हो। परन्तु इस पत्र से यह प्रमाण अवश्य प्राप्त होता है कि मो. अली से मिर्जा का कोई पूर्व परिचय नहीं था, उनसे परिचय बाँदा आकर ही हुआ था।

4. 'कुल्लियात-ए-नस्र ग़ालिब', 1875 में यह फारसी पत्र सम्मिलित है। इसमें मिर्जा बनारस से कलकत्ता पहुँचने का विवरण लिखते हैं। वहाँ पहुँचते ही इन्हें दस रुपये प्रतिमाह पर एक बड़ा मकान मिल जाता है। दो दिन विश्राम करके नवाब सैयद अकबर अली तबातबाई से भेंट करने के लिये मिर्जा हुगली बन्दरगाह जाते हैं। इस उल्लेख के साथ पत्र समाप्त हो जाता है परन्तु 'नामा हाए फारसी ग़ालिब' में इस पत्र में कुछ और भी लिखा है जिसे मिर्जा ने हटा दिया था। मिर्जा लिखते हैं–

"नवाब अहमद बख्श खाँ (जिनके षड्यन्त्र से मिर्जा को कम पेंशन मिलने लगी थी और जिसके विरुद्ध वे कलकत्ता जा रहे थे) के देहान्त का समाचार आपने सुना होगा। यद्यपि नवाब

> साहब की मृत्यु से मुकदमे में कोई लाभ नहीं पहुँचता है और न कोई हानि परन्तु इस समय दो प्रकार की चिन्ताओं में उलझा हूँ। अर्थात् अब भाइयों के समक्ष हाथ पसारना पड़ेगा। दूसरी बात यह कि भविष्य में जिस विजय की कल्पना कर रहा था वह समाप्त हो गई। अर्थात् पेंशन में घोटाला करके धनराशि डकारने वाले से प्रतिशोध लेना और सभा में इस विजय का वर्णन करके इस पर गर्व करना, वह नहीं हो सका।"

अहम की तुष्टि और निरन्तर सताए जाने के कारण ऐसा अनुभव होता है कि मिर्जा को अत्यन्त कष्ट था कि नवाब अहमद बख्श खाँ मर क्यों गए? जीवित रहते तो वे मुकदमा जीतकर प्रत्येक स्थान पर इसका वर्णन करके अपने अपमान का बदला लेते और आनन्द उठाते। नवाब मर गए तो जीतने का समस्त आनन्द ही जाता रहा। मिर्जा यह स्थिति तथा अपने हृदय की बात दीवान मो. अली को पत्र में लिख देते हैं परन्तु छपते समय उन्होंने उसको हटा भी दिया था, यह विचार किए बिना कि मूल पत्र पत्र-प्राप्तकर्त्ता के पास विद्यमान होगा।

5. 'कुल्लियात-ए-नस्र ग़ालिब' में सम्मिलित यह पत्र मो. अली को लिखा गया है। पत्र के आरम्भ में फारसी ज्ञान का प्रमाण देते हुए मिर्जा एक कतआ कलकत्ता की प्रशंसा में लिखते हैं और कहते हैं कि—

> "यहाँ प्रत्येक विभाग में एक विशेष वातावरण है जिसने मेरा मस्तिष्क प्रकाशित कर दिया है। बंगाल की भूमि का विचित्र ढंग है..."

कलकत्ता अंग्रेजी कम्पनी बहादुर की राजधानी थी। वहाँ आधुनिक काल की प्रत्येक वस्तु इंगलैण्ड से आ रही थी, नये-नये आविष्कार अस्तित्व में आ रहे थे जिनमें भारतवासी रुचि लेने लगे थे। स्टीमर चल रहे थे, आवागमन की सुविधाएँ उपलब्ध हो गई थीं और फिर बाँकी अंग्रेज लड़कियाँ मिर्जा ग़ालिब को प्रभावित कर रही थीं।

इस पत्र में मिर्जा कलकत्ता में अपने क्रियाकलापों की चर्चा करके बात समाप्त कर देते हैं परन्तु प्रकाशित कराते समय पत्र का वह भाग हटा देते हैं जिसमें उनके बाँदा के क्रियाकलापों का विवरण उल्लिखित है—

> "आपको ज्ञात है कि यह अकिंचन किस दशा में घर पर झाड़ू फेरकर और अपनी मातृभूमि दिल्ली और वहाँ के लोगों से बिदा

होकर जब बाँदा पहुँचा तो मैंने नवाब साहब (जुल्फिकार अली बहादुर) से ऋण प्राप्त किया..."

अनुवादक-सम्पादक परतव रुहेला ने पत्र संख्या 10 और 11 के सम्बन्ध में लिखा है–

"1, 2– कथ्य की दृष्टि से यह पत्र और आहंग-ए-पंजम के पत्र एक और दो साझे हैं परन्तु पाठ में पर्याप्त अन्तर है जो अनुवाद से भी स्पष्ट होता है।" पृ. 133, कुल्लियात-ए-मकतूबात-ए-फारसी ग़ालिब।

इसी प्रकार पत्र संख्या 5/13 के सम्बन्ध में कहते हैं–

"कथ्य की दृष्टि से यह पत्र और आहंग-ए-पंजम का पत्र संख्या 4 साझे हैं परन्तु पाठ में पर्याप्त अन्तर है जो अनुवाद से भी स्पष्ट होता है।" पृ. 138

पत्र संख्या 7/15 के सम्बन्ध में भी लिखा है–

"कथ्य की दृष्टि से यह पत्र और आहंग-ए-पंजम के पत्र संख्या 6 में पर्याप्त समानता है परन्तु पाठ में अत्यधिक अन्तर है जो अनुवाद से स्पष्ट होता है।" पृ. 142

जब तक सैयद अकबर अली तिरमिजी के द्वारा ग़ालिब के अन्य पत्र पाठकों के समक्ष नहीं आए थे तो समीक्षकगण बाँदा की सहायता तथा आतिथ्य के सम्बन्ध में स्पष्ट रूप से यहाँ तक कह जाते थे कि ग़ालिब अवसरवादी, स्वार्थी, कृतघ्न थे परन्तु नवीन खोज ने यह सिद्ध कर दिया कि ग़ालिब स्वार्थसिद्धि के लिये अपनी अन्तरात्मा के विरुद्ध कोई समझौता नहीं करते थे वरन् स्वयं को उपकारों के भार से दबा अनुभव करते थे और उपकारी को सदा स्मरण रखते थे। इसका प्रत्यक्ष प्रमाण कलकत्ता से वापसी की यात्रा में, मार्ग से दूर, प्रतिकूल दिशा में केवल और केवल दीवान मो. अली का धन्यवाद ज्ञापित करने के उद्देश्य से बाँदा पहुँचना है। उनका यह विनम्र, आत्मीय और निस्वार्थ व्यवहार भी उनकी कथनी-करनी तथा प्रकृति एवं आचरण को स्पष्ट करता है। इस प्रकार मो. अली के नाम लिखे ग़ालिब के पत्र पत्र-लेखक तथा पत्र-प्राप्तकर्त्ता की भावनाओं एवं संवेदनाओं के पारस्परिक सम्मान के साथ-साथ बाँदा नगर और वहाँ की साहित्यिक हलचल के भी प्रमाण बनते हैं।

सन्दर्भ

1. 'पंज आहंग' के सम्बन्ध में शेख मो. इकराम 'ग़ालिबनामा' में लिखते हैं–

> "प्रारम्भ में जब ग़ालिब ने यह संग्रह सम्पादित किया तो उसमें शेरों के साथ फारसी गद्य सम्मिलित था। मिर्जा अली बख्श को गद्य पृथक् रूप से संकलित करने का विचार उत्पन्न हुआ और उन्होंने 'मयखाना-ए-आरजू' में जो गद्य उपलब्ध था उसके अतिरिक्त अन्य पत्र प्राप्त करके 'पंज-आहंग' संपादित की। इस पुस्तक के आरम्भ में मिर्जा अली बख्श की अपनी भूमिका है जिसमें यह विवरण अंकित है। प्रथम आहंग में फारसी पत्र-लेखन के सम्बन्ध में वे पंक्तियाँ हैं जो ग़ालिब ने भरतपुर यात्रा के मध्य लिखी थीं। द्वितीय आहंग में फारसी धातुएँ तथा पारिभाषिक शब्दावली है। तृतीय आहंग में मिर्जा ने अपने फारसी दीवान के कई शेर चयनित किए हैं और पत्र-लेखन में उनका अवसरानुकूल प्रयोग बताया है। चतुर्थ आहंग में पुस्तक समीक्षा तथा प्रकीर्ण लेख हैं। पंचम आहंग में मिर्जा के फारसी पत्र हैं। प्रतीत होता है कि पत्रों को उपलब्ध करने में तनिक विलम्ब हुआ और 1840 के आसपास यह पुस्तक संकलित हुई। इण्डिया ऑफिस लाइब्रेरी में इसकी जो प्रति है उसकी प्रकाशन तिथि 1853 है। इसके उपरान्त चतुर्थ आहंग और पंचम आहंग में वृद्धि होती रही परन्तु नवाब जियाउद्दीन और नवाब हुसैन मिर्जा के पुस्तकालयों के गदर में नष्ट हो जाने के कारण मिर्जा के कई पत्र नष्ट हो गए थे। इसलिये ग़ालिब के कथनानुसार 'पंज आहंग' अपूर्ण है और इसके पूर्ण होने की कोई सम्भावना नहीं है।"

शेख मो. इकराम आगे लिखते हैं–

> "द्वितीय आहंग में फारसी व्याख्या एवं शैली के साधारण नियम हैं। तृतीय आहंग के शेर साहित्यिक विशेषताओं के अतिरिक्त इसलिये भी उपयोगी हैं कि उनसे कई फारसी गजलों की रचना-तिथि निर्धारित की जा सकती है और इसके अतिरिक्त मिर्जा की अपनी लेखनी से निःसृत उनके शेरों की भावभूमि तथा

सार्थक प्रयोग पढ़ना अत्यन्त रोचक है। पुस्तक का सर्वाधिक मूल्यवान भाग मिर्जा के वे फारसी पत्र हैं जिनका अधिकांश भाग 1826 से 1852 तक लिखा गया। ये पत्र ग़ालिब के जीवनीकार के लिये एक बहुमूल्य भाण्डार हैं। अन्य किसी पुस्तक से मिर्जा के इन सत्ताईस वर्षों के प्रयासों, कष्टों तथा उनके वातावरण का उतना सटीक अनुमान नहीं हो सकता जितना इन पत्रों के अध्ययन से। हमने 'ग़ालिबनामा' में अन्य जीवनियों से अधिक विस्तृत एवं सटीक विवरण लिखने का प्रयास किया है।... इसके लिये मिर्जा के फारसी पत्र अत्यन्त लाभप्रद हैं जो उनके जीवन के एक बड़े भाग का न्यूनाधिक सम्पूर्ण इतिहास हैं और जो उस समय लिखे गए जब ये परिस्थितियाँ मिर्जा के समक्ष थीं। इस व्यक्तित्वपरक महत्त्व के अतिरिक्त मिर्जा के फारसी पत्र इसलिये भी रोचक हैं कि उनके अध्ययन से उस काल के उन कई श्रेष्ठ व्यक्तियों से परिचय हो जाता है जिनके नाम मिर्जा ने पत्रों में स्मरणीय छोड़े हैं। उनकी सूची अत्यन्त वैभवपूर्ण है और उसमें उस काल के अधिकांश भव्य जनों के नाम आ जाते हैं।" (पृ. 90–93)

2. 1871 के संस्करण में 417 पत्र हैं।
1873 के संस्करण में 556 पत्र हैं।
1875 के संस्करण में 413 पत्र हैं।
1884 के संस्करण में 417 पत्र हैं।
1888 के संस्करण में भी 417 पत्र हैं।
कई पत्र साझे हैं। इनकी संख्या घटती–बढ़ती भी इसीलिये रही है क्योंकि फारसी के समस्त पत्रों को संकलनकर्त्ताओं ने बिना छान–बीन किए अपनी सुविधा और प्रकाशक की रुचि की दृष्टि से क्रमबद्ध किया है।

3. परतव रुहेला का वास्तविक नाम मुख्तार अली खाँ और उनके पिता का नाम मो. हिमायतुल्ला खाँ है। वे 23 नवम्बर 1932 को बरेली (उत्तर प्रदेश) में उत्पन्न हुए। प्रारम्भिक तथा माध्यमिक शिक्षा बरेली तथा रामपुर में हुई। 1950 में माता–पिता के साथ पाकिस्तान चले गए। पेशावर विश्वविद्यालय से बी.ए. (ऑनर्स फारसी), एम.ए. फारसी और एल–एल.बी. की उपाधियाँ

प्राप्त की। 1957 में उच्च सेवा की परीक्षा में सफल हुए। 1979 में आयकर कमिश्नर और 1990 में रीजनल कमिश्नर आयकर, लाहौर नियुक्त हुए। 1965 में सीमान्त प्रान्त में विवाह हुआ। पुत्र का नाम मो. अली खाँ है।

छात्र जीवन से ही साहित्यिक अभिरुचि की अभिव्यक्ति होती रही। पश्तो तथा फारसी काव्य के एक-एक संग्रह के अतिरिक्त उर्दू गजल तथा नज्म के छह संग्रह, एक यात्रावृत्त, एक दोहों का संग्रह तथा इनके अतिरिक्त ग़ालिब से सम्बन्धित चार पुस्तकें प्रकाशित हुई हैं जिन पर दर्जनों पुरस्कार एवं सम्मान प्राप्त हुए हैं। जमील जालिबी साहब से विशेष श्रद्धा एवं प्रेम रखते थे। सैन्ट्रल बोर्ड ऑफ रेवेन्यू के सदस्य के रूप में सेवानिवृत्त होने के पश्चात् ग़ालिब के फारसी पत्रों पर विशेष ध्यान दिया। दस-बारह वर्ष का निरन्तर परिश्रम फलीभूत हुआ। 'कुल्लियात-ए-मकतूबात-ए-फारसी ग़ालिब' उनके प्रयासों का ही नहीं वरन् फारसी ज्ञान की उच्चता का भी मुँह बोलता प्रमाण है। 29 सितम्बर 2016 को 83 वर्ष की अवस्था में इस्लामाबाद में देहान्त हुआ।

4. ग़ालिब की प्रकृति एवं उनका चरित्र उदाहरणीय है। परन्तु उन्होंने किसी रहस्य तथा दूरदर्शिता के कारण रचनाओं में परिवर्तन किया था उदाहरणार्थ 'दस्तंबू' में तैमूरी सम्राटों से अपने अथवा अपने पूर्वजों के सम्बन्ध को यथासम्भव गुप्त रखा। जब अंग्रेजों के समक्ष सम्राट् से सम्बन्धों को अधिक स्पष्ट नहीं किया तो फिर बांदा के नवाब अली बहादुर अली, जो अंग्रेजों द्वारा विद्रोही ठहराए जा चुके थे, से किस प्रकार सम्बन्ध स्पष्ट करते। समय की बाध्यता अनुभव करते हुए उन्होंने कसीदों में प्रशसितों के नामों तथा घटनाओं में आवश्यकतानुसार परिवर्तन किए, शेरों में भी कुछ परिवर्तन-निरसन किया। जब उनका उर्दू दीवान 1861 में प्रकाशित हुआ तो उसमें 9 शेरों का वह कतआ सम्मिलित नहीं किया, जिसका प्रथम शेर है-

बस कि फआल मा यरीद है आज।
हर सिल्ह शोर इंगलिस्तान का॥

5. मीर करम अली को तड़के ही ग़ालिब के बाँदा आने की सूचना मिली और वे सबसे पहले उन्हें दीवान मो. अली की हवेली में लेकर गए थे। मीर करम अली नवाब जुल्फिकार अली के विशेष सेवक थे जिनकी महल के आन्तरिक भागों तक पहुँच थी। दीवान मो. अली अंग्रेजों की ओर से उच्च सरकारी पद पर प्रतिष्ठित थे। वे वहाँ भी प्रातः-संध्या उपस्थित रहते थे।

❑❑

बाँदा के सम्बन्ध से ग़ालिब की काव्य सम्पदा

उपर्युक्त विषय के सम्बन्ध से ग़ालिब की जो काव्य सम्पदा उपलब्ध है उसे दो भागों में विभक्त किया जा सकता है। प्रथम तो फारसी पत्रों में उपलब्ध काव्य रचना तथा द्वितीय उर्दू काव्य रचना जिसे अन्वेषकों ने संग्रहीत किया है। दीवान मो. अली को लिखे गए फारसी पत्रों का अध्ययन करें तो ग़ालिब ने अधिकांश पत्रों में विभिन्न शेरों, बोधकथाओं तथा लोककथाओं से अपने कथ्य को रोचक तथा सूचनापरक रूप से प्रस्तुत किया है। विशेष रूप से पत्र संख्या 12 एवं 13 में यह कौशल सुन्दरता से प्रकट होता है। पत्र संख्या 12 में इलाहाबाद-निन्दा के साथ बनारस की अत्यधिक प्रशंसा की है और इस विस्तृत प्रशंसा में इतिहास, सभ्यता तथा संस्कृति कलापूर्ण रूप में सिमट गई है। पत्र निम्नांकित शेर से प्रारम्भ होता है—

ईं शिकायत नामा:ए आवारगी हाय मन अस्त।
किस्स ए दर्द ए जुदाई हा, जुदा ख्वाहम न:विस्त॥

अनुवाद[1]: यह (कथन तो) मेरे भटकाव का शिकायती पत्र है। विरह-वेदना की कथा पृथक् लिखूँगा।

पत्र-प्राप्तकर्त्ता को सम्बोधित करने का ढंग देखिए—

मैं पागल हूँ, जो कुछ भी कहूँगा क्षम्य है और (क्योंकि) दुखी हूँ, जो कुछ लिखूँ क्षम्य है। शायरी एक ओर, संकोच से हीन, अपनी आत्मकथा की अभिव्यक्ति के अध्याय में जो कहने योग्य है वह यह है—

मगलूब सितवते शुरका ग़ालिब ए हर्जी।
कांदर ए तनुश जि जोफ तवां गुफ्त, जां न बूद॥

अनुवाद: दुखी ग़ालिब (जीवन-यात्रा) में सम्मिलितों के वैभव से इस प्रकार प्रभावित हो गया है मानो वृद्धावस्था के कारण उसके शरीर में शक्ति ही नहीं थी।

गोयंद जिन्दा ताबः बनारस रसीदा अस्त।
मारा बः ईं गयाह ए जईफ ईं गुमां न बूद॥

अनुवादः कहते हैं कि वह बनारस तक जीवित पहुँच गया है। हमें घास के इस दुर्बल तिनके से यह अपेक्षा नहीं थी।

यदि मैं इस नगर के एक सिरे से दूसरे सिरे तक के भवनों की प्रचुरता का वर्णन करूँ (तो मानो ये) नितान्त उन्मत्त लोगों के पूजाघर हैं और यदि (द्वारा...) इसके चारों ओर की हरियाली तथा फूलों का एक परिच्छेद भी पढ़ूँ तो (ऐसा लगे जैसे) निर्जन-निर्जन में वसन्त उतरा हुआ है।

तआला अल्लाह बनारस, चश्म ए बददूर।
बहिश्त ए खरम व फिरदौस ए मामूर॥

अनुवादः सुब्हान अल्लाह, खुदा बनारस को कुदृष्टि से सुरक्षित रखे। यह हरा-भरा स्वर्ग और सम्पूर्ण स्वर्ग है।

खस ओ खारश ए गुलिसतां अस्त, गोई।
गुबारश जौहर ए जां अस्त, गोई॥

अनुवादः इसके झाड़-झंकाड़ भी उपवन के समान हैं (और) इसकी धूल मानो प्राण-तत्त्व है।

सरोश[2] ए पाए तख्त ए बुत परस्तां।
सरापा यश जियारत गाह ए मसतां॥

अनुवादः इसके चारों ओर मूर्त्तिपूजकों की राजधानियाँ हैं और वे (स्वयं) नख से शिख तक साधकों के तीर्थ हैं।

बनारस रा कसे गुफ्ता कि चीनस्त।
जमौज ए गंगए चीनश बर जबीनस्त॥

अनुवादः (जब) किसी ने कहा कि बनारस चीन (जैसा) है (तो इस उपमा से) बनारस के मस्तक पर गंगा की लहरों से बल पड़ गए।

बःखुश पुरकारिए तर्ज ए वजूदश।
जिः देहली मी रसद हर दम दरूदश॥

अनुवादः इसके अस्तित्व के ढंग की सुन्दर चतुरता पर दिल्ली भी प्रतिक्षण दुरूद भेजती है।

बनारस रा तु गोई दीद दर ख्वाब।
कि मी गरदद जे नहरश दर दहन आब॥

अनुवादः ऐसा प्रतीत होता है कि इस (दिल्ली) ने बनारस को स्वप्न में देख लिया है (तभी तो) इसकी नहर से (दिल्ली का) मुँह जल से भरा हुआ है।

हुसूदश गुफ्तन आइन ए अदब नेस्त।
व लेकिन गप्ता गर बाशद, अजब नेस्त॥

अनुवादः (इसकी विशेषताओं पर) अत्यधिक ईर्ष्या करना साहित्यिक नियमों के प्रतिकूल है परन्तु प्रतिस्पर्धा करना आश्चर्यजनक नहीं है।

फिरिंगिस्तान ए हुस्न ए बेनकाब अस्त।
जे खाकश जर्रा जर्रा आफ्ताब अस्त॥

अनुवादः (यह) उघड़े सौन्दर्य का (वह) इंगलैंड है जिसकी धूल का कण-कण सूर्य है।

बुतानश राहयूला शोलःए तूर।
सरापा नूर ईजद, चश्म ए बददूरा॥

अनुवादः इसके रूपवान् तूर के शोलों जैसे हैं। खुदा इन्हें कुदृष्टि से बचाए। आपादमस्तक प्रकाश ईश्वरीय है।

मियां हा नाजुक ओ दिलहा तवाना।
जे नादानी बकार ए ख्वेश दाना॥

अनुवादः इनकी कटि कोमल (परन्तु) हृदय शक्तिशाली है। वे अनभिज्ञता में भी अपने कार्य में (अत्यन्त) कुशल हैं।

तबस्सुम बस कि दर दिलहा तबीई अस्त।
दहन हा रश्क ए गुलहाय रबीई अस्त॥

अनुवादः इनके मन में एक स्वाभाविक मुसकराहट रहती है (और) इनके मुँह रबी की फसल के फूलों के लिये प्रतिस्पर्धा का कारण हैं।

बलन्द उफ्तादा तमकीन ए बनारस।
बुअद बर औज ए ऊ, अन्देशा नारस॥

अनुवादः बनारस की प्रतिष्ठा (इतनी) उच्च है कि इस उच्चता पर (मनुष्य का) चिन्तन नहीं पहुँच सकता।

इस कौतुकागार की प्रचुर मनमोहकता से यात्रा का कष्ट मन से मिट गया है और इस मन्दिर की शंखध्वनि के आधिक्य से हृदय झूम-झूमकर (उन्मत्तों की भाँति) पुकार कर रहा है। (मेरी सौन्दर्य) रसिकता कौतुक के मद्य से ऐसी उन्मत्त हो गई कि

आत्मविस्मृति में मातृभूमि की स्मृति (का दीप) बुझा दिया और इस स्थान के दृश्य की दशा मन पर इस सीमा तक प्रभावी हो गई कि दिल्ली के लिये विस्मृति के मोखले के अतिरिक्त (अन्य कोई) स्थान नहीं रहा। ...(यदि) यह महत्त्वपूर्ण मुकदमा समक्ष न होता और शत्रुओं की हानि की प्रसन्नता से (मेरा) मन घायल न होता तो निस्संकोच धर्म को बिदा करता और तस्बीह तोड़ डालता और (मस्तक पर) तिलक लगाता और (गले में) जनेऊ डालता और इस दशा में तब तक गंगा किनारे बैठा रहता जब तक (मेरे शरीर से) जीवन के पापों की धूल न धुल जाती और मैं एक बूँद के रूप में नदी में विलीन न हो जाता। इस दैवी नगर में पाँव रखते ही बिना किसी उपचार के और बिना कोई दवा खाए नये रोगों का कष्ट जाता रहा। वरन् विश्वास के साथ यह कहा जा सकता है कि मूल रोग में भी एक सीमा तक आरोग्य हो गया। दिन-प्रतिदिन की दवाओं में से जितनी भी उपलब्ध हो जाती हैं वे पूर्व से ही स्मृति में हैं अन्यथा अब तो विगत काल की क्षतिपूर्त्ति ही स्वीकार है न कि वर्त्तमान का विचार।

शेष पत्रों में से तीन रुबाइयों, दो कतओं, एक मुसद्दस और एक कसीदे की विशेष रूप से चर्चा करना उद्दिश्ट है। पत्र संख्या 5 में सम्मिलित ग़ालिब की रुबाई द्रष्टव्य है जिसमें बंगाल के वातावरण को कौशल से गुम्फित कर दिया है–

हर पर्दः ए जिन्दगी नवाए दारद।
हर गोशः ए अज दहर फिजाए दारद।
बर चीद पःबोस्त अज दिमागम यक्सर।
बंगला शःगरूफ आब ओ हवाय दारद॥

अनुवादः (यहाँ) जीवन के प्रत्येक आवरण में एक विशेष धुन है और काल के प्रत्येक भाग का (अपना) वातावरण है। मेरे मस्तिष्क से शुष्कता को पूर्णरूपेण समाप्त कर दिया है। बंगाल का जलवायु विचित्र है।

कलकत्ता की गाथा का उल्लेख करते हुए वे पत्र संख्या 31 में अधिकारी से औपचारिक भेंट और उसके कार्यालय पर तीक्ष्ण व्यंग्य करते हुए लिखते हैं–

> "...संक्षिप्ततः यह कि जब कार्य करने वाला चला गया, उपहार की औपचारिकता पूर्ण हो गई जिस प्रकार इस राजसभा में समस्त वकील और समस्त कर्मचारी प्रत्येक वर्ष में तीन बार, दो ईदों और एक बड़े दिन से अंकित हैं...न्यायाधीश मिस्टर एण्ड्र्यू ईस्टरलिंग बहादुर की सेवा में उपहार प्रस्तुत किया करते थे, जो

यद्यपि स्वीकार नहीं किए जाते थे परन्तु एक श्रेष्ठ परम्परा और अच्छी बात व्यवहार में नहीं आई...अनर्गल बात कहने वाले ग़ालिब ने जब कार्य का यह ढंग देखा तो एक रुबाई कहकर उपर्युक्त न्यायाधीश की सेवा में पहुँचाई जिसमें प्रेम का शहद लिपटा हुआ था और प्रशंसित की अभिरुचि की यही वाक्पटुता है। क्या बताऊँ कि इस स्वभाव में प्रफुल्लता के कैसे (सुन्दर रेशे छिपे) थे कि रुबाई ने उसके ललाट् को चन्द्रमा की भाँति प्रकाशित कर दिया। अधरों पर मुस्कान (लाकर), आँखों में प्रेम (भरकर) तथा वाणी को प्रशंसा से भिगोकर उसने कहा कि, 'वाह, स्वामिभक्त की सच्ची भेंट...न मना ही करते हैं और न ही क्षमा।' और वह रुबाई यह है–

सर ता सर ए दहर बाग ए दबिस्तान ए तू बाद।
सद रंग ए गुल ए तरब ब:दामान ए तू बाद।
ईदस्त ओ बहार ए खुशदिली हा दारद।
जान ए मन ओ सद चू मन ब:कुरबान ए तू बाद॥

अनुवाद: सम्पूर्ण संसार तेरा उपवन एवं पाठशाला बन जाय। तेरे आँचल में आनन्द के सैकड़ों रंग के फूल हों। ईद है और इसमें प्रसन्नता की बहारें हैं। मेरे और मुझ जैसे सैकड़ों के प्राण तुझ पर न्यौछावर हो जायँ।

अपनी मानसिक उलझनों तथा चिन्ताओं की चर्चा करते हुए ग़ालिब पत्र संख्या 36 में अधिकारियों की कुव्यवस्था पर तिलमिलाहट व्यक्त करते हैं और कहते हैं कि काश वह ईरान के रुचिकर जलवायु में, वहाँ के किसी भी नगर में पहुँचा दिया जाता तो कितना अच्छा होता। बहारिस्तान की तुलना बंगाल के नगरों से करते हुए वे साहित्यिक वातावरण का वर्णन कुछ इस प्रकार करते हैं कि पत्र-प्राप्तकर्त्ता दृश्य-परिदृश्य से पूर्ण परिचित हो जाता है। रुबाई का अवलोकन कीजिए–

ग़ालिब चू जे दाम गह बदर जस्तम मन।
आखिर ज चेबूदा ईं चुनी बरगशतन।
बायद कि कुनम हजार नफरी बरखेश।
अमा ब:जबान ए जाद: ए राह ए वतन॥

अनुवादः ग़ालिब जब मैं फंदे से निकल गया था (तो) इस वापसी का भला क्या कारण? मुझे चाहिए कि मैं स्वयं पर हजार फटकार करूँ परन्तु स्वदेश के मार्ग की पगडंडी की वाणी से।

पत्र संख्या 6 में मुसद्दस के रूप में यात्रा की गाथा को छह पंक्तियों में इस प्रकार प्रस्तुत करते हैं–

अज जिगर ए तिश्ना बदरया सरवद।
वज तन ए बेजान बः मसीहा दरवद॥
अज शब ए दैजूर बः नय्यर सलाम।
वज लब ए मखमूर बः सहबा पयाम॥
अज दिल ए अफगार बः मरहम सिपास।
वज मनए रह जुएबः खिज्र इल्मिास॥

अनुवादः अतृप्त हृदय की ओर से नदी के लिये गीत और निष्प्राण देह की ओर से जिलाने वाले के लिये दुरूद। अँधेरी रात्रि की ओर से सूर्य को प्रणाम और मदोन्मत्त अधरों की ओर से मद्य को सन्देश। आहत हृदय की ओर से मरहम का धन्यवाद और मुझ मार्ग-अन्वेषक की ओर से खिज्र (मार्गदर्शक) को प्रार्थना पत्र।

पत्र संख्या 31 इसलिये भी महत्त्वपूर्ण है क्योंकि उन्होंने इसमें रुबाई के साथ-साथ कतओं से भी काम लिया है और सम्पूर्ण गाथा को अत्यन्त प्रभावशाली रूप में प्रस्तुत कर दिया है। अनुवाद सहित कतए देखें–

चूं शुद बःसहन ए मदफन ए खान ए बुजुर्गवार।
तरह ए इमाम बाड़:ए आली सिपहर सा॥

अनुवादः जब पूर्वज खान की कब्र के आँगन में आकाश जैसे उत्तुंग इमामबाड़े की नींव रखी गई।

रिजवान जखुल्द ए नूर बरआं बाम ओ दर फिशांद।
ता गश्त ए खिश्त ओ संग चू आईना रू नुमा॥

अनुवादः रिजवान ने स्वर्ग से इसकी छत एवं द्वार पर प्रकाश छिड़का यहाँ तक कि उसके ईंट-पत्थर भी दर्पण की भाँति चमकने लगे।

रहमत पए बिसात दर आं बज्म ए ताजियत।
आवुर्द अतलस ए सियह अज साय:ए हुमा॥

अनुवादः उस शोक-सभा में कृपा बिछावन के लिये हुमा की छाया का काला बहुमूल्य रेशमी वस्त्र लाई।

रफतम नियाज मन्द बः पेश ए सरोश ए फैज।
गुफ्तम कि पर्दा अज रूख ए तारीख बर कशा॥

अनुवादः मैं दर्शनाभिलाषी दानशील फरिश्ते के समक्ष गया और मैंने उससे कहा कि तिथि के मुख से आवरण हटा दे।

दर 'ताजियत सराय' बजद 'नालः' ओ गुफ्त।
1158 86
ईनस्त साज नग्मःए तारीख ईं बना॥

अनुवादः 'नालः' ने 'ताजियत सराय' के द्वार पर दस्तक दी और कहा कि इस नींव की तिथि का वाद्ययन्त्र यह है।

जब शब्द ('नालः' की संख्याएँ) 'ताजियत सराय' की संख्याओं (पर) बढ़ाई जायँगी तो 1244 हो जायँगी।[3] इस मस्जिद की तिथि का कतआ जो कि इसी इमामबाड़े के आँगन में है–

कतआ

सहन ए इमाम बाड़ा ओ मस्जिद हर आं कि दीद।
दर करबला जियारत ए बैतुल हराम कर्द॥

अनुवादः जिस व्यक्ति ने भी इमामबाड़े के आँगन और मस्जिद को देखा मानो उसने करबला में बैतुल हराम अर्थात् काबा के दर्शन कर लिए।

मुफ्ती ए अक्ल अज पए तारीख आं बिना।
ईमां बःसूए मन जि रहे एहतिराम कर्द॥

अनुवादः इस भवन की तिथि के लिये बुद्धि के मुफ्ती ने सम्मान के साथ मेरी ओर संकेत किया।

गुफ्तम बःवै बदीह खुशा खानः ए खुदा।
शुद खशमगीं दमे कि नजर दर कलाम कर्द॥[4]

अनुवादः जब मैंने अनायास सुन्दर काबा कहा तो वह मेरी पंक्तियों पर दृष्टिपात करके कुछ (ही) देर के लिये अप्रसन्न हो गया।

खाशाक ए रफ्त ओ पाए अदब दर शिकंजा रेख्त।
ईहाम रा बः तखरिजा मानी तमाम कर्द॥

अनुवादः उसने कूड़ा करकट साफ कर दिया और साहित्य का मूल बन्धन में रह गया। भ्रम को नष्ट करके अर्थ पूर्ण कर दिया।

कसीदे में भी ग़ालिब ने अपनी प्रकृति और अपने स्वभाव को दृष्टि में रखा है। समय की माँग और निजी विवशताओं ने कला से समझौता नहीं किया। उनके अहम में अत्युक्ति एवं उत्साह अवश्य है परन्तु कला कहीं भी आहत नहीं होने पाती। दीवान मो. अली को ग़ालिब लिखते हैं—

वह कतआ जो श्रीमान् देश-प्रबन्धक मिस्टर फ्रांस हाकिन्स बहादुर हैबत जंग के सेवक की प्रशंसा में इस लेखनी से सृजित किया गया है, लिखा जाता है—

याफ्त आईना बख्त ए तू ज:दौलत परवाज।
जलवा हा साज कुन ऐ देहली ओ बरख्वेश बनाज॥

अनुवाद: तेरे भाग्य के दर्पण को प्रताप से सौन्दर्य प्राप्त हुआ है। ऐ दिल्ली, अपने वैभव को प्रकाशित कर और स्वयं पर गर्व कर।

गुल बर अफ्शां ब: गिरीबां चू हरीफ ए सरमस्त।
जलवा गर शोब: नजर हमचू उरूस ए तन्नाज॥

अनुवाद: एक मदोन्मत्त प्रेमिका की भाँति गले में फूल डाल और एक नखरीली दुल्हन की भाँति दृष्टि के समक्ष प्रकट हो।

वक्त आनस्त कि पाएज तो गरदद नौरोज।
वक्त आनस्त कज अंजाम ए तो बालद आगाज॥

अनुवाद: अब वह समय है कि तेरा पतझड़ नववर्ष में परिवर्तित हो जाय। अब वह समय है कि तेरे परिणाम से आरम्भ फूटे।

जोश ए आहंग हजार अस्त तुरा बांगे सरोद।
मौज ए नैरंग बहार अस्त तेरा रिश्त:ए साज॥

अनुवाद: तेरे लिये सरोद की ध्वनि संकल्प के उत्साह जैसी है, (इसी प्रकार) तेरे लिये वाद्ययन्त्र का सम्बन्ध बहार के भ्रम की लहर के समान है।

सैरगाहेस्त दर अतराफ तो गोई कश्मीर।
रूसताईस्त जे अफशाए तो गोई शीराज॥

अनुवाद: कश्मीर तो मानो तेरे नगर के आसपास के एक भ्रमणस्थल की भाँति है और शीराज तुझसे दूर कष्ट में पड़े क्षेत्र का एक गाँव है।

गर्देसर गर्दा अस्तआं बुकआ कि गर्देरहे तुस्त।[5]
खातिर आवेज अज तुर्र:ए मिशकीन ए अयाज॥

अनुवादः ऐ (प्रशंसित की) सांत्वना के स्थान, मैं तुझ पर न्यौछावर हो जाऊँ क्योंकि तेरे मार्ग की धूल अयाज के कस्तूरी में रमे केशों से अधिक मनोहारी है।

चश्म ए बददूर कि हर जादा बःसहराए तो गश्त।
हमचू गुलदस्तःए नक्शए कदम ए शाहिद ए नाज॥

अनुवादः कुदृष्टि दूर रहे कि तेरे मरुस्थल में प्रत्येक मार्ग नखरीली प्रेमिका के चरण चि ों के पुष्पगुच्छ की भाँति हो गया है।

फरसतते बाद कि आराइश ए ऐवान ए तू शुद।
दावरे आदिले जालिमकुश व मजलूम नवाज॥

अनुवादः (ऐ दिल्ली) खुदा तुझे कुशल रखे कि एक (ऐसा) न्यायाधीश, जो न्यायी, अत्याचारी का संहारक और पीड़ित पर कृपा करने वाला है, तेरी सभा की शोभा बन गया है।

...बर ख्याल ए चमन ए कूए ऊ।[6]
बस्तः बर दामन ए नज्जारः जे फिरदौस तराज॥

अनुवादः जिसकी गली के उपवन के विचार ने परिदृश्य के आँचल पर स्वर्ग सुसज्जित कर दिया है।

आं कि बर खाक ए दरश चर्ख पए अर्ज ए सजूद।
शबो रोज अज महो खुर्शीद बुवद नासिया साज॥

अनुवादः वह जिसके द्वार की धूल पर आकाश शीश झुकाने के लिये रात-दिन चाँद और सूरज के माध्यम से ललाट बन जाता है।

आं कि दर हिन्द बः यमन ए अस:रे मादा लतश।
आशियां साख्ता कुनजश्क जे सर पंजए बाज॥

अनुवादः वह कि भारत में इसकी न्यायप्रियता के सौभाग्य से चिड़िया ने बाज के पंजे से अपना घोंसला बनाया है।

आं कि बाशद बःरहे फैज दर ए फिक्र ए मतश।
चूं दर ए आईना पेवस्ता बः रूए हमा बाज॥

अनुवादः वह कि लाभ पहुँचाने के लिये इसके दान का द्वार सदा और प्रत्येक के लिये पारदर्शी द्वार की भाँति खुला रहता है।

बः सलामश न खमीदा अस्त सद जा गर चर्ख।
अज चे शुद दायरा बर दायरा मानिन्द ए प्याज॥

अनुवाद: यदि उसके सलाम के लिये आकाश सौ स्थानों से नहीं झुका तो प्याज की भाँति छिलके पर छिलका क्यों हो गया है?

नमे यक रशह:ए फैजस्त कि तारीखते फर्द।
दर दिलश राय शुद व बर लबे ईसा एजाज॥

अनुवाद: उसकी निरन्तर बरसती कृपा की नमी है कि जब टपकी तो उसके मन में विचार बन गई और ईसा के अधर पर चमत्कार।

उस्तवा याफ्त जेमानश ब:जमीं बसकि जे अद्ल।
साया बर शख्स न चन बेद ब: पहना व दराज॥

अनुवाद: उसके काल में सीमातीत न्याय से भूमि ने ऐसी समानता प्राप्त कर ली है कि किसी व्यक्ति पर छाया न चौड़ाई में और न (ही) लम्बाई में प्रभावी हुई।

बस कि दिलगश्त जे फैजे अस:र ए तरबीतश।
शीशा रा नीस्त ब: हंगाम ए शिकस्तन आवाज॥

अनुवाद: उसकी शिक्षा के प्रभाव के लाभ (की प्रचुरता) से (शीशा) हृदय हो गया, (इसलिये अब) शीशे के टूटने के समय ध्वनि नहीं होती।

अज्म ए वै दर रविशे अरबद: बाचर्ख सहीम।
राय वे दर अस:रे जलवा ब: खुरशीद अंबाज॥

अनुवाद: युद्ध के विषय में उसका संकल्प आकाश से साझा है और प्रदर्शन के प्रभाव में उसका विचार सूर्य का साझी है।

बर रूख अज ताब ए रूखश फर्र ए सआदत पैदा।
दर रह अज गर्द ए रहश खैल ए हुमा दर परवाज॥

अनुवाद: उसके मुखड़े की ज्योति से मुखड़े पर कल्याण का वैभव प्रकट है और उसके मार्ग की धूल से मार्ग में मानो हुमाओं का समूह उड़ रहा है।

ए कि बर नाम:ए नाम ए तो जे दीवान ए कजा।
बसता अन्दाज अस:रे दौलत ए जावेद तराज॥

अनुवाद: ऐ वह व्यक्तित्व, कि तेरे नाम के लेख पर मृत्यु के मन्त्री से शाश्वत सम्पदा के प्रभाव के बेल-बूटे बनाए गए हैं।

ईं रकम हा कि फर्व रेखता अम अज रगे किल्क।
बाशद आराइश ए तकरीब पए अर्ज ए नियाज॥

अनुवाद: यह सम्पूर्ण लेख जो मैंने लेखनी से लिखा है, क्या ही अच्छा हो यदि दर्शनाभिलाषा के समारोह की शोभा बन जाय।

वरना अन्दाज:ए हर बे सर ओ पाए न बुवद।
कि ब:अन्दाज ए सनाए तो नुमायद तग ओ ताज॥

अनुवाद: अन्यथा प्रत्येक सिर-पाँव से रहित व्यक्ति में यह क्षमता नहीं कि वह तेरी प्रशंसा की अभिव्यक्ति का प्रयास करे।

बन्द: अम लैक दरीं मरहला मेहमान ए तुआम।
करद: अम तै ब: उम्मीद ए तो रहे दूर दराज॥

अनुवाद: वैसे तो मैं एक दास हूँ, तथापि इस स्थान पर मैं तेरा अतिथि। तेरी ही आशा पर मैंने यह दीर्घ मार्ग पूर्ण किया है।

गर न आवाज:ए अदलत शुद आहंग ए हुदी।
ऩाक:ए मन ज: रहे सइयए न गरदीदे बाज॥

अनुवाद: यदि तेरे न्याय की प्रसिद्धि ऊँट के चलने की ध्वनि न बन जाती तो मेरी ऊँटनी प्रयास-मार्ग से न लौटती।

नाल:ए जार ए मन अज शिद्दते जौर ए शरकास्त।
न जे दीवानगी व खैरगी व शोखी ए वआज॥

अनुवाद: मेरी दुर्बल चीत्कार साझेदारों के अत्याचारों के कारण है, यह उन्मत्तता, मूर्खता, चंचलता और अनुकरण के कारण से नहीं।

बर रूखे मन दर ए रिजके कि कुशायद दावर।
हैफ बाशद कि कुनद खस्म ए बद अन्देश फराज॥

अनुवाद: खुदा मुझ पर जो जीविका का द्वार खोलता है, खेद का विषय है यदि अशुभचिन्तक शत्रु उसे बन्द कर दे।

बिस्त सालस्त कि वा यक दिगरे आवेखता एम।
मन ओ गासिब चूसर ए रिश्त: ए शम ओ दम ए गाज॥

अनुवाद: मैं और अपहर्त्ता बीस वर्ष से एक-दूसरे से इस प्रकार संयुक्त हैं जैसे मोमबत्ती की बत्ती तथा कैंची।

ऊ ज: खूंखार गिये ख्वेश दर अन्दाज ए गजब।
मन ज: बेचारगी ख्वेश दर आदाब ए नियाज॥

अनुवाद: वह अपनी रक्तपिपासा के कारण भयंकर है और मैं अपनी परवशता के कारण आज्ञाकारी की दशा में हूँ।

आं अज अरबदा परदाजी ए बख्त ए सरकश।
दाद अज खान: बरअन्दाजिए चर्ख कज बाज॥

अनुवाद: खेल दिखाने वाले अपने भाग्य के प्रतिकूल होने पर (मुझे) खेद (होता है और मैं) लालची आकाश की गृह-घातकता से न्याय (माँगता) हूँ।

बाँदा के दृश्य-परिदृश्य में दूसरा भाग उनकी उर्दू रचनाओं से सम्बन्धित है। यहाँ मैं केवल उन उर्दू गजलों की चर्चा करूँगा जिन पर अधिकांश अन्वेषक एकमत हैं कि ये गजलें बाँदा प्रवास अथवा बाँदा यात्रा की देन हैं। पहली गजल—

आबरू क्या ख़ाक उस गुल की कि गुलशन में नहीं।
है गिरेबाँ नंग ए पैराहन, ज़ो दामन में नहीं॥
ज़ोफ़ से ऐ गिरया! कुछ बाक़ी मेरे तन में नहीं।
रंग होकर उड़ गया, जो ख़ूँ कि दामन में नहीं॥
हो गए हैं जम्मा, अजज़ाए निगाह ए आफ़ताब।
ज़र्रे, उसके घर की दीवारों के रौज़न में नहीं॥
क्या कहूँ तारीकीए ज़िन्दान ए ग़म, अंधेर है।
पंबा, नूर ए सुब्ह से कम, जिसके रौज़न में नहीं॥
रौनक़ ए हस्ती है इश्क़ ए ख़ाना वीराँ साज़ से।
अंजुमन बेशम्अ है, गर बर्क़ ख़िरमन में नहीं॥
ज़ख़्म सिलवाने से, मुझ पर चारा जूई का है तान।
ग़ैर समझा है कि लज़्ज़त ज़ख़्म ए सोज़न में नहीं॥
बस कि हैं हम इक बहार ए नाज़ के मारे हुए।
जल्वा ए गुल के सिवा, गर्द अपने मदफ़न में नहीं॥
क़तरा-क़तरा इक हयूला है, नये नासूर का।
ख़ूँ भी ज़ौक़ ए दर्द से फ़ारिग़ मिरे तन में नहीं॥
ले गई साक़ी की नख़वत, कुल्ज़ुम आशामी मिरी।
मौज ए मय की आज रग मीना की गर्दन में नहीं॥
हो फ़िशार ए ज़ोफ़ में क्या नातवानी की नमूद।
क़द के झुकने की भी गुंजाइश मिरे तन में नहीं॥
थी वतन में शान क्या ग़ालिब! कि हो गुरबत में क़द्र।
बेतकल्लुफ़, हूँ वो मुश्त ए ख़स कि गुलख़न में नहीं॥

यह दूसरी गजल भी ग़ालिब ने बाँदा पहुँचते ही लिखी थी—

सताइश गर है ज़ाहिद इस क़दर जिस बाग़ ए रिज़वाँ का।

वो एक गुलदस्ता है हम बेख़ुदों के ताक़ ए निसयाँ का॥
बयाँ क्या कीजिये बेदाद ए काविश हाय मिज़गाँ का।
कि हरेक क़तरा ए ख़ूँ, दाना है तसबीह ए मर्जां का॥
न आई सतवत ए क़ातिल भी माने मेरे नालों को।
लिया दाँतों में जो तिनका, हुआ रेशा नयस्ताँ का॥
दिखाऊँगा तमाशा, दी अगर फ़ुर्सत ज़माने ने।
मिरा हर दाग़ ए दिल, इक तुख़्म है सर्व ए चराग़ाँ का॥
किया आइनाख़ाने का वो नक़्शा तेरे ज़ल्वे ने।
करे, जो परतव ए ख़ुर्शीद, आलम शब नमिस्ताँ का॥
मिरी तामीर में मुज़्मिर है इक सूरत ख़राबी की।
हयूला बर्क़ ए ख़िरमन का है ख़ून ए गर्म दहक़ाँ का॥
उगा है घर में हर सू सब्ज़ा, वीरानी तमाशा कर।
मदार, अब खोदने पर घास के, है मेरे दरबाँ का॥
ख़मोशी में निहाँ ख़ूँ गश्ता लाखों आरज़ूएँ हैं।
चराग़ ए मुर्दा हूँ मैं बेज़बाँ, गोर ए ग़रीबाँ का॥
हुनूज़ एक परतव ए नक़्श ए ख़याल ए यार बाक़ी है।
दिल ए अफ़्सुर्दा, गोया हुजरा है यूसुफ़ के ज़िन्दाँ का॥
बग़ल में ग़ैर की आज आप सोते हैं कहीं, वरना।
सबब क्या, ख़्वाब में आकर तबस्सुम हाय पिन्हाँ का?
नहीं मालूम किस किसका लहू पानी हुआ होगा!
क़यामत है सरश्क आलूदा होना तेरी मिज़गाँ का॥
नज़र में है हमारी जादा ए राह ए फ़ना ग़ालिब।
कि ये शीराज़ा है आलम के अजज़ा ए परीशाँ का॥

तेरह शेरों की एक अन्य प्रसिद्ध गज़ल बाँदा की ऋणी है—

ज़ुल्मतकदे में मेरे शब ए ग़म का जोश है।
इस शम्अ है दलील ए सहर, सो ख़मोश है॥
नै मुज़्दा ए विसाल, न नज़्ज़ारा ए जमाल।
मुद्दत हुई कि आशती ए चश्म ओ गोश है॥
मय ने किया है हुस्न ए ख़ुद आरा को बेहिज़ाब।

ऐ शौक़! याँ इजाज़त ए तस्लीम होश है॥
गौहर को इक़्द ए गर्दन ए ख़ूबाँ में देखना।
क्या औज पर सितारा ए गौहर फ़रोश है॥
दीदार ए बादा, हौसला ए साक़ी, निगाह ए मस्त।
बज़्म ए ख़याल मयक़दा ए बेख़रोश है॥
ऐ ताज़ा वारिदान ए बिसात ए हवा ए दिल।
ज़नहार, अगर तुम्हें हवस ए नाए व नोश है॥
देखो मुझे, ज़ो दीदा ए इबरत निगाह हो।
मेरी सुनो, ज़ो गोश ए नसीहत नयोश है॥
साक़ी ब जल्वा, दुश्मन ए ईमान ओ आगही।
मुतरिब ब नग़्मा, रहज़न ए तमकीन ओ होश है॥
या शब को देखते थे कि हर गोशा ए बिसात।
दामान ए बाग़बान ओ कफ़ ए गुल फ़रोश है॥
लुत्फ़ ए ख़िराम साक़ी ओ ज़ौक़ ए सदा ए चंग।
ये जन्नत ए निगाह, वो फ़िरदौस ए गोश है॥
या सुब्ह दम ज़ो देखिये आकर, तो बज़्म में।
नै वो सुरूर ओ सूर, न जोश ओ ख़रोश है॥
दाग़ ए फ़िराक़ ए सोहबत ए शब की जली हुई।
इक शम्अ रह गई है सो वो भी ख़मोश है॥
आते हैं ग़ैब से, ये मज़ार्मी ख़याल में।
ग़ालिब, सरीर ए ख़ामा, नवा ए सरोश है॥

इस गजल के सम्बन्ध से एक दन्तकथा प्रसिद्ध है जिसका मतला है—नवेद ए अम्न है बेदाद ए दोस्त जाँ के लिये। रही न तर्ज़ ए सितम कोई, आस्माँ के लिये॥ दन्तकथा यह है कि यह गजल बाँदा प्रवास के समय लिखनी आरम्भ हुई थी परन्तु ग़ालिब ने इस दीर्घ गजल को पीछे चलकर पूर्ण किया। तथापि ग़ालिब की वह गजल जिसकी चर्चा अत्यल्प होती है परन्तु तथ्य यह है कि निम्नांकित गजल न तो दीवान मो. अली के जीवन-काल में लिखी गई और न ही नवाब बाँदा के जीवन-काल में वरन् जुल्फिकार अली के देहान्त के पश्चात् 1849 में नवाब अली बहादुर अली का राज्यारोहण होने के उपरान्त लिखी गई है। गजल देखें—

हैराँ हूँ दिल को रोऊँ कि पीटूँ जिगर को मैं।
मक़दूर हो, तो साथ रखूँ नौहागर को मैं॥
छोड़ा न रश्क ने कि तिरे घर का नाम लूँ।
हर इक से पूछता हूँ कि 'जाऊँ किधर को मैं?'
जाना पड़ा रक़ीब के दर पर हज़ार बार।
ऐ काश! जानता न तिरी रहगुज़र को मैं॥
है क्या जो कस के बाँधिये? मेरी बला डरे।
क्या जानता नहीं हूँ तुम्हारी कमर को मैं॥
लो, वो भी कहते हैं, कि 'ये बे नंग ओ नाम है'।
ये जानता अगर, तो लुटाता न घर को मैं॥
चलता हूँ थोड़ी दूर हर इक तेज़ रौ के साथ।
पहचानता नहीं हूँ अभी राहबर को मैं॥
ख़्वाहिश को, अहमक़ों ने परस्तिश दिया क़रार।
क्या पूजता हूँ उस बुत ए बेदादगर को मैं॥
फिर बेख़ुदी में भूल गया राह ए कू ए यार।
जाता वगरना एक दिन अपनी ख़बर को मैं॥
अपने पे कर रहा हूँ क़यास अह्ल ए दह्र का।
समझा हूँ दिलपज़ीर मताए हुनर को मैं॥
ग़ालिब! खुदा करे कि सवार ए समन्द ए नाज़।
देखूँ अली बहादुर ए आली गुहर को मैं॥

इस गजल को ग़ालिब द्वारा बाँदा के राजसिंहासन पर आसीन नवाब अली बहादुर को लिखे पत्र (कुल्लियात-ए-मकतूबात-ए-फारसी ग़ालिब, पृ. 291-292) के साथ पढ़ें तो दो दशकों की अवधि की वास्तविकता प्रकट होगी। इसका भी संज्ञान होगा कि महल में निरन्तर ग़ालिब की चर्चा होती रही होगी तभी अली बहादुर अली, जिनकी अवस्था राज्यारोहण के समय सत्रह वर्ष की थी, ग़ालिब की सेवा में उपहारों के साथ अपनी रचनाएँ शुद्धिकरण के उद्देश्य से प्रेषित करते हैं। उत्तर में–

1. विलम्ब हेतु क्षमा तथा अपनत्व का प्रदर्शन है।
2. शुद्ध करते हुए ग़ालिब युवा नवाब की रचना की प्रशंसा करते हैं।

3. शुद्धिकरण के साथ शायरी के रहस्यों से भी परिचित कराते हैं।
4. निवेदन को दृष्टिगत रखते हुए 'पंज आहंग' की एक प्रति और उर्दू के कतिपय शेरों की कृपा करते हैं।

सन्दर्भ

1. इस आलेख में जिन शेरों का अनुवाद प्रस्तुत किया गया है वह परतव रुहेला की पुस्तक 'कुल्लियात-ए-मकतूबात-ए-फारसी ग़ालिब', 2010 के संस्करण से उद्धरित है।
2. 'मकतूबात-ए-ग़ालिब' में लतीफुज्जमाँ खाँ ने 'कुल्लियात-ए-ग़ालिब फारसी', लखनऊ, 1872, पृ. 84 के सन्दर्भ से लिखा है कि कातिब की भूल से सरोश लिख दिया गया है। यह शब्द सरोश नहीं सवादश है।
3. इसके स्पष्टीकरण में परतव रुहेला लिखते हैं–
   यहाँ जो वाक्य है (चौवन अदद लफ्ज ए 'ताजियत सराई' बफजएन्द 1244 मी शुद) उससे बात उलझ जाती है और वांछित संख्या प्राप्त नहीं होती। यह कातिब की भूल प्रतीत होती है। सम्भवत: शुद्ध वाक्य इस प्रकार होगा–चूँ अददे लफ्ज 'नाला' बर अदद ए लाफ्ज 'ताजियत सराय' ब फैज एनद 1244 मी शुवद। क्योंकि 'ताजियत सराय' की संख्याओं 1158 पर जब 'नाला' की संख्याएँ 86 बढ़ाई जायँगी तो कुल जोड़ 1244 हो जाता है। इसलिये अनुवाद इसी प्रकार किया गया है।
4. जब 'खुशा खाना ए खुदा' की संख्याओं से शब्द 'खाशाक' की संख्या घटा दें तो 1244 निकलते हैं और जब 'अदब' की 'बे' की दो संख्याओं, कि 'रेखतन ए पाए अदब' से इसका संकेत प्राप्त होता है (निकाल दें) तो 1244 रह जाते हैं और यही (संख्या) वांछित थी। अजीजों को वाजिबात पहुँचें।
5. सैयद मुर्तजा हुसैन लखनवी द्वारा सम्पादित 'कुल्लियात-ए-फारसी ग़ालिब' भाग 2, पृ. 120 पर यह पंक्ति इस प्रकार है–

   गर्द ए सर गर्द मत ए बुक़आ कि गर्द रह ए तुस्त।

   अनुवाद भी इसी प्रकार किया गया है।
6. क्योंकि यह कसीदा वास्तव में फ्रांस हाकिंस के लिये ही लिखा गया था और पीछे चलकर ग़ालिब के विरुद्ध हाकिंस की रिपोर्ट के कारण चार्ल्स मैटकॉफ

को प्रस्तुत कर दिया गया, शेर में परिवर्तन कर दिया गया है और पूर्व पंक्ति के कुछ शब्दों को हटा दिया गया है। इसलिये शेष बचे शब्दों का ही अनुवाद प्रस्तुत किया गया है। सैयद मुर्तजा हुसैन लखनवी द्वारा सम्पादित 'कुल्लियात-ए-ग़ालिब फारसी', भाग 2, पृ. 121 पर यह शेर इस प्रकार प्रकाशित है–

चार्ल्स मिटकफ़ ए फ़रख़न्दा शुमायल कि ब दहर।
बस्ता बर दामन ए नज़्ज़ारा ज़े फ़िरदौस ए जमाल॥

(अनुवादक)

लतीफुज्जमाँ खाँ 'मकतूबात-ए-ग़ालिब' के पृ.सं. 156 पर लिखते हैं कि पूर्व पंक्ति में ये शब्द ही नहीं हैं और न सैयद अकबर अली तिरमिजी ने लुप्त शब्दों को अमीर हसन नूरानी द्वारा सम्पादित 'कुल्लियात-ए-ग़ालिब' से पूर्ण किया है। शुद्ध पंक्ति इस प्रकार है–

चार्ल्स मिटकफ़ ए फ़रख़न्दा शुमायल कि ब दहर।
कुल्लियात-ए-ग़ालिब फारसी, लखनऊ, 1872, पृ. 273

❑❑

यादों की बारात : बाँदा, ग़ालिब और परिजन

घर में किस्सा-कहानी सुनने-सुनाने का वातावरण था। उर्दू के पत्र-पत्रिकाएँ नियमित रूप से आते थे ज़ो पढ़े तथा सुनाए जाते थे। इस वातावरण में मैंने ग़ालिब से सम्बन्धित कहानियाँ भी सुनीं जिनका केन्द्र बाँदा हुआ करता था। ऐसा इसलिये क्योंकि भारत विभाजन से पूर्व मेरे एक पूर्वज सैयद मो. अफराहीम शाह पशुओं के चिकित्सक के रूप में बाँदा में कार्यरत थे। दादीजी (डॉ. सैयद मो. अफराहीम शाह की धर्मपत्नी) जिनका मायका फतेहपुर हसवा था, वे उन्नाव (ससुराल) से बाँदा की यात्रा को अत्यन्त रोचक घटनाओं के साथ सुनाया करतीं। विशेष रूप से वे हर बार चिल्ला तारा नगर के निकट यमुना नदी तथा केन नदी के संगम पर बने हुए पीपे/नाव के पुल को पार करने की चर्चा कुछ इस आश्चर्यजनक रूप में करतीं कि सिन्दबाद की कहानियाँ स्मृति में कौंध जातीं। जब कभी हम लोग उनसे पूछते कि समुद्र जैसे पाट को, जहाँ चारों ओर दृष्टि की सीमा तक पानी ही पानी हो, आप पीपे या नाव से बने पुल से पार करते हुए घबराती नहीं थीं? तब दादीजी कहतीं सोचो, सौ सवा सौ वर्ष पूर्व ग़ालिब ने उसको किस प्रकार पार किया होगा!

1975 में उन्नाव[1] से इन्टरमीडिएट की परीक्षा उत्तीर्ण करने के पश्चात् मुझे अलीगढ़ मुस्लिम विश्वविद्यालय में प्रवेश मिल गया। आफताब हॉल के मुम्ताज हॉस्टल में आवास था। कहानियाँ लिखने में रुचि थी जिनका शुद्धिकरण पद्मश्री काजी अब्दुल सत्तार साहब करते थे। धीरे-धीरे मैं उनके सर्वाधिक प्रिय शिष्यों में सम्मिलित हो गया। 1981 की बात है, मैं एम.ए. की परीक्षा उत्तीर्ण कर चुका था। पी-एच.डी. में प्रवेश की प्रक्रिया पूर्ण हो रही थी। उस काल में काजी साहब अनूपशहर रोड पर सुलेमान हॉल के मुख्य द्वार के सामने विश्वविद्यालय के मकान के ऊपरी भाग में रहते थे। नीचे सिंह साहब की पुस्तकों की दुकान थी।

नित्यक्रम था कि संध्या को हॉस्टल से निकलकर आफताब मंजिल में नईम साहब या नसीम कुरेशी साहब का कुशल-मंगल पूछता, या फिर आगे बढ़कर काजी साहब के यहाँ उपस्थिति अंकित करता। उस दिन मैं सीधे काजी साहब के घर पर जा उपस्थित हुआ। नित्यप्रति की चाय के स्थान पर काजी साहब ने कहा कि नीचे एक रिक्शा ले लो, सीमा टाकीज चलना है। मैं रिक्शा रोककर ऊपर पहुँचा। काजी साहब तैयार थे। उस रिक्शा से हम दोनों सीमा टाकीज पहुँच गए, फिल्म थी 'ग़ालिब'।

काजी साहब ने अपने मित्रों से सोहराब मोदी के निर्देशन और राजेन्द्र सिंह बेदी के संवादों की प्रशंसा की परन्तु सआदत हसन मंटो की कथा से वे पर्याप्त संतुष्ट प्रतीत नहीं होते थे। पूज्य गुरुजी ने एक वर्ष का अवकाश ले रखा था और वास्तव में एक वर्ष उपरान्त उनके उपन्यास 'ग़ालिब' की रूपरेखा उनके मस्तिष्क में पूर्ण हो चुकी थी।[2] वे मुझसे निरन्तर बाँदा के चारों ओर की सीमाएँ तथा मार्गों का भूगोल पूछते रहते थे परन्तु उपन्यास में ग़ालिब के बाँदा प्रवास के सम्बन्ध से कोई महत्त्वपूर्ण चर्चा नहीं की थी। यह उनकी रचना में अट नहीं रहा था। उन्होंने वातावरण तथा दृश्य-परिदृश्य को उस दृष्टिकोण से देखा था जिसमें तुर्क बेगम को केन्द्रीय स्थान प्राप्त होता है परन्तु सहसा उनके देहान्त के पश्चात् चुगताई बेगम और मुगल जान के रंगीन पक्ष उभरते हैं। फिर भी ग़ालिब के काल के साथ उनका घरेलू जीवन भी पूर्णता से प्रकाशित होता है।

ग्रीष्मावकाश में भोपाल और फतेहपुर के परिजन उन्नाव अवश्य आते। हमारा मकान किले से ऊपर था। ऐतिहासिक किले के समस्त चि   कब के मिट चुके हैं। किले के नीचे बस्ती का दीर्घ क्रम है। सटे हुए मुहल्लों में शेखवाड़ा, चौधराना, गदयाना, जेरधुस, कैसर गंज आदि हैं। किले का ऊपरी भाग अत्यन्त विस्तृत मैदान के रूप में था जिसमें अब भी सप्ताह में दो दिन रविवार तथा बुधवार को बाजार लगता है। शेष दिनों में यह मैदान खाली रहता और हम सबके खेलने के लिये उपयुक्त स्थान बनता। छुट्टियों की घोषणा होते ही मैं भी घर पहुँच जाता। वहाँ मेरे मौसा इश्तियाक आरिफ[3] साहब भी अपने बच्चों के साथ अवश्य आते। राजनेता मौलाना शौकत अली, जो सत्ता में थे, के व्यक्तिगत विश्वासपात्र होने के कारण उनमें इतिहास एवं पुरातत्व के प्रति अभिरुचि बढ़ गई थी। बाँदा की चर्चा के साथ वे प्राय: ग़ालिब के विषय में बताते और बुन्देलखण्ड पर भी प्रकाश डालते थे।

1990 की बात है। मैं ग्रीष्मावकाश में उन्नाव गया हुआ था। सम्बन्धी आए हुए थे। दोपहर में बातचीत का आनन्द ले रहे थे कि उसी मध्य मेरी दादी ने घोषणा कर दी कि मैंने सग़ीर का विवाह बाँदा में निश्चित कर दिया है। सभी अवाक् थे। अच्छे मौसा ने कहा कि मेरे भोपाल जाने के पूर्व तिथि अवश्य बता दीजिएगा ताकि उसके अनुसार ही कार्यक्रम बनाया जाय। 9 अगस्त 1990 को सैयद अमीर हसन शाह[4] की नातिन, मौलाना उबैदुर्रहमान हसनी की पुत्री सीमा बेगम से मेरा विवाह हो गया। वर्ष में दो बार बाँदा जाना होता तो 'मोहसिन मेंशन' में साहित्यिक व्यक्तियों, विशेषकर एहसान आवारा[5] से समय-समय पर भेंट होती, घूम-फिर कर ग़ालिब और बाँदा ही वार्त्ता का विषय रहता। कतील बाँदवी के पुत्र और डॉ. शबाना रफीक के अतिरिक्त वरिष्ठों में शिव प्रसाद बर्ग, डॉ. वहाजुद्दीन, मुईन राही आदि; छात्रों में रेशमा खातून और सालिहा बेगम भी अपने प्रश्न तैयार रखते थे। पीछे चलकर इन दोनों महिलाओं ने प्रो. अबुल हसनात हक्की के निर्देशन में कानपुर विश्वविद्यालय से बुन्देलखण्ड के सन्दर्भ से पी-एच.डी. की उपाधियाँ प्राप्त कीं।

(ii)

2002-2003 में प्रो. नजीर अहमद और प्रो. मुख्तारुद्दीन अहमद आरज़ू की देखरेख में ग़ालिब इंस्टीट्यूट की 'खुतूत-ए-ग़ालिब' परियोजना पर कार्य आरम्भ हुआ। प्रो. नजीर अहमद के सहायक के रूप में जफर अहमद सिद्दीकी कार्य देख रहे थे और यह सेवक (मैं) प्रो. मुख्तारुद्दीन के अधीन कुछ सीखने का प्रयास कर रहा था। आरजू साहब के संज्ञान में था कि मेरी ससुराल बाँदा है और मेरे ससुर स्व. सैयद उबैदुर्रहमान हसनी ने, जिनके पूर्वजों की भूमि लखनऊ थी, द्वितीय भूमि कलकत्ता (हुगली) को बनाया। वे यावज्जीवन कलकत्ता से बाँदा, बाँदा से लखनऊ और फिर उसी मार्ग से लौटते रहे। अतः प्रो. मुख्तारुद्दीन आरजू अत्यन्त मित्रतापूर्ण रूप से बाँदा और ग़ालिब के सम्बन्ध से चिन्तन करने के लिये प्रायः प्रेरित करते रहते थे।

बी.ए. में प्रवेश लेने के उपरान्त जिन शिक्षकों से धीरे-धीरे अत्यन्त निकट सम्बन्ध हो गए उनमें पद्मश्री काजी अब्दुल सत्तार के पश्चात् डॉ. मो. अन्सारुल्ला नजर[6] थे। पूज्य गुरुजी प्रो. अन्सारुल्ला से भी इस विषय पर चर्चा होती जो उस समय नस्साख[7] की जीवनी 'सुखन शुअरा' पर कार्य रहे थे और मेरे परिवार से भली भाँति परिचित थे। इसकी चर्चा 'अफसानवी अदब की नयी किरात' (2011) की भूमिका में उपलब्ध है।

यह सुदीर्घ भूमिका इस कारण से कि बाँदा और ग़ालिब से मेरा पुराना सम्बन्ध है। असंख्य स्मृतियाँ न केवल मस्तिष्क में वरन् कागज के पृष्ठों पर भी सुरक्षित हैं, बस उनको क्रमबद्ध करने तथा संग्रथित करने का संयोग नहीं बन पा रहा है। जुलाई 2018 में सेवानिवृत्ति के उपरान्त एकाग्रता से पुनः नये सिरे से अध्ययन किया तो अनुभव हुआ कि मुझे ग़ालिब और बाँदा के सम्बन्ध से पर्याप्त लिखने की आवश्यकता है।

सन्दर्भ

1. उन्नाव अयोध्या का सीमान्त क्षेत्र है और अवध प्रान्त का विद्वानों को जन्म देने वाला भूभाग रहा है। अपने आँचल में दर्जनों कारखानों को समेटे हुए आज भी यह नगर कृषि की दृष्टि से अत्यन्त उपजाऊ है। इसके एक ओर देश की बड़ी नदी गंगा है तो दूसरी ओर सई नदी है। छोटी-छोटी नहरें, बड़े-बड़े तालाब और झील ने उन्नाव के सौन्दर्य को द्विगुणित कर दिया है। कहा जाता है कि वनवास के लिये जाते हुए श्रीरामजी यहाँ ठहरे थे और इस भाँति-भाँति के पक्षियों के बसेरे को उन्होंने अत्यधिक पसन्द किया था। लखनऊ, हरदोई, कानपुर, फतेहपुर और रायबरेली के मध्य बसा हुआ यह नगर अपने कस्बों के कारण भी अत्यन्त प्रसिद्ध है, उदाहरणार्थ गंज मुरादाबाद, न्यूतनी, मोहान, आसीवन, सफीपुर आदि। ये कस्बे आरम्भ से ही अरबी और फारसी का केन्द्र कहलाए हैं तो बांगर मऊ, पुरवा, मोरावाँ संस्कृत तथा हिन्दी के केन्द्र हैं और हसनगंज, बदरका, हड़हा आदि इन्कलाब जिन्दाबाद के नारों से गूँजते रहे हैं।

   इतिहास के पृष्ठों को पलटकर देखें तो ज्ञान एवं साहित्य के प्रकाश से जगमगाता हुआ यह नगर अपने कस्बों के कारण भी अत्यन्त प्रसिद्ध रहा है, जैसे सई नदी के किनारे मलीहाबाद, हसनगंज और न्यूतनी से मिली हुई मनोहर बस्ती का नाम है मोहान, जो ज्ञान एवं विद्वत्ता की अपेक्षा से 'मोहान अज खित्ताए यूनान' कहलाया है। यहाँ देखें तो जस्टिस सैयद अमीर अली मोहानी, बेखुद मोहानी, अफकर मोहानी, बिस्मिल मोहानी, हसरत मोहानी, इफ्फत मोहानी जैसे कई नाम साहित्यिक क्षितिज पर छाए हुए दिखाई देते हैं। इसी प्रकार गंज मुरादाबाद से मिली हुई सूफियों की बस्ती सफीपुर है जहाँ के शाह अजीज सफीपुरी, इकबाल सफीपुरी, शहीद आरिफ और रौनक सफीपुरी ने अत्यन्त प्रसिद्धि प्राप्त की है। न्यूतनी मसऊद हसन रिजवी अदीब और आसी न्यूतनवी पर गर्व करती

है। सुबूर, सरोश, याकूब, जफर, जलील, असर, चिराग मुहम्मद और अजरा परवीन जैसे दर्जनों नाम गिनाए जा सकते हैं जो इन पंक्तियों के लेखक की मातृभूमि की महानता के गीत गाते हैं। यहाँ के स्वतन्त्रता संग्राम सैनिकों की भी दीर्घ सूची है जिसमें चन्द्रशेखर आजाद और हसरत मोहानी के अतिरिक्त राम बख्श, चन्द्रिका बख्श, भगवती प्रसाद माधो, हबीबुर्रहमान अन्सारी, विश्वम्भर नाथ त्रिपाठी, उमाशंकर दीक्षित आदि सम्मिलित हैं।

राष्ट्रीय एकता की भावना से परिपूर्ण उन्नाव नगर हिन्दी जगत् में भी अपना वैभव बनाए हुए है। सूर्यकान्त त्रिपाठी निराला, भगवती चरण वर्मा, राम बिलास शर्मा, शिवमंगल सिंह सुमन, जगदम्बिका प्रसाद हितैषी, रमई काका, प्रताप नारायण मिश्र, भूपेन्द्र नाथ शुक्ल, राय भवानी बख्श, आचार्य नन्द दुलारे वाजपेयी, नसीर अहमद नसीर आदि कुछ प्रमुख नाम हैं जिनकी मातृभूमि उन्नाव है। हमारे इस नगर के सम्बन्ध से यह बात भी प्रसिद्ध है कि राजा उनवन्त राव ने इस नगर को सजाने-सँवारने में अत्यधिक रुचि प्रदर्शित की थी। उनका बनवाया हुआ अत्यन्त सुदृढ़ किला सैयद सालार मसऊद गाजी द्वारा मुसलमानों के अधिकार में आया और कुछ समय उपरान्त किले के ऊपर शाही मस्जिद का निर्माण हुआ। यह जानना भी रोचक है कि शताब्दियों के पश्चात् इस शाही मस्जिद से सटे हुए आँगन में स्थापित विद्यालय से जगत मोहन लाल रवाँ की प्रारम्भिक शिक्षा आरम्भ हुई थी।

2. 260 पृष्ठों का यह उपन्यास 1986 में एजूकेशनल बुक हाउस, अलीगढ़ से प्रकाशित हुआ।

3. अपने काल के अनुपमेय पत्रकार, उच्च कोटि के साहित्यकार और विशिष्ट शैली के निबन्धकार थे। उर्दू पत्रकारिता, विशेषकर मध्य प्रदेश की पत्रकारिता में उन्होंने एक प्रकार की नवीन क्रान्ति उत्पन्न की। 10 नवम्बर 1922 को कस्बा हसवा, जनपद फतेहपुर में उत्पन्न हुए। पिता अल्ताफ हुसैन वन अधिकारी थे जिन्होंने अन्तिम समय में भोपाल में निवास ग्रहण किया। 'खिलाफत', 'नदीम', 'अफकार', 'कायद', 'आफताब-ए-जदीद', 'अल हुमरा', 'मजदूर', 'अफ्शाँ', 'नया साथी' जैसे प्रमुख पत्र-पत्रिकाओं में प्रकाशित इश्तियाक आरिफ की रचनाएँ भारत विभाजन के पश्चात् की देशी-विदेशी परिस्थितियों की प्रवक्ता होने के अतिरिक्त उनकी योग्यता तथा पत्रकारिता के कौशल का

प्रतिबिम्ब हैं। वे 1987 से 1990 तक 'भास्कर' समूह के सम्पादक मण्डल में भी सम्मिलित रहे। 20 अक्टूबर 2009 को भोपाल में उनका देहान्त हुआ।

4. सीमा के नाना सैयद अमीर हसन शाह की मातृभूमि न्यूतनी, जनपद उन्नाव थी। उनके पूर्वज फज्जी शाह के नाम से प्रसिद्ध हैं। सीमा के बड़े नाना सैयद मो. मुख्तार को नवाब अली बहादुर द्वितीय अली के काल में कर्वी और गोयरा मुगल की जागीर प्राप्त हुई। उन्होंने अपना आवास कर्वी में बनाया परन्तु उनके पुत्र सैयद मो. मोहसिन, जो बाँदा में मानद बैरिस्टर थे, सुविधा की दृष्टि से बाँदा नगर में डिग्गी चौराहे के एक ओर कोठी क्रय करके निवास करने लगे थे। पीछे चलकर उनके ज्येष्ठ पुत्र सैयद शमीम मोहसिन ने उसी स्थान पर हाजीगंज बाजार और निवास के लिये मोहसिन मेंशन निर्मित करा दिया। इसी काल में सीमा की माता अपने बचपन में ही बाँदा आ गईं। धीरे-धीरे घर के अन्य व्यक्ति भी अपनी मातृभूमि को छोड़कर बाँदा में बस गए। सीमा की माता और फिर उनके समस्त बच्चों की शिक्षा-दीक्षा यहीं 'मोहसिन मेंशन' (बाँदा) में हुई।

   सीमा के पूर्वजों के स्थायी सम्बन्ध दीवान मो. अली के कुल से रहे हैं और आज भी दोनों परिवारों में सामीप्य है।

   सीमा के पिता मौलाना सैयद उबैदुर्रहमान हसनी फिरंगी महल और लखनऊ विश्वविद्यालय से शिक्षा-प्राप्त, विद्वान् और वक्ता थे। उनके बड़े भाई कारी अब्दुल वली 1905 में नौकरी के लिये हुगली, कलकत्ता चले गए। विवाह के उपरान्त उबैदुर्रहमान साहब ने चिकित्सालय तथा विद्यालय के साथ-साथ दिलहौजी जामा मस्जिद (हुगली, कलकत्ता) के इमाम का पद भी सँभाला। उसके आँगन में ही आपका अन्तिम विश्रामस्थल है।

5. एहसानुल हक कुरेशी साहित्यिक क्षेत्रों में एहसान आवारा के नाम से प्रसिद्ध हुए। 26 मार्च 1930 को बाँदा में उत्पन्न हुए। इन्टरमीडिएट और अदीब कामिल करने के पश्चात् डाकघर की सरकारी नौकरी में आ गए। शायरी के अतिरिक्त शोध एवं समीक्षा में भी रुचि थी। कई रूसी कहानियों के अनुवाद किए जिस पर 1986 में सोवियत लैंड नेहरू पुरस्कार प्राप्त हुआ। उर्दू में सात और हिन्दी में तीन पुस्तकें प्रकाशित हुईं। मुख्य पोस्टमास्टर के पद से सेवानिवृत्ति के पश्चात् बाँदा और ग़ालिब के सम्बन्ध में शोध की दिशा में सक्रिय रहे। लम्बी बीमारी के पश्चात् 17 अक्टूबर 2008 को इस असार संसार से बिदा हुए।

6. ग़ालिब पर लिखी गई उनकी पुस्तकें साहित्यिक क्षेत्र में अत्यधिक समादृत हुई थीं। उनमें और वृद्धि करने के उद्देश्य से वे अत्यन्त प्रामाणिक दस्तावेज एकत्रित कर रहे थे। इस सम्बन्ध में इस विनीत ने (मैंने) भी उनको कई दस्तावेज बाँदा से लाकर दिए थे।
7. अब्दुल गफूर नस्साख नवाब अब्दुल लतीफ के छोटे भाई थे। अब्दुल लतीफ ने आधुनिक शिक्षा पर ध्यान देते हुए अंग्रेजी–फारसी कक्षाएँ आरम्भ की, प्रेजीडेन्टी कॉलेज खुलवाया, मजलिस–ए–मुजाकरा इस्लामिया की आधारशिला रखी। अप्रैल 1863 में मुहम्मडन लिटरेरी सोसाइटी के अन्तर्गत सर सैयद अहमद खाँ को 'तरगीब–ए–तालीम अंग्रेजी' के विषय पर फारसी में व्याख्यान देने हेतु निमन्त्रण दिया। नस्साख अपने भाई नवाब अब्दुल लतीफ की भाँति मैजिस्ट्रेट हुए। फरवरी 1864 में मुगल शहजादे मिर्जा हुमायूँ बख्त की पुत्री से उनका विवाह हुआ। विवाह से एक वर्ष पूर्व इम्पीरियल आकार के 184 पृष्ठों का संग्रह 'दफ्तर–ए–बेमिसाल' मजहरुल अजायब प्रेस, कलकत्ता से प्रकाशित हो चुका था। यह दीवान उन्होंने ग़ालिब को उपहारस्वरूप भेजा जिसके उत्तर में ग़ालिब ने उनको प्रशंसात्मक पत्र लिखा जिसे नस्साख अपने लिये प्रमाणपत्र समझते थे। 1868 में जब पहली बार राजयक्ष्मा का उपचार कराने के लिये दिल्ली गए तो ग़ालिब की सेवा में उपस्थित हुए और उनके परामर्श से बाँदा के हकीम को दिखाते हुए लौट आए। शीघ्र ही डिप्टी मैजिस्ट्रेट के रूप में उनका भागलपुर से छपरा स्थानान्तरण हो गया। कार्यभार ग्रहण किए एक माह भी व्यतीत नहीं हो पाया था कि सूचना प्राप्त हुई कि 15 फरवरी (1869) को ग़ालिब का देहान्त हो गया। इस दुर्घटना से नस्साख और भी टूट गए। सरकारी कार्य के भार ने उन्हें निढाल कर दिया अतः छुट्टी स्वीकृत होने पर जनवरी 1870 में उपचार कराने के उद्देश्य से दिल्ली के लिये प्रस्थान किया। ग़ालिब की सूनी पड़ी ड्यौढ़ी का दर्शन किया और उनकी इच्छा का सम्मान करते हुए बाँदा गए। वहाँ की अस्तव्यस्तता और दुर्दशा को देखा।

❑❑

ग़ालिब-प्रेमी सैयद अकबर अली तिरमिजी

(8 जून 1924–23 नवम्बर 2003)

सम्मानित इतिहासविद एवं प्रसिद्ध पुरातत्त्वविद प्रो. सैयद अकबर अली तिरमिजी 8 जून 1924 को एक धार्मिक कुल में उत्पन्न हुए। 1948 में बम्बई विश्वविद्यालय से फारसी, उर्दू एवं अंग्रेजी के साथ बी.ए. की उपाधि प्राप्त की। 1950 में बम्बई से ही फारसी में एम.ए. करने के पश्चात् सरकारी सेवा में आ गए। 1962 में अलीगढ़ मुस्लिम विश्वविद्यालय से इतिहास में एम.ए. किया। अपनी पुस्तक 'यादें' (अक्टूबर 1976, किताबकार, अलीगढ़) में रहम अली अलहाशमी लिखते हैं–

> "...राष्ट्रीय अभिलेखागार में तिरमिजी साहब का और मेरा लम्बे समय साथ रहा और वे मुझसे सदा आत्मीयता एवं प्रेम का व्यवहार करते थे। वे अभिलेखागार के उप निदेशक थे और लोक सेवा आयोग ने उनका चयन किया था। इससे पूर्व वे अजमेर कॉलेज में इतिहास के प्राध्यापक थे। ऐतिहासिक जानकारी तथा ऐतिहासिक सामग्री से पर्याप्त परिचय रखते थे और ऐतिहासिक अन्वेषण के व्यसनी हैं।..."

आप जून 1982 में भारत के राष्ट्रीय अभिलेखागार के निदेशक पद से सेवानिवृत्त हुए। सेवा से मुक्त होने के उपरान्त जामिया मिल्लिया इस्लामिया, नई दिल्ली में इतिहास के विजिटिंग प्रोफेसर नियुक्त हुए। श्रीनगर से प्रकाशित होने वाली पत्रिका 'गजेटियर' के मुख्य सम्पादक रहे। इससे पूर्व हमदर्द इंस्टीट्यूट ऑफ हिस्टोरिकल रिसर्च के मानद निदेशक हुए। नेशनल इंस्टीट्यूट ऑफ साइंस टैक्नोलोजी एण्ड डेवलेपमेंट स्टडीज में परामर्शदाता रहे। प्राचीन एवं आधुनिक इतिहास, सभ्यता एवं संस्कृति में विशेष रुचि होने के कारण लगभग आठ वर्ष यूनेस्को के एशियन अध्ययन

विभाग से भी सम्बन्ध रहा। आपने भारत सरकार के प्रतिनिधि के रूप में स्पेन सहित अमरीका, अफ्रीका और यूरोप के देशों के अतिरिक्त विभिन्न एशियाई देशों में पुरातत्व विभाग के सम्बन्ध से आयोजित होने वाले सेमिनारों में सहभागिता की। उनका अद्भुत् लेख 'हिन्दुस्तानी दफ्तरखानों में फारसी दस्तावेजें' इल्मी मजलिस-ए-दिल्ली की मालिक राम के सम्पादन में प्रकाशित होने वाली त्रैमासिक पत्रिका 'तहरीर' के जुलाई-सितम्बर 1971 के अंक में प्रकाशित हुआ था।

इतिहास, शोध एवं संकलन-सम्पादन में उन्हें विशेष रुचि थी और अंग्रेजी, फारसी तथा उर्दू के साहित्यकार के रूप में वे अपनी एक विशिष्ट पहचान रखते थे। उनके साठ से अधिक शोध आलेख संसार के विभिन्न पत्र एवं पत्रिकाओं की शोभा बने हैं। इन विषयों पर उनकी लगभग दो दर्जन पुस्तकें भी प्रकाशित हुई हैं। ये पुस्तकें भारतीय इतिहास के मूल स्रोतों, मुगल दस्तावेजों के अतिरिक्त मौलाना अबुल कलाम आजाद और आधुनिक भारत, यूनेस्को गाइड के साथ साहित्यिक क्षेत्रों में विश्वसनीय मानी जाती हैं।

'नामा हाए फारसी ग़ालिब' (Persian Letters of Ghalib) उनकी महत्त्वपूर्ण खोज है। दो सौ पृष्ठों की यह पुस्तक फरवरी 1969 में ग़ालिब अकादमी से प्रकाशित हुई है। पुस्तक में पचास पृष्ठों में विस्तृत अंग्रेजी में लिखा उनका परिचयात्मक आलेख अत्यन्त उच्च कोटि का है। इसमें पुस्तक में सम्मिलित समस्त फारसी पत्रों पर विचार किया गया है। युक्तियुक्त एवं अत्यन्त प्रभावशाली भूमिका अंकित करते हुए उन्होंने लिखा है—

> "ग़ालिब के फारसी पत्रों की एक निराश्रित पोथी सुरक्षित रह गई है जिसे प्रकाशित किया जा रहा है। ये पत्र अत्यन्त महत्त्वपूर्ण रिकार्ड उपलब्ध कराते हैं। शायर की कलकत्ता यात्रा के विषय में यह विवरण अब तक प्रकाश में नहीं आया था।"

ग़ालिब को समझने में इन पत्रों के सान्दर्भिक स्तर और उपादेयता को स्वीकार करते हुए सैयद अकबर अली तिरमिजी लिखते हैं—

> "इन पत्रों से शायर के जीवन और कला के सम्बन्ध में नवीन तथ्यों पर प्रकाश पड़ता है। इसके अतिरिक्त इन पत्रों तथा परिशिष्टों से, जो इस संग्रह में प्रस्तुत किए जा रहे हैं, एक ऐसा चित्र उभरता है जिससे शायर की दिल्ली से अनुपस्थिति और कलकत्ता के अस्थायी प्रवास का चित्र समक्ष आ जाता है।"

इस पत्र-संग्रह की अनुपमेयता तथा विशिष्टता के सम्बन्ध में वे प्राक्कथन में लिखते हैं–

> "1960 में मेरे इंगित पर भारत के राष्ट्रीय अभिलेखागार से यह संग्रह प्राप्त किया गया और क्योंकि इसका विषय मेरा क्षेत्र नहीं था, मैंने अपने मित्र काजी अब्दुल वदूद से, जो एक स्थापित ग़ालिब-विशेषज्ञ हैं, निवेदन किया कि इन पत्रों का सम्पादन कर दें। उन्होंने मेरा निवेदन स्वीकार किया और 1961 में साहित्यिक पत्रिका 'तहकीक' में छह पत्र प्रकाशित कराए। परन्तु कुछ अन्य कार्यों में व्यस्तता के कारण उन्हें इस कार्य के लिये अवकाश नहीं मिला और पिछली अक्टूबर में उन्होंने परामर्श दिया कि इस कार्य को मैं स्वयं पूर्ण करूँ।"[1]

उस समय तिरमिजी साहब पुरातत्व विभाग में उपनिदेशक के रूप में महत्त्वपूर्ण दस्तावेजों के संकलन-सम्पादन में अत्यधिक व्यस्त चल रहे थे परन्तु काजी अब्दुल वदूद के परामर्श तथा उत्साहवर्द्धन से वे इस दिशा में एकाग्रता से केन्द्रित हुए। वे लिखते हैं–

> "इस संग्रह का जब मैंने सूक्ष्म दृष्टि से परीक्षण किया तो इस कार्य को अनेक कठिनाइयों से परिपूर्ण पाया। ...पहली बात तो यह कि मेरे पास केवल एक ही प्रति थी जिससे मुझे सम्पादन का कार्य करना था। दूसरे, यह अविचारित, अनौपचारिक शैली में लिखा गया था। तीसरे, इसे कई स्थानों पर कीड़ों ने खा लिया था। ...परन्तु इन समस्त कठिनाइयों के होते हुए भी मैंने आत्यन्तिक प्रयास किया है कि पाठ को शुद्ध रखूँ तथापि जो कतिपय रिक्तियाँ रह गई हैं उनकी ओर प्रकाशन-कला के विभिन्न अविष्कारों से संकेत कर दिया गया है।" (मकतूबात-ए-ग़ालिब, पृ. 10)

ग़ालिब शताब्दी (1969) के अवसर पर प्रकाशित होने वाली पुस्तकों में सम्भवतः सैयद अकबर अली तिरमिजी की यह पुस्तक सर्वाधिक महत्त्वपूर्ण है जो भावी शोध के द्वार खोलती है। लतीफुज्जमाँ खाँ इसकी विशेषताओं को रेखांकित करते हुए 'मकतूबात-ए-ग़ालिब' (दिसम्बर 1995) में लिखते हैं–

1. परिचय, प्राक्कथन और भूमिका अंग्रेजी में है जो प्रत्येक दृष्टि से विश्वसनीय तथा प्रामाणिक है। उपर्युक्त पुस्तक उस ध्यानाकर्षण से वंचित रही जिसकी वह अधिकारी थी।
2. चार वर्ष की अवधि में ग़ालिब ने अपने मित्रों, विशेषकर मो. अली, सदर अमीन बाँदा को जो पत्र लिखे वे अत्यन्त महत्त्वपूर्ण हैं। ये पत्र न केवल कलकत्ता यात्रा के सम्बन्ध से मूल स्रोतों का स्तर रखते हैं वरन् उस सम्पूर्ण युग को समझने में भी सहायक हैं।
3. ये पत्र इस दृष्टि से भी अत्यन्त मूल्यवान हैं कि सैयद अकबर अली तिरमिजी ने पाण्डुलिपि की दुर्दशा को सूक्ष्म दृष्टि से देखते हुए कुछ स्थानों पर जो शेर, पंक्तियाँ आदि लुप्त हो रहे थे उन्हें अन्य समग्रों से प्रतिलिपि करते हुए ग़ालिब-विशेषज्ञों की सहायता ली है।

विशेषताओं को स्वीकार करने के साथ-साथ वे साहित्य के विद्वानों से यह शिकायत भी करते हैं कि उपर्युक्त पुस्तक उस ध्यानाकर्षण से वंचित रही जिसकी यह अधिकारी थी।

लतीफुज्जमाँ की पुस्तक 'मकतूबात-ए-ग़ालिब' की भूमिका में काजी अब्दुल वदूद लिखते हैं–

> "श्रीमान् सैयद अकबर अली तिरमिजी ने ग़ालिब के फारसी पत्र खोजे हैं जो ग़ालिब की कलकत्ता यात्रा के विषय में हमारे ज्ञान में महत्त्वपूर्ण तथा तथ्यपरक वृद्धि करते हैं। उन्होंने एक विस्तृत परिचय के साथ इन पत्रों को संकलित-सम्पादित किया है और अत्यन्त परिश्रम से शायर के कथनों का उस वाह्य साक्ष्य से तुलनात्मक अध्ययन किया है जो भारत सरकार के सरकारी रिकार्ड में उपलब्ध है। उनका यह प्रयास प्रशंसनीय है क्योंकि शायर के मस्तिष्क पर जो विभिन्न प्रभाव अंकित हो रहे थे उन पर शोध किया है। ...इन पत्रों को काल-क्रमानुसार व्यवस्थित करने में अत्यन्त सूक्ष्म दृष्टि से काम लिया है। मूल पाठ के निर्धारण, इन पत्रों में आए व्यक्तियों एवं स्थानों के नामों के निर्धारण में अत्यन्त सूक्ष्मदर्शिता से काम लिया है।..."

"नामा हाए फारसी ग़ालिब" अर्थात् Persian Letters of Ghalib की

पाण्डुलिपि किस प्रकार सुरक्षित रही, उस पर सैयद अकबर अली तिरमिजी भरपूर प्रकाश डालते हुए लिखते हैं—

> "...संग्रह की पाण्डुलिपि भारत के राष्ट्रीय अभिलेखागार ने 1960 के लगभग सैयद मो. रफी नकवी से प्राप्त की जो कड़ा के रहने वाले हैं। कड़ा Kara (मानिकपुर) पहले इलाहाबाद में था, अब कौशाम्बी जिले में हो गया है। कड़ा एक ऐतिहासिक कस्बा है और सैयद अली हसन खाँ इसी कस्बे के निवासी थे जिन्होंने इन पत्रों की प्रतिलिपि तैयार की थी। पाण्डुलिपि के अन्त में अंग्रेजी भाषा में यही लिखा गया है। इस बात का संज्ञान तो अन्तिम रूप से नहीं हो सका कि यह संग्रह कब तैयार हुआ और कब प्रतिलिपि किया गया परन्तु सम्भावना है कि यह 1839 में लिखा गया था। यह बात परगना बादोस, जिला बाँदा और कालिंजर के तहसीलदार सैयद अफजल अली के एक पत्र से ज्ञात होती है जो 5 अगस्त 1839 को मुंशी सैयद अली हसन खाँ को उनके बाँदा के पते पर लिखा गया था। (पत्र संख्या 33) मुंशी सैयद अली हसन खाँ के विषय में कुछ ज्ञात नहीं हो सका परन्तु बादोसा[2] और कालिंजर[3] के तहसीलदार ने जिस सम्मान एवं आदर के साथ उनको सम्बोधित किया है उससे सिद्ध होता है कि वे बाँदा के प्रशासन में अच्छे बड़े पद पर प्रतिष्ठित रहे होंगे। सम्भावना है कि इन पत्रों को वहीं प्रतिलिपि किया गया होगा। यह अनुमान इस तथ्य से भी प्रमाणित होता है कि इस संग्रह में ग़ालिब के अधिकांश पत्र बाँदा के सदर अमीन या सिविल जज मौलवी मो. अली साहब को लिखे गए हैं।"

'नामा हाए फारसी ग़ालिब' के प्रकाशन के उपरान्त ही कलकत्ता यात्रा का सम्पूर्ण चित्र उभरता है और इस चित्र के फलक पर जो परिदृश्य छा जाता है वह मो. अली, सदर अमीन बाँदा का है। यह बहुमूल्य पाण्डुलिपि 33 पत्रों पर आधारित है। प्रत्येक पत्र में अठारह पंक्तियाँ हैं और इनका आकार 7"×10" है। इसमें सम्मिलित चौंतीस पत्रों में से बत्तीस पत्र ग़ालिब की हस्तलिपि में हैं, शेष दो पत्र मुंशी सैयद अली हसन को उनके मित्रों ने लिखे हैं। इन बत्तीस पत्रों के अतिरिक्त, जिनमें पत्र संख्या 5

पत्र संख्या 2 की प्रतिलिपि है, पाण्डुलिपि में दो गद्य-खण्ड कलकत्ता में ग़ालिब के साहित्यिक संघर्ष के सम्बन्ध में हैं। ये गद्य-खण्ड इस पुस्तक के परिशिष्ट 1 तथा 2 के रूप में प्रस्तुत किए गए हैं। पाण्डुलिपि खते शिकस्ता में हस्तनिर्मित कागज पर काली स्याही से लिखी गई है। इसे अनेक स्थानों पर कीड़ों ने खा लिया है, जिस कारण स्थान-स्थान पर छिद्र हो गए हैं जिनमें से अधिकांश को मैंने 'कुल्लियात-ए-नस्र ग़ालिब'[4] या 'कुल्लियात-ए-ग़ालिब'[5] की सहायता से पूर्ण करने का प्रयास किया है। इन दो पुस्तकों से मुझे जहाँ सहायता नहीं मिल सकी वहाँ मैंने कोष्ठक में अपना अनुमानित पाठ लिखा है। अन्यथा दशा में उन स्थानों को जिन्हें कीड़ों ने चाट लिया है, बिन्दुओं द्वारा स्पष्ट किया गया है। पाण्डुलिपि पर कीड़ों के खाने के अतिरिक्त एक अन्य अत्याचार यह हुआ कि इसमें तिथि अंकित नहीं की गई है। जिन पत्रों में तिथि अंकित है वहाँ वर्ष का उल्लेख नहीं किया गया है। न ही पत्रों को किसी विशेष क्रम से व्यवस्थित किया गया है। परिणाम यह हुआ कि इनके अध्ययन से अस्तव्यस्तता, कुव्यवस्था और असम्बद्धता का अनुभव होता है। दिनों तथा तिथियों को मैंने तुलना एवं अन्तर्साक्ष्यों की सहायता से काल-क्रमानुसार क्रमबद्ध किया है। प्रत्येक पत्र के ऊपरी सिरे पर लिखी संख्या काल-क्रम का निर्धारण करती है और नीचे अंकित संख्या पाण्डुलिपि में पत्र की स्थिति को व्यक्त करती है—

> "पहली बात तो यह कि इन पत्रों का काल-क्रम अशुद्ध है। दूसरे यह कि पत्र-प्राप्तकर्त्ता महानुभावों के नाम नहीं हैं, पत्र संख्या 31 के अतिरिक्त जहाँ पत्र-प्राप्तकर्त्ता का नाम हुगली के नवाब अकबर अली खाँ दिया गया है। किंचित मात्र परिवर्तन के साथ यह पत्र 'पंज आहंग' के प्रारम्भ[6] में प्राप्त होता है। इस संग्रह में सात पत्र और हैं जो 'पंज आहंग' में विद्यमान हैं। यद्यपि इन सात पत्रों का पाठ तनिक भिन्न है परन्तु 'पंज आहंग' में इनके पत्र-प्राप्तकर्त्ता का नाम मौलवी मो. अली खाँ, बाँदा दिया गया है।[7]
>
> "इस एकरूपता से मुझे साहस मिला। मैंने पाठ का ध्यानपूर्वक अध्ययन किया और पुष्ट अन्तर्साक्ष्यों के आधार पर इस परिणाम पर पहुँचा कि शेष बचे 31 पत्रों में से 27 पत्र बाँदा के मौलवी मो. अली खाँ को लिखे गए हैं। एक पत्र हुगली के नवाब सैयद

अली अकबर खाँ तबातबाई को लिखा गया है। दो पत्रों के प्राप्तकर्त्ता तथा उनके पतों की पहचान नहीं हो सकी।"

काजी अब्दुल वदूद ने लिखा है कि तिरमिजी के इस कथन की कई बातें सम्पादक के लिये कष्टकारक थीं। उदाहरणार्थ पाण्डुलिपि के उन अंशों को जिन्हें कीड़ों ने खा लिया था, उससे उत्पन्न होने वाली रिक्ति को उन्होंने प्रामाणिक एवं विश्वसनीय सन्दर्भों से पूर्ण करने का अनुमानित प्रयास किया। पत्र-प्राप्तकर्त्ता से पाठक को किसी सीमा तक परिचित करा दिया। कुव्यवस्था और असम्बद्धता को ठीक किया। काल-क्रम को भी मास-वर्ष के साथ स्पष्ट करने का प्रयास किया। कतिपय उदाहरण द्रष्टव्य हैं–

1. "इन पत्रों के प्राप्तकर्त्ता मौलवी मो. अली उत्तर प्रदेश में स्थित कस्बा मोहान, जिला उन्नाव के निवासी थे और कलकत्ता के मुख्य न्यायालय के काजी उल कजा या काजी-ए-आजम सिराजुद्दीन अली खाँ के छोटे भाई थे। मो. अली खाँ ब्रिटिश प्रशासन व्यवस्था के अन्तर्गत बुन्देलखण्ड में मुफ्ती के उच्च पद पर प्रतिष्ठित थे। उनका कार्य इस्लामी विधि की व्याख्या करना था। पीछे चलकर वे पदोन्नत होकर बाँदा में सिविल जज या सदर अमीन हो गए, जो अत्यन्त प्रमुख पद था। यह पद उस समय भी उनके पास था जब ग़ालिब 1242 हि./1827 ई. में बाँदा से होते हुए कलकत्ता जा रहे थे। यह पद उनके पास देहान्त तक रहा। उनका देहान्त 1247 हि./1831-32 ई. में हुआ। वे विभिन्न विधाओं में शेर कहते थे और फारसी में भी बिना किसी उपनाम के शायरी करते थे।" (सन्दर्भः अली हसन खाँ, सुब्ह-ए-गुलशन, पृ. 379; कुल्लियात-ए-नस्र, पृ. 164; काजी अब्दुल वदूद, मासिर-ए- ग़ालिब, पृ. 39)
2. "अली अकबर खाँ से मिलने के तत्काल पश्चात् बाँदा के मौलवी मो. अली खाँ के निर्देशानुसार ग़ालिब काजी उल कजा की कब्र पर पहुँचे। 20 रमजान 1243 हि. तदनुसार रविवार, 6 अप्रैल 1828 ई. को स्वर्गवासी काजी साहब की विधवा के यहाँ उनके निवासस्थान ईंटली में मौलवी मो. अली खाँ का परिचयात्मक

पत्र लेकर पहुँचे। बेगम साहिबा से ग़ालिब का परिचय मौलवी गुलाम अली ने कराया। उन्होंने पर्दे में रहकर अत्यन्त आनन्द तथा प्रेमपूर्वक वार्त्ता की। उन्होंने यह भी कहा कि शिमला बाजार नगर से अत्यन्त दूर है। अपने भांजे विलायत हुसैन के यात्रा से लौटने के पश्चात् वे ग़ालिब को अपने घर में ठहरने का स्थान उपलब्ध कराएँगी।" (पत्र 6-7)

(कुछ अन्वेषकों ने लिखा है कि कलकत्ता पहुँचने के तीसरे दिन, अर्थात् 22 फरवरी को ग़ालिब उपर्युक्त पत्र लेकर अली अकबर खाँ के घर गए थे और दो-ढाई घंटे रुककर लौट आए थे। दो दिन पश्चात् पुनः गए और रात्रि विश्राम भी किया। तीसरी बार दिल्ली के लिये प्रस्थान करने से पूर्व वहाँ गए और पाँच दिन ठहरे।)

3. "20 जून 1828 को ग़ालिब ने बाँदा के मौलवी मो. अली खाँ को पत्र भेजा और यह निवेदन किया कि उनके लिये एक हजार रुपये का अतिरिक्त ऋण प्राप्त किया जाय।..." (पत्र सं. 9)
4. "...9 अक्टूबर 1828 को ग़ालिब के पास सौ रुपये रह गए थे कि बाँदा के मौलवी मो. अली खाँ की ओर से मौलवी विलायत हुसैन के माध्यम से एक हुंडी मिली। प्रसन्नता से ग़ालिब फूले नहीं समाए और स्वयं बाजार गए ताकि स्वामी और हुंडी की धनराशि के सम्बन्ध में जानकारी प्राप्त कर सकें।" (पत्र संख्या 11)
5. "10 मार्च 1829 को उन्होंने बाँदा के मौलवी मो. अली खाँ को पत्र भेजा कि वे नवाब जुल्फिकार अली खाँ से निवेदन करें कि बाँदा के अमीन (अमी) किरण से एक हजार रुपये अतिरिक्त ऋण प्राप्त करें। मिर्जा मुगल के छोटे भाई मिर्जा उजबक खान के लिये उन्होंने एक पत्र लिफाफे में रख दिया। लिखा था कि नवाब साहब को प्रेरणा दें कि उनका निवेदन स्वीकार कर लिया जाय।" (पत्र संख्या 18)
6. "...इन निवेदनों के परिणाम में शव्वाल 1244 हि. तदनुसार

2 मई 1829 के अन्त में बाँदा के मौलवी मो. अली ने उन्हें एक शाह जोग हुंडी भेजी। ग़ालिब ने मौलवी विलायत हुसैन को हुंडी दी और वे उसके बदले दो सौ रुपये ले आए।" (पत्र संख्या 20)

7. "ग़ालिब ने बाँदा के मौलवी मो. अली को 8 मुहर्रम 1245 हि. तदनुसार 10 जुलाई 1829 को लिखा कि दिल्ली में मुंशी मो. मोहसिन को सहेज दें कि उनके कागज जितना शीघ्र सम्भव हो सके भेज दें। इसी पत्र में उन्होंने दो माद्दा हाए तारीख भी लिखे।" (पत्र संख्या 22)

8. "31 सफर 1245 हि. तदनुसार 4 अगस्त 1829 को उन्होंने अपना सामान नाव द्वारा बाँदा भेज दिया और स्वयं बृहस्पतिवार या शुक्रवार 19 या 20 सफर 1245 हि. तदनुसार 20/21 अगस्त 1829 को प्रस्थान किया। ...30 अक्टूबर 1829 को बाँदा पहुँचे। ...शनिवार, 1 जमादिउल अव्वल 1245 हि. तदनुसार 7 नवम्बर 1829 को बाँदा से दिल्ली के लिये प्रस्थान किया। ...रविवार 29 नवम्बर 1829 को दिल्ली वापस पहुँचे।" (पत्र 24-28)

अत्यन्त निष्ठापूर्वक किए गए संकलन-सम्पादन और यथासम्भव स्पष्टीकरणों के होने पर भी पाण्डुलिपि की दुर्दशा से उत्पन्न होने वाली कठिनाइयाँ और पत्रों की शुद्ध संख्या के निर्धारण में जो गौण त्रुटियाँ रह गईं उन्हें पहले लतीफुज्जमाँ खाँ ने दूर करने का प्रयास किया, फिर अत्यधिक एकाग्रता एवं मनोयोग से इसे परतव रुहेला ने पूर्ण किया। उन्होंने ग़ालिब के चुने हुए फारसी पत्रों (उर्दू अनुवाद 2006, द्वितीय संस्करण 2009) और 'कुल्लियात-ए-मकतूबात-ए-फारसी ग़ालिब' (2010) के प्राक्कथन में जो स्पष्टीकरण दिया है उससे पाठक किसी सीमा तक संतुष्ट हो जाता है। प्रथम उद्धरण-

> "नामा हाए फारसी ग़ालिब के अनुवाद के लिये मेरे समक्ष सैयद अकबर अली तिरमिजी द्वारा सम्पादित वह प्रति थी जो पहली बार ग़ालिब अकादमी, निजामुद्दीन, नई दिल्ली-13, भारत से 1969 में प्रकाशित हुई। इस प्रति का महत्त्वपूर्ण अंश सम्पादक का अंग्रेजी में लिखा हुआ 54 पृष्ठों का वह प्राक्कथन है जो

इसके महत्त्व में वृद्धि करता है और पाठ के सैकड़ों तथ्यों को समझने में सहायक है। परन्तु मूल पाठ में कातिब के कुलेख तथा आश्चर्यजनक एवं कष्टकारक परिवर्तनों के अतिरिक्त सबसे बड़ी कठिनाई इस पाण्डुलिपि का कीड़ों द्वारा खाया जाना है जिसके कारण गद्य की इस कलाकृति में पग-पग पर गम्भीर खिन्नता तथा आनन्दहीनता उभरती है। सम्पादक के लिये इस कठिनाई से पीछा छुड़ाना अत्यन्त सरल था कि कीड़ों द्वारा खाए गए स्थानों पर बिन्दु डाले और आगे बढ़ गए। परन्तु अनुवादक को वाक्य एवं लेख के पूर्वापर को दृष्टि में रखते हुए यह भी निर्धारित करना था कि बिन्दु डाले गए स्थान से एक शब्द लुप्त है या एक वाक्य या कई पंक्तियाँ क्योंकि अनुवाद का प्रवाह बनाए रखने के लिये उसे अपनी ओर से अनुमानित शब्दों द्वारा रिक्त स्थान की पूर्त्ति भी करनी होती थी। इस बाधा को दूर करने के लिये मैंने तत्कालीन महानिदेशक, राष्ट्रीय अभिलेखागार, इस्लामाबाद से सम्पर्क करके निवेदन किया कि यदि वे अपने भारतीय समकक्ष से इस पाण्डुलिपि की माइक्रो-फिल्म मँगवा सकें तो हमारी कठिनाई किसी सीमा तक कम हो जायगी, परन्तु यह नहीं हो सका। परिणामतः ये समस्त रिक्त स्थान इसी प्रकार रह गए और हमारे जीवन के सैकड़ों ध्यानापेक्षी विभागों की भाँति इस संकल्प पर भी कुरूप कलंक की भाँति शेष हैं। यद्यपि अनुवादक ने यथासम्भव अधिकतम स्थानों पर अपने अनुमानित शब्दों से इन स्थानों की पूर्त्ति की है और कोष्ठक में अनुमानित शब्द लिख भी दिया है परन्तु जहाँ क्रम खण्डित हो जाता है और भावभूमि भी साथ नहीं देती तथा प्रतीत होता है कि रिक्ति विस्तृत है, वहाँ गद्य के सम्बन्धित अंश को उसी प्रकार अनूदित करके कोष्ठक में 'अपूर्ण' शब्द लिख दिया गया है।"

परतव रुहेला का यह दूसरा उद्धरण भी द्रष्टव्य है—

"नामा हाए फारसी ग़ालिब में अनुक्रम के अनुसार 31 पत्र हैं। तिरमिजी साहब की भूमिका के अनुसार इसमें 27 पत्र बाँदा के

मो. अली खाँ को सम्बोधित हैं। एक पत्र नवाब सैयद अली अकबर खाँ तबातबाई के नाम है और दो पत्रों के प्राप्तकर्त्ता 'अनिश्चित व्यक्ति' हैं। इस परिस्थिति को दृष्टिगत रखते हुए प्रारम्भ में सूची के अन्त में 'अनिश्चित व्यक्ति' का एक पृथक् शीर्षक देकर पत्र संख्या अट्ठाईस, उनत्तीस और तीस को इसी में डाला गया था परन्तु विद्वान् अन्वेषक तथा ग़ालिब-अध्येता डॉ. हनीफ अहमद नकवी, पूर्व प्रोफेसर, उर्दू विभाग, बनारस हिन्दू विश्वविद्यालय, वाराणसी, भारत के इस लिखित निर्देश पर कि इस संग्रह में केवल दो पत्र 28-29, पृ. 90 और 30-31, पृ. 100 नवाब अली अकबर खाँ तबातबाई के नाम हैं जबकि शेष समस्त पत्र मो. अली खाँ, सदर अमीन बाँदा के नाम हैं, पत्र-प्राप्तकर्त्ताओं की सूची में आवश्यक परिवर्तन कर लिया गया है और अब 'अनिश्चित व्यक्ति' को पत्र-प्राप्तकर्त्ताओं की सूची से निकाल दिया गया है। यह मेरे लिये सन्तोष की बात है कि मुझे उनके इस प्रामाणिक परामर्श की समय पर सूचना मिल गई और परिणामस्वरूप संकलन का एक बड़ा दोष दूर हो गया।"

सैयद अकबर अली तिरमिजी द्वारा खोजी गई पाण्डुलिपि द्वारा यह बात भी उभरकर सामने आती है कि ग़ालिब को कलकत्ता में जो आत्मीय तथा विश्वसनीय मित्र यथा मौलवी सिराजुद्दीन अहमद, मौलवी अब्दुल करीम, मुंशी आशिक अली खाँ, आगा मो. हुसैन, मिर्जा अहमद बेग तपाँ प्राप्त हुए वे बाँदा और वहाँ के सम्मानयोग्य मित्र मो. अली साहब के माध्यम से ही प्राप्त हुए। इस महत्त्वपूर्ण कार्य के कारण परतव रुहेला, लतीफुज्जमाँ खाँ, काजी अब्दुल वदूद ही नहीं, वर्त्तमान काल के ग़ालिब-प्रेमी साहित्यकार भी सैयद अकबर अली तिरमिजी को ग़ालिब-साहित्य के अध्ययनों की सूची में प्रसन्नतापूर्वक सम्मिलित करते हैं। निस्सन्देह उन्होंने अत्यन्त ध्यान, परिश्रम तथा लगन से दीवान मो. अली के नाम लिखे गए ग़ालिब के पत्र खोजे हैं और पत्र-प्राप्तकर्त्ता पर जिस प्रकार प्रकाश डाला है वह प्रशंसनीय है।

सन्दर्भ

1. 'नामा हाए फारसी ग़ालिब' के फारसी पाठ तथा सुदीर्घ अंग्रेजी भूमिका का उर्दू अनुवाद लतीफुज्जमाँ खाँ ने 'मकतूबात-ए-ग़ालिब' शीर्षक से दिसम्बर 1995 में प्रकाशित कराया।
2. जिला बाँदा में तहसील और परगना, डी.एल. ड्रेक—ब्रोकमैन, बाँदा ए गजेटियर (इलाहाबाद, 1909), पृ. 203–7
3. प्रसिद्ध पहाड़ी किला और कस्बा तहसील गर्दान, बाँदा, उपर्युक्त, पृ. 234–47
4. कानपुर संस्करण, 1875
5. सम्पादक अमीर हसन नूरानी, लखनऊ, 1968
6. कुल्लियात–ए–नस्र ग़ालिब, पृ. 96
7. कुल्लियात–ए–नस्र ग़ालिब, पृ. 164–71

❑❑

ग़ालिब-अध्येता : लतीफुज्जमाँ खाँ

(13 मार्च 1924–26 दिसम्बर 2013)

लतीफुज्जमाँ खाँ अंग्रेजी भाषा एवं साहित्य के पठन-पाठन से सम्बन्धित रहे और एक अच्छे शिक्षक के कर्त्तव्यों का सदा निर्वहन किया। यह कला उन्होंने अपने गम्भीर शिक्षक रशीद अदमद सिद्दीकी से सीखी और उनका अनुकरण करते हुए सम्पूर्ण अलीगढ़ से भी प्रेम करते रहे, यद्यपि बुद्धि एवं मस्तिष्क, मन एवं प्राणों पर ग़ालिब छाए रहे। ग़ालिब, रशीद अहमद सिद्दीकी और अलीगढ़ से निस्सीम स्नेह एवं अभिरुचि होने के कारण वे यावज्जीवन उर्दू में लिखते-पढ़ते रहे। डॉ. अबरार अब्दुस्सलाम के कथनानुसार, "वे भारतीय सभ्यता, अलीगढ़, उर्दू, ग़ालिब और रशीद अहमद सिद्दीकी से टूटकर प्रेम करते थे। ये पाँचों तत्त्व उनके लेखन, सोच, मस्तिष्क, व्यवहार, चिन्तन और विचारों पर सघन बादलों की भाँति छाए रहे। उन्होंने इन तत्त्वों से केवल प्रेम का ही अधिकार नहीं जताया वरन् इसका व्यावहारिक प्रमाण भी उपलब्ध कराया है।"[1]

अत्यन्त स्वाभिमानी प्रकृति के स्वामी लतीफुज्जमाँ खाँ अन्वेषक, समीक्षक और अनुवादक के साथ-साथ निबन्धकार[2] और रेखाचित्रकार[3] के रूप में अपनी पहचान रखते हैं। साहित्यिक क्षेत्र में उनकी प्रसिद्धि और स्वीकार्यता ग़ालिब-अध्येता के रूप में भी स्थापित हुई है। 'पाकिस्तान में ग़ालिब-अध्ययन' शीर्षक से पी-एच. डी. का शोध-प्रबन्ध पूर्ण करने वाले डॉ. शकील पताफी अपने लेख 'लतीफुज्जमाँ खाँ बहैसियत ग़ालिब शनास' में लिखते हैं—

> "उन्होंने 'नामा हाए फारसी ग़ालिब' (सम्पादक सैयद अकबर अली तिरमिजी) का उर्दू अनुवाद 'मकतूबात-ए-ग़ालिब' के नाम से प्रकाशित कराया। इस अनुवाद द्वारा ग़ालिब के फारसी पत्रों को समझने में अत्यधिक सहायता मिलती है। इससे उस

काल के सामाजिक-राजनैतिक, आर्थिक-सांस्कृतिक परिवेश पर प्रकाश पड़ता है। यह पत्रों का उर्दू भावानुवाद है। इसे अनुवादन के मूल सिद्धान्तों के प्रकाश में सम्पादित किया गया है। पाठ में उपस्थित क्लिष्ट तथा कठिन प्रयोगों को अत्यन्त अछूते तथा सरल रूप में ढालने का सफल प्रयास किया गया है। इस अनुवाद की सबसे बड़ी विशेषता यह है कि इसे सन्दर्भों सहित सम्पादित किया गया है।"[4]

ग़ालिब के इस अद्वितीय प्रेमी की असंख्य घटनाएँ साहित्यकारों को कण्ठस्थ हैं जिन्हें रजीउद्दीन रजी के निम्नांकित कथन से भी बल प्राप्त होता है—

"ग़ालिब को तो उन्होंने कण्ठस्थ कर रखा है। कौन-सा शेर किस अवसर पर कहा गया, कौन सा पत्र किसके नाम है और उसका पाठ क्या है, यह सब कुछ हमें मुल्तान ही नहीं कम से कम पाकिस्तान में तो एक ही व्यक्ति बता सकता है और वह है लतीफुज्जमाँ खाँ (प्रत्यक्षत : कठोर परन्तु वास्तविकता में मृदु प्रकृति तथा पेमी मनुष्य।)" (दैनिक जंग, मुल्तान, 18 मई 2007)

ग़ालिब के इस विशेषज्ञ ने जब द्वितीय देश में स्थायी आवास के निर्माण का संकल्प लिया तो भी द्वार एवं दीवारों पर उगते हुए बेल-बूटे ग़ालिब से ही उधार लिए गए। इसका प्रत्यक्ष प्रमाण मुल्तान की गुलगश्त कालोनी में हाली रोड पर बी-149 की पंक्ति में बना हुआ मकान 'ग़ालिबनुमा' है। प्रेम एवं श्रद्धा के ईंट-गारे से निर्मित होने वाला 'ग़ालिबनुमा' ज्ञान-पिपासुओं के लिये किसी दैवी कृपा से कम नहीं है। ज्ञानार्जन के लाभ के आधार पर आज आवास एवं निवासी, ये दोनों ग़ालिब साहित्य की सूची के भाग कहे जा सकते हैं।

विगत काल को पुकारते हुए 'ग़ालिबनुमा' के निवासी के जीवन-परिचय पर दृष्टिपात करें तो वे 13 मार्च 1924 को भीलवाड़ा, रियासत मेवाड़ (राजस्थान) में उत्पन्न हुए। प्रमाणपत्र में उनकी जन्मतिथि 14 मार्च 1926 अंकित है। पिता अब्दुल लतीफ खाँ पुलिस विभाग में सेवारत थे। दादा जहूर अहमद खाँ धर्म के साथ-साथ काव्य-साहित्य में भी रुचि रखते थे। लतीफुज्जमाँ ने 1930 से 1932 तक भीलवाड़ा के मदरसे में मौलवी अहमद हसन से कुरान पढ़ी। प्रारम्भिक शिक्षा कुँअर पिदा स्कूल,

जगदीश चौक, उदयपुर में प्राप्त करते हुए मिडिल की परीक्षा 1938 में उत्तीर्ण की। छठी से आठवीं कक्षा तक की शिक्षा महाराणा मिडिल स्कूल, चित्तौड़गढ़, मेवाड़ में प्राप्त की, फिर इसी के इंटर सैक्शन में आ गए और 1945 में मैट्रिक उत्तीर्ण किया। बारहवीं कक्षा में प्रविष्ट हुए ही थे कि विभाजन ने गम्भीर दंगों का रूप ग्रहण कर लिया। इस संक्रमण काल में वे अपनी ननिहाल कस्बा अतरौली, जिला अलीगढ़ आ गए और उस गर्म आँधी के थपेड़ों में 11 मार्च 1948 को अलीगढ़ से कराची के लिये प्रस्थान किया। आगामी वर्ष अलीगढ़ वापस आए ताकि बचपन में पूर्वजों के दिए गए वचन को सम्बन्ध का रूप दिया जा सके। अत्यन्त सादगी के साथ अतरौली, अलीगढ़ में 13 जून 1949 को कमरुन्निसा से उनका विवाह हुआ।[5] 1952 में माता और छोटे भाई-बहन को भी अलीगढ़ से कराची ले गए। उर्दू कॉलेज, कराची से इंटर और बी. ए. उत्तीर्ण किया। 1959 में कराची विश्वविद्यालय से अंग्रेजी साहित्य में एम.ए. किया और इसी वर्ष गवर्नमेंट कॉलेज, रहीमयार खाँ के अंग्रेजी विभाग में नियुक्त हो गए। विभिन्न स्थानों पर स्थानान्तरण होते रहे।[6] मुल्तान के गवर्नमेंट कॉलेज में कार्यरत थे और मस्तिष्क में 'ग़ालिबनुमा' की रूपरेखा बना रहे थे कि 29 नवम्बर 1966 को पिता अब्दुल लतीफ खाँ का अतरौली, अलीगढ़ में देहान्त हो गया। दफनाने में तो वे सम्मिलित नहीं हो सके परन्तु उनकी बरसी पर एक सप्ताह के लिये अलीगढ़ आए और निरन्तर रशीद अहमद सिद्दीकी की सेवा में भी उपस्थित होते रहे। 13 मार्च 1986 को अंग्रेजी के प्रोफेसर के रूप में गवर्नमेंट कॉलेज, मुल्तान से सेवानिवृत्त हुए। सेवा से निवृत्त होने के पश्चात् ग़ालिब पर विशेष ध्यान दिया और इस सम्बन्ध में वे कई बार, विशेषकर 1983, 1989 तथा 1996 में भारत आए।

1969 में अन्तर्राष्ट्रीय स्तर पर ग़ालिब को स्मरण किया गया। इस शताब्दी समारोह ने जो महत्त्वपूर्ण पुस्तकें उपलब्ध कराईं उनमें सैयद अकबर अली तिरमिजी की Persian Letters of Ghalib को देखकर उन्हें आत्मिक प्रसन्नता हुई। उन्होंने अनुभव किया कि पुरातत्व विभाग में कार्यरत यह इतिहास का शिक्षक ग़ालिब के अप्रकाशित वरन् दुर्लभ फारसी पत्र, जो मो. अली, सदर अमीन बाँदा के नाम थे, उनको विधिवत रूप से सम्पादित करते हुए पर्याप्त विस्तार से कार्य करता है। शोध एवं सम्पादन के सिद्धान्त एवं नियमों से परिचय रखने वाले के साथ अत्याचार यह हुआ कि जिन दुर्लभ पत्रों को प्राप्त करने में बरसों लगे थे, उन्हें केवल चार माह में जनता के समक्ष पुस्तकाकार प्रस्तुत कर दिया गया। शीघ्रता में ऐसा क्यों हुआ?

तिरमिजी साहब ने अंग्रेजी में लिखी अपनी दीर्घ भूमिका में इसे स्वीकार किया है। यह साहित्यिक ईमानदारी और सम्पादक की स्पष्टवादिता खाँ साहब को अच्छी लगी। उन्हें यह बात भी अच्छी लगी कि सैयद अकबर अली तिरमिजी ने समस्त खोजे गए फारसी पत्रों पर अंग्रेजी में सम्पूर्णता में चर्चा की थी जिसने वैश्विक स्तर पर नये सिरे से चिन्तन-मनन करने की प्रेरणा दी। आश्चर्य एवं प्रसन्नता की इस मिली-जुली दशा में लतीफुज्जमाँ खाँ को जहाँ-जहाँ कमियाँ अनुभव हुईं उनको चिह्नित करने का संकल्प करते हुए सम्पादन का कार्य किया। विस्तार भय से लतीफुज्जमाँ खाँ ने पत्रों का फारसी पाठ सम्मिलित नहीं किया, शेरों तथा गद्य का उर्दू अनुवाद किया जो भावानुवाद होने के साथ-साथ सरलता को प्रकट करता है। उन्होंने जटिल बिन्दुओं को सुन्दर रूप से उर्दू के ढाँचे में रूपान्तरित किया है। वे लिखते हैं—

> "...पत्रों में कुछ स्थानों पर शेर और कहीं-कहीं पंक्तियाँ लुप्त थीं। उन्हें मैंने 'कुल्लियात-ए-ग़ालिब फारसी', द्वितीय संस्करण, कानपुर, 1872 से प्रतिलिपि कर दिया है।"

उदाहरण के रूप में 'सिया मस्ताना रहीक ए शोला' में रहीक किताबत की त्रुटि है। यहाँ 'हरीक' शुद्ध है। (पृ. 63) इसी प्रकार पत्र संख्या 3 में 'वालिद अल हराम सौदागर...' के सम्बन्ध में लिखते हैं कि यहाँ लेख अशुद्ध है। प्रतीत होता है कि कातिब से प्रतिलिपि करने में प्रमाद हुआ है। मैं शाब्दिक अनुवाद किए देता हूँ परन्तु समझ रहा हूँ कि वाक्य परस्पर असम्बद्ध हैं। (पृ. 68) इसी प्रकार उन्होंने किताबत की त्रुटि अथवा प्रमाद को ही शुद्ध नहीं किया वरन् पाण्डुलिपि में जहाँ-जहाँ व्यक्तियों के सम्बन्ध में भ्रम उत्पन्न हुआ तो उसे भी शुद्ध करने का यथासम्भव प्रयास किया है। उदाहरणार्थ पाण्डुलिपि में जॉन बेली को त्रुटिवश विलियम बडोर्थ बेली, आई.सी.एस. पढ़ा गया। उन्होंने सी.ई. बुकलैंड डिक्शनरी ऑफ इण्डियन बायोग्राफी (लन्दन, 1906) के सन्दर्भ से शुद्ध किया। उन्होंने सम्भवतः पहली बार ग़ालिब के अस्थायी प्रवास की घटनाओं की क्रमबद्ध तिथियों का निर्धारण किया और दीर्घ पत्रों की व्याख्या भी की।

इस प्रकार ग़ालिब-प्रेमियों के लिये 'ग़ालिबनुमा' के निवासी ने आधुनिक दृष्टिकोण से कलकत्ता यात्रा, बाँदा के क्षेत्र और दीवान मो. अली को समझने का मार्ग समतल किया। उनके इस कार्य से छोटों-बड़ों में यह प्रेरणा उत्पन्न हुई कि अब

भी ग़ालिब के व्यक्तित्व, मित्रों तथा चिन्तन एवं कला को समझने के कई पक्ष शेष हैं। बस, उनकी ओर पाँव बढ़ाने के लिये लतीफुज्जमाँ खाँ जैसे संकल्प एवं दृढ़ता, उत्साह एवं उमंग की आवश्यकता है।

सन्दर्भ

1. पूछते हैं वो कि आरिफ कौन है? 'आरिफ-ए-खस्ता के बगैर', सम्पादक डॉ. अबरार अब्दुस्सलाम, बेकन बुक्स, गुलगश्त, मुल्तान (पाकिस्तान), 2016, पृ. 7
2. पत्रों में उनका निबन्ध लेखन पूर्णतः प्रकाशित है जिसके सम्बन्ध में पर्याप्त लिखा गया है। मैं यहाँ केवल डॉ. सलाहुद्दीन हैदर का एक उद्धरण प्रस्तुत कर रहा हूँ–

   "लतीफुज्जमाँ खाँ के लिखे पत्रों में उनके व्यक्तित्व के समीक्षात्मक दृष्टिकोण, अनुभवों और जीवन के उत्थान-पतन की झलकियाँ सुरक्षित हो गई हैं। जब उनके अस्तित्व पर सन्नाटा छाने लगता है तो वे व्याकुल होकर मित्रों के नाम पत्र लिखते हैं।" (इंशा-ए-लतीफः मकतूबनिगारी में लतीफ इजाफा, शोला-ए-इश्क, सिया पोश, जनवरी 2015, पृ. 18)
3. लतीफुज्जमाँ खाँ के रेखाचित्र लेखन का भरपूर विवेचन सैयद आमिर सुहेल ने 'आइना-ए-खयाल ता बारान-ए-संग' के शीर्षक से प्रस्तुत किया है जो उनकी पुस्तक 'इनसे मिलिये' के प्रथम संस्करण (1997) में भूमिका के रूप में सम्मिलित था। वे लिखते हैं–

   "लतीफुज्जमाँ के रेखाचित्र उर्दू में नये पक्षों, प्रवृत्तियों और सम्भावनाओं के जन्मदाता हैं। ...उनके रेखाचित्रों की एक अत्यन्त महत्त्वपूर्ण विशेषता उनकी भाषा और वाक्य-विन्यास की कला है। वे वाक्य बनाते नहीं वरन् वाक्य स्वयमेव बनता चला जाता है।"
4. 'आरिफ-ए-खस्ता के बगैर', सम्पादक डॉ. अबरार अब्दुस्सलाम, पृ. 143 (बेकन बुक्स, गुलगश्त, मुल्तान, 2016)
5. 29 नवम्बर 1960 को बड़ी पुत्री महजबीं उत्पन्न हुई। 5 जनवरी 1962 को

बड़ा पुत्र अनीसुज्जमाँ, 14 जून 1965 को छोटी पुत्री लालारुख और 24 जुलाई 1967 को छोटा पुत्र तनवीरुज्जमाँ उत्पन्न हुआ।

6. 7 अक्टूबर 1963 को गवर्नमेंट कॉलेज, मुल्तान, 9 मई 1968 को डेरा गाजी खाँ और 14 जून 1968 को गवर्नमेंट कॉलेज, मुजफ्फरगढ़ को स्थानान्तरण हुआ। वे 26 सितम्बर 1970 को पुनः गवर्नमेंट कॉलेज, मुल्तान वापस आ गए।

❑❑

ग़ालिब के फारसी पत्रों का प्रेमी: परतव रुहेला

(23 नवम्बर 1933–29 सितम्बर 2016)

उर्दू, फारसी और पश्तो में शायरी करने वाले प्रसिद्ध शायर परतव रुहेला का वास्तविक नाम मुख़्तार अली खाँ है। वे 23 नवम्बर 1933 को बरेली (उत्तर प्रदेश) के सम्पन्न परिवार में उत्पन्न हुए। उनके पुत्र मो. अली खाँ के अनुसार, "सरकारी रिकार्ड में 10 अगस्त 1933 अंकित है जबकि वास्तविक जन्मतिथि 23 नवम्बर 1933 है।" एक डायरी में परतव रुहेला अपने जीवन की घटनाएँ कहानी के रूप में लिख रहे थे और मो. अली खाँ से उसकी प्रतिलिपि प्राप्त करके प्रो. नौशाबा सिद्दीकी (पूर्व प्राचार्य, अल्लामा इकबाल डिग्री कॉलेज, सम्पादक मासिक 'तहजीब', कराची) ने मुझे प्रेषित की है। इसके प्रथम पृष्ठ पर लिखा है–

> "जन्म परतव रुहेला– 23 नवम्बर 1933 को बरेली (यू.पी., भारत) में हुआ। ...मार्च 2022 के 'शेर-ओ-हिकमत' में उनके जन्म के सम्बन्ध में कुछ इस प्रकार लिखा गया–10 अगस्त 1933 को पाकिस्तान के बन्नू क्षेत्र में उत्पन्न हुए, जो कि शुद्ध नहीं है।..."

अपनी डायरी में परतव रुहेला अत्यन्त रोचक रूप से लिखते हैं–

> "...इस जीवन की सर्वप्रथम दुर्घटना तो मेरा जन्म ही है जो 23 नवम्बर 1933 को बरेली, यू.पी., भारत में हुआ। किसी व्यक्ति का अपने जन्म में जिस सीमा तक हस्तक्षेप हो सकता है बस उतना ही मुझे भी था। रही सही कसर मुख़्तार अली खाँ नाम रखकर पूरी कर दी गई।"

बचपन के स्थान-परिवर्तन और देश छोड़ने की पीड़ा को मिश्रित करते हुए

उन्होंने अपनी आत्मकथा में लिखा है—

> "...जब होश सँभाला तो धरती-आकाश बदले हुए थे। न वे हास-परिहास थे न वे मीठे स्वप्न। केवल नौकरी का एक मार्ग था अतः साहस करके प्रतियोगी परीक्षा में सम्मिलित हुआ। यह परीक्षा मेरे जीवन की दूसरी बड़ी दुर्घटना है। इसमें कुछ मेरी मूर्खता, कुछ परीक्षकों की बुद्धिमानी कि मैं उत्तीर्ण हो गया। लिखित परीक्षा में उत्तीर्ण होने के पश्चात् आगामी पड़ाव मौखिक साक्षात्कार था जिसमें मनोविज्ञान का विश्लेषण करने के लिये इंगलैण्ड से मनोविज्ञान-विशेषज्ञ बुलाए गए..."

शायरी के क्षेत्र में पाँव जमाते हुए जब मुख्तार अली खाँ ने परतव उपनाम के साथ रुहेला को भी सम्बद्ध किया तो इसकी पृष्ठभूमि में उनका वह पारिवारिक परिदृश्य था जिसका प्रत्यक्ष सम्बन्ध रुहेलखण्ड के शासकों से था। शान उल हक हक्की ने इस पारिवारिक परिदृश्य पर प्रकाश डाला है जिसके विस्तार में जाने का यह अवसर नहीं है परन्तु परतव रुहेला की डायरी के प्रारम्भिक वाक्य द्रष्टव्य हैं—

> "मेरे सर्वश्रेष्ठ पूर्वज हाफिज उल मुल्क की उपाधि प्राप्त नवाब हाफिज रहमत खाँ, रुहेलखण्ड के शासक, सीमान्त प्रदेश से मातृभूमि छोड़कर भारत आए थे और उन्होंने रुहेलखण्ड में पठानों का स्वतन्त्र साम्राज्य स्थापित किया था।..."

अपने पूर्वजों के गुणों तथा कार्यों को प्रकट करते हुए परतव रुहेला लिखते हैं कि वे मर्दान से मध्य भारत में आए और रुहेलखण्ड में वर्षों तक शासन करते रहे। इस रोचक कथन में न केवल मुगल काल के उत्थान-पतन की कहानी झलकती है वरन् इतिहास एवं संस्कृति से भी उसका गहन सम्बन्ध प्रकट होता है जिसमें उनके पूर्वजों के उच्च उत्साह के साथ उनकी मेधा और गुणग्राहकता भी प्रकाशमान है। उन्होंने पठानों, विशेषकर यूसुफजई पठानों की चर्चा विभिन्न शेरों में तीखे व्यंग्य करते हुए की है। अपने कई दोहों में भी इसके स्पष्ट संकेत किए हैं—

ज्ञानी होकर करते हो तुम अज्ञानी की बात।
मैं हूँ रहमत खाँ का पोता ऊँची मेरी जात॥

× × ×

इसको देखो दादा जिसके हाफिज रहमत खान।
लोगों से वह कहता फिरे क्या सैयद, शेख, पठान॥

मेधावी छात्र एक अच्छा अधिकारी भी सिद्ध होता है। वे 1957 में पाकिस्तान की प्रतियोगी परीक्षा टैक्सेशन सर्विस में उत्तीर्ण हुए। अगले वर्ष डेरा इस्माईल खाँ में सरकारी अधिकारी के रूप में नियुक्त हुए। 1965 में सीमान्त प्रदेश के एक प्रसिद्ध कुल में विवाह हुआ। 1983 में कस्टम के डायरेक्टर विजिलेंस, 1985 में डायरेक्टर जनरल, 1990 में रीजनल आय कर कमिश्नर बने। 1995 में सैन्ट्रल बोर्ड ऑफ रेवेन्यू से सेवानिवृत्त हुए। सेवा से निवृत्त होने के पश्चात् इस्लामाबाद में स्थायी रूप से निवास करने लगे और पूर्ण एकाग्रता एवं मनोयोग के साथ स्वयं को साहित्य के लिये न्यस्त कर दिया।

'परतव-ए-शब' उनकी गजलों का प्रथम संग्रह है। गजलों का द्वितीय संग्रह 'शिकस्त-ए-रंग' के शीर्षक से प्रकाशित हुआ। 1976 में दोहों का संग्रह 'रैन उजियारा' तीन भागों में प्रकाशित हुआ। 1980 में पश्तो शायरी पर केन्द्रित संग्रह 'पटे' के नाम से परिदृश्य पर आया जिसे 1982 में क्षेत्रीय साहित्य के लिये चयनित करते हुए राइटर्स गिल्ड द्वारा पुरस्कृत किया गया। 1984 में गजलों, नज्मों तथा दोहों का संग्रह 'नवा-ए-शब' प्रकाशित हुआ जिस पर एकेडमी अदबियात, इस्लामाबाद ने 'हुजरा एवार्ड' प्रदान किया। 'दाम-ए-खयाल' और 'आवाज' उत्तरोत्तर प्रकाशित हुए और 1993 में पुरस्कारों से सम्मानित किए गए। 1996 में नज्मों तथा गजलों का संग्रह 'सफर दायरों का' प्रकाशित हुआ। उसी काल में इन्होंने फारसी में 'कुल्लियात-ए-अता' से भी पाठकों को परिचित कराया और अपना अमरीका का यात्रा वृत्तान्त 'सफर गश्त' के शीर्षक से प्रस्तुत किया। 'बाग-ए-दो दर' में सम्मिलित ग़ालिब के फारसी पत्रों का उर्दू अनुवाद 2000 में प्रकाशित कराया। 2005 में 'मुतफर्रिकात-ए-ग़ालिब', 2008 में 'इन्तिहा-ए-शब', 2012 में ग़ालिब और गमगीन के फारसी पत्रों के प्रकाशन ने साहित्यिक क्षेत्रों में हलचल उत्पन्न कर दी। साहित्यिक अभिरुचि आपके छात्र जीवन से ही प्रकट होती है। उनके व्यक्तित्व एवं कला पर मुम्ताज मुफ्ती ने अपने प्रामाणिक आलेख 'परतव रुहेला' में लिखा है—

"...जब मैंने पहली बार परतव के दोहे पढ़े तो मेरे समक्ष वैराग्य एवं त्याग से परिपूर्ण एक साधु आ खड़ा हुआ।" (पृ. 362)

अहमद नदीम कासमी, जीलानी कामरान और मोहसिन एहसान ने 'शेर-ओ-

हिकमत' (तृतीय काल, पुस्तक 2, 3) में उनकी कलापरक योग्यता को विभिन्न कोणों से स्पष्ट किया है। हम्द, नात, गजल, नज़्म, दोहे और यात्रा वृत्तान्त के अतिरिक्त अनुवादक तथा अन्वेषक के रूप में भी उन्होंने विशिष्टता प्राप्त की है। उन्हें देश तथा विदेश में दर्जनों पुरस्कारों तथा सम्मानों से सम्मानित किया गया है। पेशावर विश्वविद्यालय ने डाक्टरेट की मानद उपाधि प्रदान की। उनकी साहित्यिक सेवाओं पर कई छात्र शोधकार्य कर रहे हैं। वे जमील जालिबी के प्रति विशेष श्रद्धा एवं प्रेम रखते हैं और उनके परामर्श को व्यवहृत करते हैं।

जीवन के अन्तिम पड़ाव में उन्होंने ग़ालिब के फारसी पत्रों के अनुवाद को अपने सम्पूर्ण चिन्तन का केन्द्र बना लिया था। उनके इस महान् कार्य के सम्बन्ध में जमील जालिबी लिखते हैं–

> "अनुवाद मौलिक लेखन से कहीं अधिक कठिन कार्य है। इसमें मूल कार्य यह है कि अनुवाद शाब्दिक भी हो और दैनन्दिन बोलचाल की भाषा तथा भाव के अनुरूप भी। साथ ही वह प्रवाहपूर्ण भी हो और आप उसे ऐसे पढ़ सकें मानो लेखक ने इसे उसी भाषा में लिखा था जिसमें अनुवादक ने अनुवाद किया है। परतव रुहेला ने जिस ध्यान, परिश्रम तथा लगन से इस कार्य को किया है, निश्चयात्मक रूप से प्रशंसनीय है। यह एक पहाड़ जैसा कार्य था जिसे उन्होंने ग्यारह-बारह वर्ष के निरन्तर परिश्रम और अत्यन्त सुघड़ता के साथ कर दिखाया है। यहाँ मैं एक बात अत्यन्त विश्वासपूर्वक कह सकता हूँ कि इस अनुवाद में अनुवादक ने वही बात उसी वैभव एवं स्वभाव के साथ उर्दू में अनूदित कर दी है जो ग़ालिब ने फारसी में कही थी और यह वास्तव में अनुवाद के क्षेत्र में बड़ा कार्य है। साहित्य के इस महान् कार्य की पूर्णता पर मैं परतव रुहेला को खड़ा होकर सलाम करता हूँ। यदि ग़ालिब जीवित होते तो वे भी ऐसे शब्दों में ही प्रशंसा करके परतव रुहेला का हाथ पकड़कर अपने साथ बैठा लेते। फारसी पत्रों के इस मनोहर एवं आश्चर्यजनक उर्दू अनुवाद ने शास्त्रीय साहित्य का वह बन्द द्वार खोल दिया है जिस पर डेढ़ सौ वर्ष से सामान्य रूप से साहित्य पिपासुओं के

लिये और विशेष रूप से उर्दू वालों के लिये ताला जड़ा हुआ था और अब अपने इस कार्य द्वारा ग़ालिब के साथ परतव रुहेला भी चिरजीवी रहने वालों की पंक्ति में सम्मिलित हो गए हैं।" (फ्लैप, कुल्लियात-ए-मकतूबात-ए-फारसी ग़ालिब)

ग़ालिब के फारसी पत्रों में परतव रुहेला का मन ऐसा प्रवृत्त हुआ कि वास्तव में दस-बारह वर्ष का निरन्तर प्रयास फलीभूत हुआ। 2004 में 'पंज आहंग' को 'आहंग-ए-पंजम' के शीर्षक से प्रकाशित कराया और 2006 में ग़ालिब के चयनित फारसी पत्रों को उर्दू का रूप प्रदान किया। 2009 में ग़ालिब के चयनित फारसी पत्रों के अनुवाद के साथ पाठकों की सुविधा हेतु पत्र-प्राप्तकर्त्ताओं का जीवन-परिचय तथा पत्रों का फारसी पाठ भी प्रस्तुत किया। 2010 में प्रकाशित होने वाली 'कुल्लियात-ए-मकतूबात-ए-फारसी ग़ालिब' उनके प्रयासों का ही नहीं, उच्च फारसी ज्ञान का भी प्रमाण है। प्रो. मुश्फिक ख्वाजा के शब्दों में–

"परतव रुहेला ने ग़ालिब अध्ययन के लिये जो कठिन तथा दुर्गम मार्ग ग्रहण किया है और उस पर वे जिस सुगमता से अग्रसर हैं उसका अन्य कोई उदाहरण प्राप्त नहीं होता। एक ऐसे काल में जब हमारे ज्ञान, साहित्य और सामुदायिक जीवन से फारसी का सम्बन्ध नाममात्र को भी नहीं है और ग़ालिब के फारसी पत्रों से लाभान्वित होना तो कहाँ, उनको आंशिक रूप में समझना भी असम्भव है, परतव रुहेला ने ग़ालिब के फारसी पत्रों को निरन्तरता में अनुवाद करके ग़ालिब और ग़ालिब के श्रद्धालुओं के मध्य अपरिचय के वातावरण को घटाने का सफल प्रयास किया है। इस अनुवाद के द्वारा उर्दू वालों को पहली बार उस वातावरण में साँस लेने का अवसर प्राप्त होगा जिसका निर्माण ग़ालिब ने इन पत्रों को फारसी में लिखते समय किया था। परतव रुहेला फारसी भाषा पर विशेषज्ञतापूर्ण अधिकार रखने के साथ-साथ ग़ालिब की प्रकृति से भी परिचित हैं। इसीलिये उन्होंने ग़ालिब के गद्य को ग़ालिब के उद्देश्य के अनुरूप इस प्रकार उर्दू में अनुवादित किया है कि अनुवाद से मौलिक लेखन का भ्रम होता है।" (फ्लैप, कुल्लियात-ए-मकतूबात-ए-फारसी ग़ालिब)

वे आरम्भ से ही ग़ालिब के प्रशंसक थे। सैयद अकबर अली तिरमिजी और प्रो. लतीफुज्जमाँ खाँ के कार्य से उन्हें ग़ालिब के फारसी पत्रों का अनुवाद करने की प्रेरणा प्राप्त हुई। वे स्वयं लिखते हैं कि जब 2005 में ग़ालिब इंस्टीट्यूट के निमन्त्रण पर 'ग़ालिब की तफहीम ओ ताबीर के इम्कानात' शीर्षक से आयोजित अन्तर्राष्ट्रीय सेमीनार 16 से 18 दिसम्बर 2005 में सम्मिलित होने के लिये गया तो दिल्ली में ग़ालिब पर विभिन्न भाषाओं में होने वाले कार्य और मंचीय कार्यक्रम से इस सीमा तक प्रभावित हुआ कि लेखन के समस्त भावी कार्य की रूपरेखा मस्तिष्क में बना ली। 'ग़ालिब के मुन्तखब फारसी मकतूबात' (2006) में वे लिखते हैं–

> 'ग़ालिब के फारसी पत्रों का चयन तो लम्बे समय से मेरे मस्तिष्क में सुरक्षित था। अवकाश के क्षणों में विशेष रूप से इसी उद्देश्य के लिये कई पुस्तकों से पत्र चिर्ि त भी किए थे। परन्तु दिसम्बर 2005 में दिल्ली के ग़ालिब इंस्टीट्यूट द्व ारा आयोजित सेमीनार में आदरणीय सिद्दीकुर्रहमान किदवाई साहब से भेंट होने पर उनके बलपूर्ण आग्रह ने इस संकल्प को तत्काल दृढ़ कर दिया और दिल्ली से लौटते ही मैं इस संकल्प को पूर्ण करने में जुट गया। इस संकल्प की रूपरेखा मेरे मस्तिष्क में पूर्व से ही थी। अनूदित पत्रों में से चिर्ि त पत्रों को एकत्रित करना कोई समस्या नहीं थी। इसलिये यह कार्य कुशलतापूर्वक हो गया।" (पृ. 1)

इस महान् कार्य के दृश्य-परिदृश्य को स्पष्ट करते हुए भूमिका (वाहिद मुतकल्लिम) में परतव रुहेला लिखते हैं–

> "ग़ालिब की फारसी शायरी की भाँति ही उनके फारसी पत्र भी एक पृथक् संसार हैं। आज से लगभग ग्यारह-बारह वर्ष पूर्व स्व. मुश्फिक ख्वाजा के आग्रह पर मैंने इस जादुई महल में पाँव रखा था और आज मैं ग़ालिब के फारसी पत्रों की समस्त पुस्तकों का ही नहीं वरन् उनके उन बिखरे पड़े पत्रों का अनुवाद भी कर चुका हूँ जिन तक मेरी पहुँच हो सकी। पूर्व की भाँति इसी जादुई महल में प्रत्येक द्वार-दीवार को देखता और इसके एक-एक चि को आश्चर्य से ताकता उन्मत्तों की सी दशा में

> पड़ा हुआ हूँ और बाहर निकलने का द्वार नहीं मिल रहा है। जादुई महल की उपमा को दृष्टि में रखा जाय तो इस चयन को इस जादुई महल का दीवान-ए-खास कहना ही उचित प्रतीत होता है परन्तु फिर भी मुझे अपने कथन पर सन्तोष नहीं हो रहा है। शब्द अपनी अभिव्यक्ति में कितने ओछे और संकीर्ण हैं इसका अनुभव मुझे इस समय हो रहा है जब मैं ग़ालिब के इस महान् और सम्मानित कार्य की प्रशंसा एवं सम्मान में कुछ कहना चाहता हूँ। अभिव्यक्ति की असफलता संग्रथन से खिन्न होकर मूल दशा की ओर प्रवृत्त है। अतः यदि इस चयन को चिन्तन-सौन्दर्य की सुगन्ध कहूँ तो सम्भवतः अच्छा हो ताकि उद्दिश्ट रूप कुछ तो प्रकट हो और वांछित दिशा कुछ तो स्पष्ट हो सके।" (संस्करण 2006, पृ.1)

उपर्युक्त संग्रह के महत्त्व, उपादेयता और प्रथमता के सम्बन्ध में लिखते हैं–

> "मेरे विचार में ग़ालिब के फारसी पत्रों के अनुवाद का यह प्रथम चयन होगा जो प्रकाशित हो रहा है। सम्भव है कि इसका कारण यह हो कि सम्प्रति ग़ालिब के समस्त फारसी पत्रों का उर्दू अनुवाद नहीं हुआ था और निश्चयात्मक रूप से इसका एकमात्र कारण यही है।"

निकट एवं सुदूर भूतकाल के साहित्यिक दृश्य-परिदृश्य में ग़ालिब को समग्रता में खोजते हुए स्वयं ही प्रश्न करते हैं कि एक शताब्दी व्यतीत हो जाने के पश्चात् भी ऐसा क्यों नहीं हुआ? वे मात्र प्रश्न ही नहीं करते वरन् संकेतात्मक रूप से काल-परिवर्तन, प्रकृति एवं रुचि के परिवर्तन को भी इतिहास के प्रकाश में प्रतिबिम्बित करते हैं–

> "ग़ालिब के फारसी पत्रों का उर्दू अनुवाद इसलिये नहीं हुआ क्योंकि जनसामान्य की तो बात ही क्या, बिना किसी प्रकार की हानि का अनुभव किए लम्बा समय हुआ फारसी ज्ञान एवं साहित्य हमारे प्रमुख लोगों की पहुँच से भी निकल गया। फिर भी विभिन्न अवसरों पर विभिन्न उद्देश्यों से ग़ालिब के उर्दू पत्रों के चयन प्रकाशित हुए। इनमें ज्ञान एवं साहित्यिक उद्देश्यों से

अधिक शैक्षणिक उद्देश्य थे और इसलिये उनके ऐसे पत्रों का चयन किया गया जो सरल भाषा और नित्यप्रति दो आत्मीय मित्रों अथवा मिलने वालों की पारस्परिक बोलचाल की शैली का चित्रण करते थे क्योंकि यही शैली उनके उर्दू पत्रों का श्रेष्ठ गुण निर्धारित हुई है।"

'उर्दू अदब की तारीख' (आरम्भ से 1857 तक) में डॉ. तबस्सुम काश्मीरी ने ग़ालिब के उर्दू पत्रों के विषय में जो धारणा स्थापित की है, उर्दू में सामान्यत: उसकी ही चर्चा होती रहती है। उद्धरण द्रष्टव्य है–

"ग़ालिब की कला यह है कि उसने पत्र को जानकारी, घटनाओं तथा कुशलक्षेम पूछने के परम्परागत स्तर से ऊँचा उठाकर एक परिदृश्य (Scenario) बना दिया है। वे केवल सीधे सादे साधारण ढंग के अनुसार पत्र-प्राप्तकर्त्ता को वांछित घटनाओं से संसूचित नहीं करते वरन् प्राय: घटनाओं के विवरण को परिदृश्य में परिवर्तित कर देते हैं। वे मानवीय मनोविज्ञान और सामाजिक सम्बन्धों पर गहन दृष्टि रखते हैं इसलिये उनका परिदृश्य स्मृतियों, अनुभवों और भावनाओं की कई दशाओं को प्रस्तुत करता है। एक कला-निष्णात् नाट्यकार की भाँति वे दृश्य के विभिन्न पक्ष प्रदर्शित करने पर अधिकार रखते हैं। विशेषकर मानवीय सम्बन्धों के सन्दर्भ से वे जिन पक्षों को प्रकट करते हैं वे सभ्यता एवं संस्कृति के स्तर का बिम्ब प्रस्तुत करते हैं। ऐसे अवसरों पर उनके पत्रों में सघन स्नेह, प्रेम, सामीप्य एवं मित्रता की झलकियाँ प्राप्त होती हैं।" (द्वितीय संस्करण, 2009, एम.आर. पब्लिकेशंस, नई दिल्ली, पृ. 761-762)

इस ओर अवश्य ध्यान आकृष्ट करना चाहता हूँ कि दीवान मो. अली को लिखे गए पत्रों का शैलीगत अध्ययन किया जाय तो उनमें वर्णन की आनबान है, विद्वत्ता का वैभव है, जटिल एवं औपचारिकतापूर्ण अभिव्यक्ति है। कल्पनाएँ, सूक्ष्म दृष्टि, वाक्पटुता है। वरन् परिदृश्य विस्तृत है और ये सूक्ष्मताएँ तुलनात्मक अध्ययन को आमन्त्रित करती हैं जिसका यहाँ अवकाश नहीं है। अत: फारसी-उर्दू के सम्बोधित करने के ढंग की तुलना करने से पृथक् रहते हुए परतव रुहेला की ओर लौटता हूँ।

वे ग़ालिब के इन फारसी पत्रों के कथन को विभिन्न कोणों से परखते हुए प्रश्न एवं उत्तर करते हैं—

> "यहाँ अन्ततः एक प्रश्न उत्पन्न होता है और वह यह कि फारसी पत्र तो ग़ालिब के अनेक पूर्ववर्त्तियों तथा समकालीनों ने भी अत्यन्त धूमधाम के साथ लिखे जबकि उनमें से कोई ज्ञान एवं बुद्धि और विद्वत्ता एवं गुणों में किसी प्रकार भी ग़ालिब से कम नहीं था, परन्तु उनके पत्र प्रसिद्धि के उस उत्कर्ष को क्यों नहीं छू सके जो ग़ालिब के पत्रों को प्राप्त हुआ? इसका अत्यन्त सीधा और अनुत्तरित कर देने वाला उत्तर यह है कि प्रत्येक व्यक्ति को व्यक्तित्व प्राप्त नहीं होता और न प्रत्येक व्यक्ति को वैशिष्ट्य प्राप्त होता है। प्रकृति ने ग़ालिब को वह मेधा और मस्तिष्क प्रदान किया था जो प्रकृति की कार्यशाला में भी शताब्दियों में कभी प्राप्त होता है। ग़ालिब अपने व्यक्तित्व, अपने वैशिष्ट्य, अपने उच्च चिन्तन, अनुपमेय प्रतिभा का शाश्वत उदाहरण थे। वे साहित्यिक विधान के वह सच्चे ईशदूत थे जिसके हाथ में शब्दों के गूँगे पत्थर बोलने लगते थे और निष्प्राण वस्तुओं में भी प्राणों का संचार हो जाता था।" (पृ. 2–3)

पत्र लेखन के सिद्धान्त एवं नियम और उपादानों पर चर्चा करते हुए वे अपने एक लेख 'ग़ालिब की इंशानिगारी व फारसी नामानवीसी' (बारे ग़ालिब का कुछ बयान हो जाए, 2012, अंजुमन तरक्की उर्दू पाकिस्तान) में भिन्न-भिन्न प्रकार के प्रश्न करते हुए स्वत्व एवं युक्ति से काम लेते हैं। यथा ग़ालिब के पत्र लेखन की कार्यप्रणाली कब, कहाँ और किन परिस्थितियों में निर्मित हुई?

इस भाग में वे नवाब अली बख्श के अत्याचारों को सन्दर्भ बनाते हैं और ग़ालिब की मानसिक दशाओं के ज्वार-भाटे को उभारते हैं। फिर ग़ालिब के पत्र लेखन की कार्यप्रणाली के आदेशों तथा निषेधों को स्पष्ट करते हुए सात मूलभूत बातों पर पाठक का ध्यानाकर्षण करते हैं—

> "...ग़ालिब ने उपर्युक्त प्रत्येक बात के साथ उसके निषेध को सम्भावनाओं में सम्मिलित किया है। एक प्रकार से यह इस बात की ही व्याख्या के अतिरिक्त कुछ नहीं है। यथा आदेश के

सिद्धान्त में है कि एक ऐसे शब्द से, जो पत्र–प्राप्तकर्त्ता की दशा के अनुकूल हो, सम्बोधित किया जाय और उद्देश्यपरक लेखन आरम्भ किया जाय। अर्थात् इस क्रम में उपाधि एवं सम्बोधन एवं सम्मानसूचक तथा कुशलक्षेम कथन एवं स्वास्थ्य–जिज्ञासा जो भरती के एवं अतिरिक्त शब्दों में परिगणित होते हैं उनसे पृथक् रहा जाय। अन्य आदेशों के निषेध भी इसी प्रकार अनुमानित किए जा सकते हैं।" (ग़ालिब की इंशानिगारी व फ़ारसी नामानवीसी, पृ. 40–41)

एक अन्य शीर्षक बनाते हुए परतव रुहेला पाठक का ध्यान इस दिशा में आकर्षित करते हैं कि ग़ालिब ने स्वयं अपनी कार्यप्रणाली का पालन किस सीमा तक किया–

"क्योंकि इस कार्यप्रणाली के क्रियान्वयन और अली बख्श खाँ को इसके अन्तरण के तत्काल पश्चात् ही ग़ालिब ने कलकत्ता यात्रा आरम्भ की थी तो इस उद्देश्य के लिये वे पत्र जो इस यात्रा के मध्य और कलकत्ता प्रवास में लिखे गए अत्यन्त उचित प्रतीत होते हैं। और ये समस्त पत्र 'नामा हाए फ़ारसी ग़ालिब' (सम्पादन अली अकबर तिरमिजी, प्रकाशक ग़ालिब एकेडमी, दिल्ली) के शीर्षक से पुस्तकाकार उपलब्ध भी हैं।"

इस बात को अतिरिक्त विस्तार देते हुए लिखते हैं–

"पत्रों की उपर्युक्त पुस्तक में कुल इकत्तीस पत्र हैं जिनमें चौबीस पत्र बाँदा के मौलवी मो. अली खाँ के नाम हैं जो ग़ालिब के मित्र, सहानुभूति रखने वाले, उपकारी सब कुछ थे। इससे पूर्व कि हम कार्यप्रणाली के अन्य पक्षों पर ध्यान दें, सर्वप्रथम यह देखते हैं कि उन्होंने अपनी प्रथम स्पष्ट घोषणा कि, 'चूँ किल्क़ ओ वरक़ ब कफ़ ए गीरम मकतूब इलैह रा बलफ़्ज़े कि फ़राख़ुर उस्त दर सर ए आग़ाज़ सफ़्ह ए आवाज़ दहुम व ज़मज़मा संज मुद्दआ गरदम' का कहाँ तक पालन किया है। अतः इन पत्रों की उपाधियों का अवलोकन करने से तो यह ज्ञात होता है कि उन्होंने चौबीस में से केवल पाँच पत्रों में अपनी कार्य प्रणाली का पालन किया है जबकि पन्द्रह में स्पष्टतः उल्लंघन किया है।"

शैलीगत अध्ययन करते हुए वे 'बारे ग़ालिब का कुछ बयान हो जाए' में लिखते हैं–

> "न केवल यह कि ये रचनाएँ वक्तृत्व से कोई सामीप्य नहीं रखतीं, उस रचना से भी प्राय: सुदूर हैं जिसका उद्देश्य समस्यापरक लेखन होता है, और यदि उन दो पत्रों को भी जो सनअत-ए-तालील में लिखे गए हैं दृष्टि में रखा जाय तो कहना पड़ता है कि ग़ालिब ने स्वयं वही किया है जिससे वे वाह्य रूप में घृणा की घोषणा करते थे क्योंकि प्रकृति के अनुसार ये दोनों पत्र प्रत्यक्षत: आत्मश्लाघा के अतिरिक्त अन्य किसी गिनती में नहीं आते। वरन् इन पत्रों की प्रतिलिपि को (ये दो पत्र मौलवी मो. फजल हक और लखनऊ के मन्त्री मोतमिद्दौला को सम्बोधित थे) मो. अली खाँ के पत्र के साथ प्रेषित करना तो आत्मश्लाघा की भी तीसरी श्रेणी प्रतीत होता है।" (पृ. 41-42)

इस प्रकार वे इस परिणाम पर पहुँचे हैं कि ग़ालिब के पत्र लेखन की कार्यप्रणाली उनके अधिकांश फारसी पत्रों पर चरितार्थ नहीं होती।

परतव रुहेला के कार्य को समीक्षकीय दृष्टिकोण से देखते हुए प्रो. मुईनुद्दीन अकील कहते हैं–

> "ग़ालिब के फारसी पत्र अपनी शैली के साथ-साथ बुद्धिमत्ता एवं गूढ़ चिन्तनपरक चर्चा से भी परिपूर्ण हैं। इस परिस्थिति कि ग़ालिब का क्लिष्ट शैली से स्नेह करना सर्वमान्य है, फारसी में तो वे और भी भारी दिखाई देते हैं जबकि ग़ालिब के काव्य की व्याख्याएँ और उनके पत्रों के अनुवाद अब हमारा सहारा हैं और रहेंगे। इस दृष्टि से ग़ालिब के फारसी पत्रों के उर्दू अनुवाद भी हमारे लिये वर्त्तमान एवं भविष्य में एक ऐसा स्रोत रहेंगे जिसके अभाव में प्राथमिक न सही, द्वितीय स्रोत के रूप में हम ग़ालिब की परिस्थितियों, व्यक्तित्व और चिन्तन एवं कला और साथ ही ग़ालिब के काल के वातावरण एवं समाज के विषय में कोई स्तरीय अध्ययन नहीं कर सकेंगे।" (प्राक्कथन, ग़ालिब के मुन्तखब फारसी मकतूबात, पृ. 18)

पत्र लेखन के भेदों को दृष्टिगत रखते हुए मुईनुद्दीन अकील इस पक्ष पर

अतिरिक्त प्रकाश डालते हुए लिखते हैं—

> "ग़ालिब के फारसी पत्रों के समस्त संग्रहों के उर्दू अनुवाद हमारी आवश्यकताओं की पूर्त्ति के लिये उपलब्ध हैं। यद्यपि अनेक विद्वान् अनुवादकों ने अपनी सम्मानयोग्य योग्यता एवं विद्वत्ता से ये अनुवाद किए हैं तथापि इनमें परतव रुहेला सबसे भिन्न एवं विशिष्ट हैं। उनकी एक विशेषता तो यही है कि उन्होंने समस्त फारसी पत्रों का उर्दू में अनुवाद कर दिया और प्रतीत होता है कि उन्होंने स्वयं को वर्षों से ग़ालिब और उनके फारसी पत्रों के उर्दू अनुवाद से ही सम्बद्ध कर रखा है। मूल रूप से तो वे शायर हैं और शायरी में गजल के साथ-साथ दोहे और पट्टे की सर्जनात्मक क्षमता उर्दू के अतिरिक्त अन्य सम्बन्धित भाषाओं की काव्य-परम्पराओं से उनके परिचय का प्रमाण है परन्तु उनसे अधिक फारसी भाषा और उसकी ज्ञानपरक एवं भाषागत विशेषताओं से पूर्ण परिचय भी एक प्रत्यक्ष गुण है जो निरन्तरता के साथ इन अनुवादों के माध्यम से सामने आया है।"
> (प्राक्कथन, ग़ालिब के मुन्तखब फारसी मकतूबात, 2009, पृ. 18-19)

उनके त्याग, एकाग्रता एवं मनोयोग की प्रशंसा करते हुए वे ग़ालिब के पत्रों की भाषा तथा कथ्य के सम्बन्ध में लिखते हैं—

> "ग़ालिब के फारसी पत्रों की शैली तथा भाषा के विषय में जो कुछ कहा गया है... वह अशुद्ध नहीं है क्योंकि उनके लिये ग़ालिब ने अत्यन्त पुष्ट एवं अलंकृत शैली अपनाई है जिसे समझना या अर्थ के विस्तार एवं रहस्य को जान लेना कुछ सरल तो क्या, प्रत्येक के वश की बात नहीं है। इस सम्बन्ध से उनका अनुवाद श्रेष्ठ योग्यता एवं नैपुण्य, एकाग्रता एवं उत्तरदायित्व की अपेक्षा रखता है। परतव रुहेला ने ये समस्त स्तर (सात स्तर) अत्यन्त सफलता या आश्चर्यजनक वरन् आतंकित करने की सीमा तक पूर्ण किए हैं। उनकी भाषा सुलझी हुई, स्वच्छ, स्पष्ट और प्रवहमान है। उन्होंने भावभूमि के सटीक प्रकाशन और भाषा को प्रवहमान बनाने के लिये जो व्यवस्था की है वह प्रशंसनीय

है। इस उद्देश्य के लिये उन्होंने स्थान-स्थान पर ही नहीं, प्रत्येक स्थान पर कोष्ठक में हर्फ-ए-रब्त (दो शब्दों को संयुक्त करने वाले वर्ण), हर्फ-ए-जार (संज्ञा को कर्त्ता से संयुक्त करने वाले वर्ण) आदि की वृद्धि करके फारसी की नैसर्गिक शैली एवं अभिव्यक्ति को उर्दू से एकरूप करने के लिये आवश्यक, या फारसी पाठ से छूटे शब्दों अथवा अप्रत्यक्ष भाव के प्रकटीकरण से आवश्यक शब्दों को भी उर्दू पर्यायों की वृद्धि द्वारा वाक्य को सुसंगत एवं सार्थक बनाने का विशेष प्रयास किया है, जो अत्यन्त सुस्पष्ट है। पक्षपातरहित एवं मूल के अनुरूप अनुवाद का यह अत्यन्त श्रेष्ठ उदाहरण है। यह व्यवस्था अनुवाद की शुद्धता, स्तर एवं उपादेयता के लिये आवश्यक थी। इन गुणों के कारण परतव रुहेला के इन अनुवादों को प्रामाणिक एवं स्तरीय कहने में कोई संकोच नहीं हो सकता।" (पृ. 19-20)

मुईनुद्दीन अकील ग़ालिब की अभिव्यक्ति-पद्धति पर युक्तियुक्त चर्चा करते हुए परतव रुहेला की शैली पर भी प्रकाश डालते हैं—

"ग़ालिब के लगभग समस्त उपलब्ध फारसी पत्रों का अनुवाद उनके ग़ालिब से प्रेम एवं स्नेह और मानसिक सम्बन्धों को प्रकट करता है। इस सामीप्य एवं मैत्री का एक प्रभाव सम्भवतः उनकी अपनी शैली पर भी प्रकट होने लगा है। स्वयं रुहेला साहब अब जैसा गद्य लिखने लगे हैं, शब्दों का जो चित्ताकर्षक, उचित और अवसरानुकूल चयन अब उनके गद्य में प्रकट हो गया है और जिस सावधानी एवं मृदुता का व्यवहार उनके शब्द-चयन तथा वाक्य-विन्यास में अब होने लगा है उसे ग़ालिब की शैली का प्रभाव कहा जाय तो सम्भवतः अनुचित नहीं होगा। वे अब मानो ग़ालिब के अधीन दृष्टिगत होने लगे हैं। ...प्रत्यक्षतः उनके ये अनुवाद ग़ालिब के विचारों को शुद्धता एवं निष्पक्षता के साथ हम तक पहुँचाते हैं और ग़ालिब-अध्ययन की एक अपरिहार्य आवश्यकता को पूर्ण करते हैं, परन्तु इस क्रम में उनकी लिखी हुई भूमिकाएँ और एक सीमा तक टिप्पण (व्यक्ति-समूह) भी एक अभिवृद्धि और उपादेय हैं। ग़ालिब-अध्ययन में और

> ग़ालिब-अध्ययन के लिये, दोनों दशाओं में रुहेला साहब की सेवाएँ स्मरणीय रहेंगी।" (ग़ालिब के मुन्तखब फारसी मकतूबात, पृ. 21)

परतव रुहेला की अत्यन्त श्रेष्ठ सेवाओं को लगभग समस्त अन्वेषकों, समीक्षकों और अनुवादकों ने स्वीकार किया है। मैं अपनी बात को पूर्ण करने से पूर्व प्रो. जमीलुद्दीन आली का वह विचार भी प्रस्तुत करना चाहता हूँ जो उन्होंने परतव रुहेला की पुस्तक 'बारे ग़ालिब का कुछ बयान हो जाए' की भूमिका में 'हर्फ-ए-चंद' के शीर्षक से लिखा है—

> "...श्रीमान् परतव रुहेला एक सुकवि, दोहाकार, यात्रावृत्त लेखक के रूप में तो प्रसिद्ध थे ही, परन्तु इधर कुछ वर्षों से उन्होंने ग़ालिब-अध्ययन के क्षेत्र में, विशेषकर ग़ालिब के फारसी पत्रों के अनुवाद एवं सम्पादन के क्रम में जो बड़े कार्य किए हैं वे प्रत्येक दृष्टि से प्रशंसनीय एवं श्लाघनीय हैं। पाकिस्तान एवं भारत में परतव रुहेला के इन प्रयासों को समान रूप से सराहा जा रहा है। इसी शृंखला की एक कड़ी 'बारे ग़ालिब का कुछ बयान हो जाए' है। ...परतव रुहेला की इस पुस्तक में उनके प्रकीर्ण शोध एवं समीक्षा आलेख सम्मिलित हैं जिनसे ग़ालिब-अध्ययन के कई पक्ष सामने आते हैं और इस सम्बन्ध में आड़े आने वाली कई कठिनाइयों का स्पष्टीकरण भी हो जाता है।" (बारे ग़ालिब का कुछ बयान हो जाए: परतव रुहेला, अंजुमन तरक्की उर्दू पाकिस्तान, कराची, 2012)

साहित्यकारों के जीवन-क्रम की चर्चा करते हुए 1935 में अल्लामा राशिद उल खैरी ने 'इस्मत' के वार्षिकांक में लिखा था कि सितम्बर का महीना सामान्यत: अत्याचार करता है। इसने वास्तव में ही 29 सितम्बर 2016 को इस्लामाबाद में ग़ालिब के इस प्रेमी पर भी अत्याचार किया और उन्हें 83 वर्ष की अवस्था में हमसे छीन लिया अन्यथा बाँके वैभव का यह रुहेला पठान साहित्य में अनेक लक्ष्यों का सन्धान करने का साहस रखता था। तथापि वे जाते-जाते भी ग़ालिब के फारसी पत्रों पर जो प्रामाणिक तथा व्यवस्थित कार्य कर गए वह अपना उदाहरण स्वयं ही है। निस्सन्देह परतव रुहेला को व्यक्तित्व भी प्राप्त हुआ है और वैशिष्ट्य भी।

❑❑

चित्र-वीथिका

दीवान मो. अली के परिवार का एक ऐतिहासिक चित्र, दिसम्बर 1968

खड़े हुए : बाएँ से दाँए
आमिर मसूदुज्जमाँ, शेख असदुज्जमाँ, शेख अनवरुज्जमाँ, अब्दुल मसीह सिद्दीकी, डॉ. शेख अशरफुज्जमाँ, शेख वलीउज्जमाँ, शेख हादीउज्जमाँ, सबीहा खातून

कुर्सी पर बैठे हुए : बाएँ से दाएँ
आसिफा खातून, यासमीन जमाँ, आइशा खातून, इज्जतुन्निसा, इस्मतुन्निसा, मुश्ताकुन्निसा, मध्य में खड़ा हुआ बच्चा मुमताजुज्जमाँ

नीचे बैठे हुए : बाएँ से दाएँ
अस्मा खातून, अहमदुज्जमाँ (तारिक), नाहीद, आसिया, रूमाना, फौजिया खातून, नाजिश, निकहत फातिमा

दीवान मो. अली की नयी पीढ़ी के वंशज शेख हादीउज्जमाँ के
सुपुत्र शेख सऊदुज्जमाँ लेखक के साथ (2020)

दीवान मो. अली और गालिब के उठने-बैठने के कमरे

दीवान मो. अली की हवेली का वह आन्तरिक भाग जहाँ गालिब बैठते थे

नवाब तालाब, जो गालिब के सामने पक्का बन रहा था

नवाब अली बहादुर प्रथम (1758–1802)
शासन काल 1790–1802 (12 वर्ष)

नवाब शमशेर बहादुर द्वितीय (1778-1823)
शासन काल 1802-1823 (21 वर्ष)

नवाब जुल्फिकार अली बहादुर (1800–1849)
शासन काल 1823–1849 (26 वर्ष) 2 जुलाई 1827 की रात्रि में
गालिब बाँदा में प्रविष्ट हुए और आगामी दिवस दीवान मो. अली के साथ
नवाब जुल्फिकार अली बहादुर से भेंट की

नवाब अली बहादुर द्वितीय अली (1832–1873)
शासन काल 1849–1857(9 वर्ष)

सन्दर्भ ग्रन्थ-सूची

1. बाँदा और गालिब, सं. सालिहा बेगम कुरेशी, बर्ग अकादमी, छावनी, बाँदा, 1994
2. बारे गालिब का कुछ बयान हो जाए, परतव रुहेला, अंजुमन तरक्की उर्दू पाकिस्तान, कराची, 2012
3. भोपाल और गालिब, अब्दुल कवी दसनवी, उर्दू विभाग, सैफिया कॉलेज, भोपाल, फरवरी 1969
4. बिजनौरी बहैसियत नाकिद-ए-गालिब, डॉ. शम्स बदायुँनी (व्याख्यान शृंखला), उर्दू राइटर्स गिल्ड, इलाहाबाद, 1997
5. तफहीम-ए-गालिब के मदारिज, डॉ. शम्स बदायुँनी, गालिब इंस्टीट्यूट, नई दिल्ली, 2015
6. तल्मीहात-ए-गालिब, प्रो. शरीफ हुसैन कासमी, रामपुर रजा लाइब्रेरी, रामपुर, मई 2018
7. तारीख-ए-बुन्देलखण्ड, सैयद मो. इलियास मगरिबी, बर्ग एकेडमी, बाँदा, 1978
8. खुतूत रशीद अहमद सिद्दीकी, भाग-5, सम्पादकद्वय मेहर इलाही नदीम, लतीफुज्जमाँ खाँ, मुल्तान आर्ट्स फोरम, मुल्तान, 2020
9. दीवान-ए-गालिब, गालिब इंस्टीट्यूट, नई दिल्ली, 2003
10. दीवान-ए-गालिब, सं. कालिदास गुप्ता रिजा, अंजुमन तरक्की उर्दू पाकिस्तान, चतुर्थ संस्करण, 2012
11. दीवान-ए-गालिब, एजुकेशनल बुक हाउस, अलीगढ़, 1993
12. रूह-ए-गालिब, सं. डॉ. सैयद मुहीउद्दीन कादरी जोर, अफजल बर्की प्रेस, हैदराबाद, द्वितीय संस्करण, 1950
13. शोला-ए-इश्क सियापोश हुआ, संकलन-संपादन शाकिर हुसैन शाकिर एवं

अबरार अब्दुस्सलाम, किताबनगर, हसन आर्केड, मुल्तान कैंट, 2015

14. शरह-ए-दीवान-ए-गालिब, हसरत मोहानी, गालिब इंस्टीट्यूट, नई दिल्ली, 1992

15. शरह-ए-दीवान-ए-गालिब, प्रो. यूसुफ सलीम चिश्ती, एतिकाद पब्लिशिंग हाउस, दिल्ली, 1992

16. आरिफ-ए-खस्ता के बगैर, सं. डॉ. अबरार अब्दुस्सलाम, बेकन बुक्स, उर्दू बाजार, लाहौर, 2016

17. अक्स-ए-गालिब, सं. प्रो. आले अहमद सुरूर, अलीगढ़ मुस्लिम विश्वविद्यालय, अलीगढ़, 1973

18. अयार-ए-गालिब, सं. मालिक राम, इल्मी मजलिस, दिल्ली, फरवरी 1969

19. गालिब और गालिबयात, अब्दुल हक, किंग्सवे कैम्प, दिल्ली, दिसम्बर 2016

20. गालिब के फारसी खुतूत, प्रो. हनीफ नकवी, गालिब इंस्टीट्यूट, नई दिल्ली, 2015

21. गालिब का सफर-ए-कलकत्ता और कलकत्ते का अदबी मार्का, खलीक अंजुम, गालिब इंस्टीट्यूट, नई दिल्ली, 2005

22. गालिब: जहान-ए-दीगर, हामिदी काश्मीरी, राज बाग, श्रीनगर, कश्मीर, जनवरी 2003

23. गालिबनामा (आसार-ए-गालिब), शेख मो. इकराम, एहसान बुक डिपो, लखनऊ ने सरफराज कौमी प्रेस, लखनऊ से मुद्रित कराकर प्रकाशित किया

24. गालिब बिब्लियोग्राफी, सं. डॉ. मौ. अन्सारुल्ला, अलीगढ़ मुस्लिम विश्व-विद्यालय, अलीगढ़, 1974

25. गालिब के मुन्तखब फारसी मकतूबात (उर्दू अनुवाद), परतव रुहेला, गालिब इंस्टीट्यूट, नई दिल्ली, 2006

26. गालिब के मुन्तखब फारसी मकतूबात (उर्दू अनुवाद एवं फारसी पाठ), सम्पादक-अनुवादक परतव रुहेला, इस्लामाबाद, 2009

27. गालिबयात (जमाना का 22 वाँ भाग), खुदाबख्श ओरियंटल पब्लिक लाइब्रेरी, पटना, 1994

28. गालिब और राजस्थान, शाहिद अहमद जमाली, राजपुताना उर्दू रिसर्च एकेडमी, जयपुर, 2016

29. गालिब की नयी दुनिया, मो. मुस्तकीम, एजुकेशनल बुक हाउस, अलीगढ़,

2007

30. गालिब की शख्सियत और शायरी, रशीद अहमद सिद्दीकी, उर्दू विभाग, दिल्ली विश्वविद्यालय (निजाम व्याख्यान), 1978
31. गालिब बसद अन्दाज (गालिब पर रेडियो वार्त्ताएँ), डॉ. मो. शकील अख्तर, एजुकेशनल पब्लिशिंग हाउस, दिल्ली, 2018
32. गालिब और उसकी शायरी, अहमदुद्दीन अहमद, उर्दू राइटर्स गिल्ड, इलाहाबाद, 1996
33. गालिब, कालिदास गुप्ता रिजा, प्रकाशन-लेखक, 1998
34. गालिब शनासी, डॉ. चमन लाल भगत, मीजान पब्लिशर्स, श्रीनगर, कश्मीर, 2010
35. फैजान-ए-गालिब, जमील मजहरी, संकलन एवं परिचय-मौ. रजा काजमी, अल्फाज फाउण्डेशन, कराची, 2014
36. फरहंग-ए-लफ्जियात-ए-गालिब, सलीम शहजाद, मंजरनुमा पब्लिशर्स, मालेगाँव, जनवरी, 2011
37. कलकत्ता के कदीम उर्दू मताबे और उनकी मतबूआत: एक जाइजा, सैयद मुकीत उल हसन, उस्मानिया बुक डिपो, कलकत्ता, 1982
38. कुल्लियात-ए-मकतूबात-ए-फारसी गालिब, अनुवादक-सम्पादक परतव रुहेला, गालिब इंस्टीट्यूट, नई दिल्ली, 2010
39. मकतूबात-ए-गालिब, लतीफुज्जमाँ खाँ, अल फैसल, उर्दू बाजार, लाहौर, दिसम्बर 1995
40. मिर्जा असदुल्ला खाँ गालिब (मोनोग्राफ), प्रो. शहजाद अंजुम, पश्चिम बंगाल उर्दू अकादमी, कोलकाता, 2020
41. A Treatise on the Music of Hindoostan, N. Augustus Willards, Baptist Press, Kalkata, 1834
42. A Short History of the World, H.G. Wells, The Bodley Head, Penguin Books.
43. Indian Philosophy in Modern Times, V. Brodov (Translation from Russian), Progress Publishers, 1984
44. Persian Letters of Ghalib, Syed A.A. Tirmizi, Asia Publishing House, 1969
45. संस्कृत साहित्य का इतिहास, डॉ. दयालशंकर शास्त्री, भारतीय प्रकाशन, चौक,

कानपुर, 1978

46. संस्कृत साहित्य का सरल इतिहास, डॉ. ईश्वरदत्त शील, प्रकाशन उद्योग, लखीमपुर खीरी, 1983
47. तहरीर, दिल्ली, त्रैमासिक, सं. मालिक राम, जुलाई से दिसम्बर 1971
48. तहरीर, दिल्ली, त्रैमासिक, सं. मालिक राम, जुलाई से सितम्बर, जून 1977
49. शबिस्तान, उर्दू डाइजेस्ट, नई दिल्ली, गालिब विशेषांक, 1969
50. नक्द ओ नजर, अलीगढ़, गालिब विशेषांक, 1997, भाग–19, अंक–2
51. बाजयाफ्त, उर्दू विभाग, कश्मीर विश्वविद्यालय, श्रीनगर, 2002
52. ऐवान–ए–उर्दू, दिल्ली, गालिब भाग, फरवरी 2020
53. आजकल, दिल्ली, गालिब भाग, फरवरी 2020

❑❑